融合型·新形态教材
复旦社云平台　fudanyun.cn

U0731056

普通高等学校学前教育专业系列教材

幼儿园游戏活动实践指导
（第二版）

主　编　张子建　廖贵英

副主编　方　方　邓娇娇　杨修齐

编　委　张子建　廖贵英　段展华　程　茜
　　　　莫　群　曹　婷　郭雨欣　邓娇娇
　　　　方　方　陈丹丹　杨修齐　杨　俐

复旦大学出版社

内容提要

本教材对标托幼机构教师岗位需求，将工作情境转化为学习情境，将工作过程转化为学习过程，即学即用，适合学前教育专业、婴幼儿托育服务与管理专业和早期教育专业学生使用。教材采用"模块-项目-任务点"的编排逻辑，按创造性游戏模块和规则性游戏模块展开，共11个具体游戏项目。每个项目包括"游戏认知""工作过程""情景再现""项目实训""学习拓展"五个学习栏目。教材凸显中国传统文化元素，注重与本土文化的结合，体现了学前教育的发展创新。

为更便于院校师生使用，教材通过二维码的形式呈现学习思维导图、教案、教学课件、文字案例、微课、幼儿园游戏活动视频、实训任务单、实训优秀作品、职业院校技能大赛赛题与答案、幼儿园教师资格证考题与答案等资源，使用者也可登录复旦社云平台(www.fudanyun.cn)查看、获取。另外，本教材配套的在线课程被评为"职业教育国家在线精品课程"，院校师生可在"智慧树"平台搜索"幼儿游戏与指导"课程学习。

复旦社云平台
数字化教学支持说明

　　为提高教学服务水平，促进课程立体化建设，复旦大学出版社建设了"复旦社云平台"，为师生提供丰富的课程配套资源，可通过"电脑端"和"手机端"查看、获取。

【电脑端】

　　电脑端资源包括PPT课件、电子教案、习题答案、课程大纲、音频、视频等内容。可登录"复旦社云平台"（fudanyun.cn）浏览、下载。

　　Step 1　登录网站"复旦社云平台"（fudanyun.cn），点击右上角"登录 / 注册"，使用手机号注册。

　　Step 2　在"搜索"栏输入相关书名，找到该书，点击进入。

　　Step 3　点击【配套资料】中的"下载"（首次使用需输入教师信息），即可下载。音频、视频内容可点击【数字资源】，搜索书名进行浏览。

【手机端】

PPT 课件、音视频、阅读材料：用微信扫描书中二维码即可浏览。

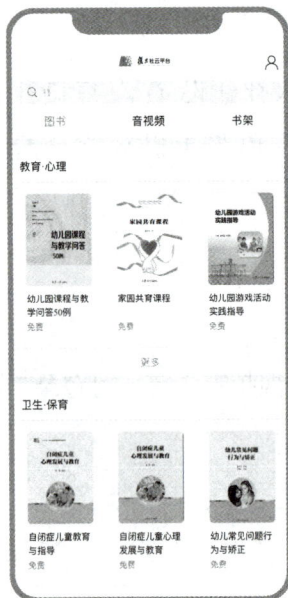

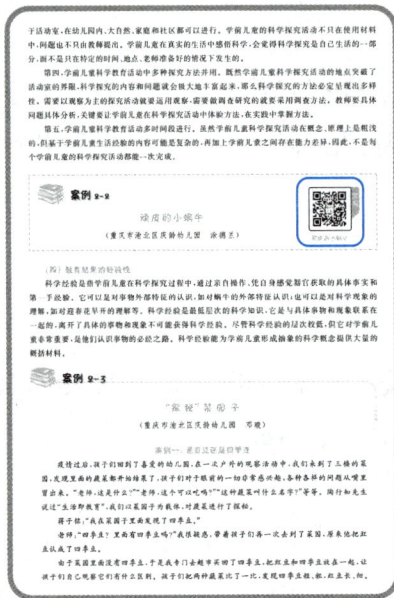

扫码浏览 →

【更多相关资源】

更多资源，如专家文章、活动设计案例、绘本阅读、环境创设、图书信息等，可关注"幼师宝"微信公众号，搜索、查阅。

平台技术支持热线：029-68518879。

"幼师宝"微信公众号

总　序

新时代　新改革　新突破

学前教育是传统师范教育中的一级学科,而其对应的人才培养又极具职业特色,这意味着,幼儿教师的培养,本质上是在立德树人的前提下,在师范教育核心内容的支撑下,以幼儿教师教学的基本技能为主导的职业教育。为此,在社会主义建设新时代,如何顺应时代发展的要求,把握新时代的新思想,将学前教育的理论与幼儿园的教学实践紧密结合起来,将学校教育教学内容与幼儿园对教师职业能力的要求紧密结合起来,就需要对传统的学前教育进行深刻的反思,以期在凸显现代职业教育的规律与特色方面,努力探索一条新时代幼儿教师培养的新途径。

既然大多数以培养幼儿园教师为目的的学前教育专业属于职业教育的范畴,就应该准确把握职业教育的规律,凸显职业教育的特点。与传统的只有学校这样一个学习地点的普通教育不同,作为与经济和社会发展结合最为紧密的职业教育,还有一个不可替代的学习地点,就是企业。对培养幼儿园教师的学前教育来说,这里的企业主要就是幼儿园。这意味着,职业教育的一个重要特征就是要从传统的基于学校的定界思考,走向基于"学校+企业"的跨界思考:在办学主体层面,要跨越企业与学校的疆域;在教学实施层面,要跨越工作与学习的疆域;在社会功能层面,要跨越职业与教育的疆域。

为此,作为国民教育体系和人力资源开发重要组成部分的职业教育,其整个教学过程既要考虑认知学习规律,又要考虑职业成长规律,就要贯彻产教融合、校企合作、工学结合、知行合一的跨界的教育教学思想。

由于课程始终都是人才培养的核心,鉴于职业教育的跨界性,职业教育的课程就要将经济社会需求与人本个性需求进行有机整合,就要以理论知识的职业应用为导向,把知识在职业中的应用而非存储放在教学的首位。传统学科体系的仓储式堆栈结构,是一种基于知识存储的量化结构,而职业教育行动体系的工作过程结构,是一种基于知识应用的质性结构。在这里,应用知识的结构——工作过程是客观存在的,但若只是照搬客观存在的工作过程,有可能使人成为一种工具。基于此,近年来,将企业需求与个性需求有机整合在一起的工作系统化课程,以工作过程作为积分路径,从应用性、人本性和操作性三个维度,将学习内容、先有知识与教学过程,在系统化设计的工作过程中予以集成。传统的学科知识结构并未被摒弃而是通过解构与重构,在比较、迁移和内化的学习过程中得以生成,从而使得职业教育的课程、教材和教学,做到了"工作过程"与"知识存储"的有机整合。

近年来,复旦大学出版社在学前教育专业的课程与教材以及教学层面,紧密结合职业教育的规律和特征,展开了主动积极的改革,做出了极富成效的探索,获得了令人耳目一新的突破。

针对学前教育的课程、教材和教学进行改革与创新,复旦大学出版社是有着清晰的顶层设计的。出版社睿智地指出,培养幼儿教师的学前教育专业,必须关注几个本质的特征:一是幼儿教师具有明确的职业特点和职业要求,具有针对性;二是幼儿教师是在特定的社会场所、环境中从事的一种与其他社会成员相互关联、相互服务的社会活动,具有社会性;三是幼儿教师必须符合国家对涉及教师的相关法律和社会道德规范的要求,具有规范性;四是幼儿教师必须满足国家的职业标准和准入门槛,具有标准性。

为此,在学前师范教育的理论指导和顶层设计的框架下,复旦大学出版社组织相关院校的专业教师,把幼儿教师的一日生活劳动进行了工作过程化及其任务分解化的处理,使得教师的工作过程或者工作任务都有其背后的理论学养的支撑,并使实际的工作手段和操作落到实处。改革的实践表明,学前教育的课程教学完全可以采纳职业教育在课程教学方面的新的方法论,即将教学内容、手段与幼儿园实际的工作过程结合,在教学中创设、模拟幼儿园环境或者校园环境,让学生置身于工作情境之中,在学习的过程中就扮演了幼儿教师的角色,从而大大提升学生解决工作中实际问题的能力,达到以就业为导向、以能力为本位的职业教育目的。

当然,要将幼儿教师的工作过程化和任务分解化是有难度的。在项目启动之初,复旦大学出版社就组织所有的教材主编进行了认真的专业培训,有针对性地对改革中遇到的具体问题进行具体分析,就如何将幼儿教师的工作过程分解化,与此同时又如何将对应的知识融入其中,如何使知识体系的解构在重构之后依然能保证其完整性,进行了多次深入的、科学的研讨,并在此基础上精心设计,才成就了这套教材。

教材中所体现的幼儿教师的工作过程,都是作者实际操作过、经历过的。所以,教材的编写过程既是"编"的过程,也是"做"的过程。显然,对教材编写者的要求,远远超过了传统师范教材。可以说,这是本套教材的第一个特色。

本套教材区别于传统师范教材的第二个特色,体现为在强调理论知识适度够用的原则下,注重教师职业技能和职业能力的培养。过去师范教育的最大短板就在于实践的缺乏,当前各师范院校实训室的普及建立,就是纠正这种理论脱离实践的明证。

综上所述,这套学前教育工作过程系统化教材的基本出发点,是牢牢把握教育自身发展规律、教师职业发展规律和学生身心发展规律,强调技能、知识与价值观的一体化学习。特别是对学前教育这样的师范教育,其系统化、教学化设计的工作过程,始终把立德树人放在首位,坚持德技并修,旨在培养能真正满足社会需求的、富有工匠精神的幼儿教师。

学前教育的职业教育化是历史的选择,也是顺应国家幼教事业整体发展方向的,因而是完全必要的。

欣喜的是,复旦大学出版社将职业教育在课程教学上行之有效的改革,迁移到学前教育专业幼儿教师的培养中来,使得幼儿教师的职业应用与教师的培养完美地结合在一起,体现了现代职业教育发展的新理念。

长风破浪会有时,直挂云帆济沧海。

期待着,复旦大学出版社在课程、教材和教学方面,其业已开始并卓有成效的改革与创新,不仅能在学前教育领域继续前行,而且能在其他专业领域有所突破。

教育部职业技术教育中心研究所研究员　姜大源

二版前言

"幼儿游戏与指导"是学前教育专业的核心课程，本书作为该课程的配套教材，对标托幼机构教师岗位需求，将工作情境转化为学习情境、工作过程转化为学习过程，即学即用。

本教材特色在于：

第一，采用"模块—项目—任务点"的编排逻辑。教学内容按创造性游戏模块和规则性游戏模块展开，创造性游戏包括角色游戏、结构游戏、幼儿表演游戏、木偶表演游戏、影子表演游戏五个具体项目，规则性游戏模块包括体育游戏、感官游戏、语言游戏、数学游戏、棋类游戏、音乐游戏六个具体项目。每个项目均按计划制订、现场组织、讨论总结三个工作环节设计若干关键任务点，适合学生学习。

第二，岗课赛证一体化教学。每个项目设计五个学习栏目："游戏认知"栏目介绍该游戏的内涵、价值、特点、类型等基本理论；"工作过程"栏目展示游戏方案设计、前期准备、组织指导、观察评价、讨论总结等具体工作步骤；"情景再现"栏目为高校与幼儿园共建的优质游戏案例，贴近一线实践；"项目实训"栏目提出具体实训要求，并设置对应"实训任务单"，为学生实训提供支撑；"学习拓展"栏目有机融入思政元素，联结职业院校技能大赛、幼儿园教师资格证考试内容，帮助学生精进知识与技能。

第三，产教融合特征凸显。本教材中使用的大部分图片、文字案例、活动视频都是高校与幼儿园深度合作的成果，体现了游戏在托幼机构的具体实践。

第四，数字资源丰富。教材通过二维码的形式呈现学习思维导图、教案、课件、文字案例、微课、幼儿园游戏活动视频、实训任务单、实训优秀作品、职业院校技能大赛赛题与答案、幼儿园教师资格证考题与答案等内容，方便高校师生使用。

特别说明的是，本教材配套的在线课程被评为"国家级职业教育在线精品课程"，院校师生可在"智慧树"平台（网址 www.zhihuishu.com）搜索"幼儿游戏与指导"课程注册学习，便捷使用教材配套视频、思维导图、幼儿园教师资格证考试题、校企共建优质游戏案例等教学资源。

第五，注重传承与创新。作为第二版教材，本书融合了非物质文化遗产，详细介绍了木偶表演游戏、影子表演游戏的具体实施，新修订的游戏案例凸显中国传统文化元素，实训项目资源注重与本土资源的结合，体现了幼儿园游戏的不断升级。

本教材的参编单位有：九江职业大学、湖南幼儿师范高等专科学校、长沙幼儿师范高等专科学校、苏州幼儿师范高等专科学校。参与各情境编写任务的教师如下："绪论"廖贵英；"学习情境一 角色游戏"段展华;"学习情境二 结构游戏"程茜;"学习情境三 表演游戏"中,"子情境一 幼儿表演游戏"莫群、曹婷,"子情境二 木偶表演游戏""子情境三 影子表演游戏"张子建;"学习情境四 体育游戏"郭雨欣、廖贵英;"学习情境五 智力游戏"中,"子情境一 感官游戏"邓娇娇,"子情境二 语言游戏"方方,"子情境三 数学游戏"陈丹丹,"子情境四 棋类游戏"杨修齐;"学习情境六 音乐游戏"杨俐。教材中"情景再现"部分的案例大多是与相关实验园合作创编的,这些实验园分别是江西省九江市中心幼儿园、江西省九江市濂溪区第一幼儿园、江西省九江市小金星怡嘉苑幼儿园、江苏省苏州市工业园区太阳星辰幼儿园、江西省九江市濂溪区长虹幼儿园、江西省抚州市临川区第一保育院。教材中的图片来自:江西省的九江市中心幼儿园、九江职业大学附属幼儿园、濂溪区第一幼儿园、柴桑区中心幼儿园、小金星怡嘉苑幼儿园、艾美国际幼儿园,湖南省的长沙市岳麓区三棵树幼儿园、常德市鼎城区实验幼儿园,江苏省的苏州市工业园区新城花园幼儿园,在此一并表示感谢!

教材初版自2018年发行以来,在院校应用效果良好,有效地提升了学生的游戏实践能力。本次第二版修订主要有四个变化:融入《中华人民共和国学前教育法》《幼儿园保育教育质量评估指南》《关于大力推进幼儿园与小学科学衔接的指导意见》等最新文件精神;融入课程思政研究最新成果;结合近年幼儿园教师资格证考试真题和全国职业院校技能大赛幼儿教育技能赛项真题内容;更新幼儿游戏案例与视频,使教材立体化资源更丰富。参与修订工作的老师有张子建、方方、邓娇娇、杨修齐,在此表示感谢!

本教材在编写过程中参考了大量专著、教材和文献资料,谨此致谢。教材中的不当之处,敬请读者指正。

编 者

目　录

绪　论

知识导图

学习目标

1. 素养目标:树立正确的游戏观,了解关于游戏的经典理论。
2. 知识目标:掌握幼儿游戏的特征、价值、分类和影响因素。
3. 能力目标:运用游戏基本理论分析各类情境问题。

教案

学习内容

一、游戏的特征

什么是游戏? 古往今来,国内外的研究者从不同的视角进行了解释,可谓仁者见仁、智者见智。当无法用一个统一的标准对游戏定义时,我们可以从如下特征来判断某种行为是否是游戏。

(一) 自主性

游戏的自主性主要体现为自发、自愿和自由。游戏是内部动机控制的行为,是幼儿自发和自愿的活动,是"我要玩"而非"要我玩";幼儿在游戏过程中自由决定玩什么、在哪里玩、和谁一起玩、用什么玩具材料玩、玩多久、怎么玩等。比如,幼儿将泡沫塑料捏碎玩"下雪"的游戏,在雨后的滑梯上用飘落的树叶盛水清洗滑梯(见图1)都体现了对游戏玩法的自主创新。

图1　用树叶盛水洗滑梯

微课　游戏的特征(自主性)

(二) 愉悦性

游戏中幼儿身体可以积极活动,心理毫无负担,能够获得强烈的愉悦体验。从生理机制上讲是因为小脑是运动控制中心,司管身体平衡,调节肌肉运动,小脑又与情绪控制中心相联系,所以在幼儿活动的同时带来了愉悦情绪。再者,在游戏中没有强制目标,因而减轻了为达到目标而产生的紧张,耗费精力小,也使幼儿感到愉悦①。比如,在户外总能看到幼儿忙碌于各类游戏,每个人的脸上都"写满"兴奋(见图2)。

---

① 丁海东.学前游戏论[M].济南:山东人民出版社,2001:21.

图2　游戏时的表情

图3　模仿鸡妈妈下蛋

（三）假想性

幼儿在游戏中通过假想，将自己的生活经验在游戏中予以再现。这种假想不是对生活的简单模仿，而是加入了自己的创造。比如，幼儿把扫把当马骑，坐在小椅子上开火车，或者蹲在废旧轮胎中，假装自己是鸡妈妈在窝里下蛋，还发出"咯咯咯"的声音（见图3）。但是在游戏过程中，幼儿又能够意识到真实行为与假想行为的区别，可以自如切换。比如，幼儿在游戏中买卖东西时，一般是模拟付钱的动作，或者给假的钱币。成人参与"小吃店"游戏时，如果要把小吃店买来的东西当真的食物吃时，幼儿就会立即制止成人的行为，并且告诉成人："老师，这是假的，你不要真吃。"①

（四）过程性

幼儿游戏时重过程轻结果，在过程中不断重复体验自己感兴趣的内容，并不断叠加新的经验，从而获得经验的成长。比如3岁左右的幼儿对"石头、剪刀、布"这个猜拳游戏的规则很难理解，却对相应动作非常感兴趣，当他成功做出这样的动作时，会获得很强的成就体验并不断重复，在反复练习当中动作越来越标准。年龄再大一点的幼儿理解了猜拳的胜负关系，就不再满足于动作的重复，而喜欢重复猜拳过程获得成就体验，如果输的次数较多也不会因此影响到下一个活动。

（五）规则性

游戏规则是游戏者在游戏中的行为顺序和被允许或被禁止的各种行为的规定，包括外显性规则和内隐性规则。比如，民间体育游戏"老鹰捉小鸡"中，第一轮被"老鹰"捉到的"小鸡"，要成为下一轮游戏中的"老鹰"，这是外显性规则。再如，"小超市"游戏中，超市收银员必须在收银台前负责收钱和找钱，不得擅自离开，这是内隐性规则。

二、游戏的价值

（一）游戏对幼儿发展的价值

1. 促进幼儿身体发展

第一，利于生长发育。游戏既有全身运动，也有局部运动，可以使幼儿各种生理器官和系统得到活动，促进骨骼和肌肉成熟，加速机体新陈代谢，也有利于内脏和神经系统的发育。第二，发展基本动作。"老狼、老狼几点钟"、跳绳、跳皮筋等游戏可以发展走、跑、跳、爬、钻、攀登等大肌肉动作，搭积木、拼图、走迷宫等游戏可以发展手部小肌肉动作，促进手眼协调。第三，增强机体适应能力。尤其是户外游戏中，幼儿接触到日

微课
游戏对幼儿身体发展的价值

---

① 邱学青.幼儿园游戏指导［M］.北京：人民教育出版社，2015：8.

光、空气和水分,适应气温变化和干湿变化,既符合幼儿生理代谢需要,又增强机体对环境的适应能力,从而保持身体健康。第四,促进身心和谐发展。游戏既给幼儿带来愉快的情绪体验,又保证了其身体健康。

2. 促进幼儿智力发展

第一,游戏扩展和加深幼儿对周围事物的认识,增长幼儿的知识,并在外部动作操作和内部理解巩固的心理活动中,发展感知觉能力、注意力、记忆力等智力因素。比如,幼儿可以在玩水游戏中感受和认识水的流动、溶解、浮力等特性,在滑梯游戏中感受和认识高、低、上、下等空间方位,在玩牌游戏中感受和认识数字排列顺序、图案分组等数理逻辑。第二,游戏促进幼儿语言的发展。幼儿在游戏过程中需要与同伴就游戏主题、情节、角色、材料、规则等进行协商,能够发展口头语言能力。另外,专门的文字游戏可以锻炼幼儿的书面语言能力。第三,游戏促进幼儿想象力的发展。比如,幼儿假装自己是"蚂蚁",把自己做的食物都储存在洞里过冬。第四,游戏促进幼儿思维能力的发展。积极参与游戏的幼儿需要不断思考,思维一直处于活跃状态并逐一解决问题。比如,搭积木时需要考虑搭什么,用什么材料,怎样才能美观匀称,如何才能坚固不倒塌等。

3. 促进幼儿社会性发展

第一,游戏提供了幼儿社会交往的机会,发展了幼儿社会交往的能力。比如,两名幼儿同时想要玩同一样玩具,就需要学习如何与人协商、谦让等礼貌交往的技能。第二,游戏有助于克服自我中心,学会理解他人。比如,幼儿在娃娃家扮演"妈妈"时,一方面清楚地知道自己不是真的"妈妈",另一方面又能从"妈妈"的角度看问题,这样就自然地逐渐摆脱了"自我中心"的问题。第三,游戏有助于幼儿社会角色的学习,增强社会角色扮演的能力。比如,幼儿在小超市里扮演的是"顾客",在理发店扮演的是"理发师",在邮局扮演的是"邮递员",在扮演不同社会角色的过程中,通过对于成人行为、态度的模仿,不断进行社会角色的学习,增强社会适应的能力。第四,游戏有助于幼儿行为规范的掌握,形成良好的道德品质。比如,在角色游戏中,幼儿能认知和体验到医生与病人、父母与孩子、同学与同学等人与人之间的关系,从而理解关心别人、尊敬长辈、团结同学的文明规范。第五,游戏有助于幼儿自制力的增强,锻炼幼儿意志。比如,有个男孩常常领着几个小伙伴玩"解放军"游戏,他当班长。战士们都能玩"手榴弹",班长却只能站在一旁指挥。新买来的玩具手榴弹和扔手榴弹的动作是很诱人的,但是班长必须控制住自己。

4. 促进幼儿情感发展

第一,游戏中的角色扮演丰富幼儿积极的情绪情感体验,包括关爱、友好、同情、责任心、爱憎分明等。比如,在"医院"游戏中,幼儿会像医生一样给病人听诊、开药,嘱咐病人按时吃药,也会像护士给病人量体温、打针,还主动搀扶病人,让病人好好休息。苏联幼儿教育学者门捷利茨卡娅指出,尽管游戏词典里有"好像""假装"等词,但幼儿在游戏时产生的情感永远是真诚的,他们不会作假,不会装样子。第二,游戏中的自由自主可以发展幼儿的成就感和自信心。第三,游戏中的审美活动可以发展幼儿的美感。第四,游戏中的情绪宣泄有助于幼儿消除消极的情绪情感,包括恐惧、愤怒、厌烦、紧张等。比如,"医院"游戏中,很多幼儿喜欢"打针",这时幼儿将自己在打针时的痛苦发泄到游戏活动中。幼儿通过游戏把精力和情绪发泄之后,脸上总会露出一种满足的表情①。

(二) 游戏对学前教育的价值

幼儿园是实施学前教育的主要机构,有其特殊的教育形式,即"以游戏为基本活动",我国重要的政策法规中对该理念也在不断进行强调和深化。

1989 年颁布的《幼儿园工作规程(试行)》第 4 章第 20 条明确提出,"以游戏为基本活动,寓教育于各项活动之中"。第 24 条又提出,"游戏是对幼儿进行全面发展教育的重要形式"。同时强调,"应根据幼儿的年龄特点选择和指导游戏""应因地制宜为幼儿创设游戏条件(时间、空间、材料)""游戏材料应强调多功能和可变性""应充分尊重幼儿选择游戏的意愿,鼓励幼儿制作玩具,根据幼儿的实际经验和兴趣,在游戏过程中给予适当指导,保持愉快的情绪,促进幼儿能力和个性的全面发展"。同年颁布的《幼儿园管理条例》第 3 章

---

① 丁海东.学前游戏论[M].济南:山东人民出版社,2001:81—99.

第16条也指出："幼儿园应当以游戏为基本活动形式。"1996年颁布的《幼儿园工作规程》重申并强调游戏是幼儿园基本活动，"以游戏为基本活动，寓教育于各项活动之中"。可见，这一阶段开始重视游戏，逐渐意识到要把自由游戏的权利还给幼儿，但是在实践中还是存在将游戏作为科目的现象。幼儿在游戏中主动性发挥不够，教师对于指导游戏存在较大困惑。该规章于2016年施行修订版，保留了对游戏的这一提法。

2001年颁布的《幼儿园教育指导纲要（试行）》第1部分"总则"第5条指出："幼儿园教育应尊重幼儿的人格和权利，尊重幼儿身心的规律和学习特点，以游戏为基本活动，保教并重，关注个别差异，促进每个幼儿富有个性的发展。"这是我国首次在法规的第一部分这一重要位置专门涉及游戏。第3部分第8条指出："幼儿园的空间、设施、活动材料和常规要求等应有利于引发、支持幼儿的游戏和各种探索活动，有利于引发、支持幼儿与环境之间积极地相互作用。"此外，《幼儿园教育指导纲要（试行）》还特别重视游戏帮助幼儿获得整体性学习经验的重要性，在第3部分"组织与实施"的第6条指出："教育活动内容的组织应充分考虑幼儿的学习特点和认识规律，各领域的内容要有机联系，相互渗透，注重综合性、趣味性、活动性，寓教育于生活、游戏中。"第3部分第10条从可操作的层面对游戏指导提出了要求："善于发现幼儿感兴趣的事物、游戏和偶发事件中所隐含的教育价值，把握时机，积极引导。"可见，游戏的重要地位已经确定，并且在政策层面予以多方面的强调和阐述。

2012年颁布的《3—6岁儿童学习与发展指南》"说明"中第4部分指出："幼儿的学习是以直接经验为基础，在游戏和日常生活中进行的。要珍视游戏和生活的独特价值，创设丰富的教育环境，合理安排一日生活，最大限度地支持和满足幼儿通过直接感知、实际操作和亲身体验获取经验的需要，严禁'拔苗助长'式的超前教育和强化训练。"这不仅说明了幼儿学习的特点，而且指出游戏是幼儿园区别于小学的重要标志。

2021年《教育部关于大力推进幼儿园与小学科学衔接的指导意见》附件中提供了幼儿园入学准备指导要点，肯定了游戏在科学幼小衔接中发挥的重要价值。如学习习惯方面，"大班下学期，有意识地增加需要一定专注力和坚持性才能完成的游戏和活动，保证幼儿有充足的活动时间能够专注地完成任务"；学习能力方面，"大班下学期，教师有意识地运用文字和符号辅助幼儿记录和总结游戏的过程、想法，让幼儿感受文字符号在日常生活中的功能和意义"。

2022年教育部印发的《幼儿园保育教育评估指南》中，"教育过程"评估指标包括活动组织、师幼互动和家园共育，"旨在促进幼儿园坚持以游戏为基本活动，理解尊重幼儿并支持其有意义的学习，强化家园协同育人，不断提高保教质量"。在具体的评估指标中，关于游戏设置了考查要点，如"发现和支持幼儿有意义的学习……拓展提升幼儿日常生活和游戏中的经验""支持幼儿自主选择游戏材料、同伴和玩法""重视幼儿通过绘画、讲述等方式对自己经历过的游戏、阅读图画书、观察等活动进行表达表征，教师能一对一倾听并真实记录幼儿的想法和体验"。

2024年11月8日，十四届全国人大常委会第十二次会议表决通过《中华人民共和国学前教育法》，自2025年6月1日起施行。第五十六条规定："幼儿园应当以学前儿童的生活为基础，以游戏为基本活动，发展素质教育，最大限度支持学前儿童通过亲近自然、实际操作、亲身体验等方式探索学习，促进学前儿童养成良好的品德、行为习惯、安全和劳动意识，健全人格、强健体魄，在健康、语言、社会、科学、艺术等各方面协调发展。"

三、游戏的分类

（一）认知发展角度的游戏分类

微课

按认知发展阶段划分的游戏类型

瑞士心理学家皮亚杰根据幼儿的认知发展阶段，将游戏分为四类。

1. 感觉运动游戏（又称练习性游戏或机能性游戏）

这是幼儿认知发展早期阶段的一种游戏形式，一般发生在0~2岁。幼儿通过感知和动作来认识环境和解决问题，最初以自己身体为游戏中心，逐渐过渡到摆弄与操作具体物体，并不断反复练习已有动作，从练习中尝试探索、发现新的动作,使自己获得发展。游戏的驱力是"获得机能性快乐","动"即快乐。游戏的形式为徒手或重复操作物体。比如,某婴儿 5 个月时迷恋吸吮自己的拳头,并不断把手里的玩具塞进嘴里;7 个月时能够掰起自己的脚丫放进嘴里,乐此不疲,还热衷重复拔车钥匙的动作;10 个月时喜欢不停地将球扔出洗澡桶,捡回后又扔出;1 岁 4 个月时在户外游戏中将地上的树叶捡起又撒落。以上都体现了该阶段幼儿游戏的典型特征。

2. 象征性游戏

这类游戏是 2～7 岁幼儿最典型的游戏,其中 2～4 岁为发展高峰期。象征性游戏以角色游戏为最主要的表现形式,还包括具有假装和想象特征的表演游戏。象征即用具体的事物表示某种特殊的意义,游戏中出现象征性替代物,即把一个东西当作另一个东西来使用的"以物代物",把自己当成别人或者分别扮演不同角色的"以人代人"。通过象征性游戏,幼儿思维可以脱离对当前事物的知觉,以象征性替代物或语言符号进行思维,提高了认知发展水平。比如,幼儿用废旧的各类商品包装盒或包装瓶代替超市中的商品,自己假装是超市工作人员开展大促销活动(见图 4①)。

图4　超市大促销

3. 结构游戏(又称建构游戏)

该类游戏是幼儿利用各种不同的结构材料,按照一定的目的和计划建构一定结构或物体的活动,主要包括搭积木(积塑)、拼图、泥塑、手工等②。结构游戏一般从 2 岁开始,具有从游戏活动向非游戏活动过渡的特征,前期是象征性建构活动,后期逐渐发展为智力游戏。比如,小年龄幼儿喜欢用积塑编一个皇冠玩新娘游戏,强调过程的体验;而大年龄幼儿更喜欢使用七巧板拼出各种造型,对结果日益关注。

4. 规则游戏

规则游戏是指幼儿按照一定规则进行的、带有竞赛性质的游戏,参加者至少 2 人。此类游戏反映了幼儿在幼儿末期开始摆脱自我化的象征性,而趋于顺从现实原则,服从客观规律的认知发展特点,体现了幼儿游戏在认知发展上的新特点——规则性。规则游戏对每个参加者的动作和语言要求比较严格规范,个人随意性较小,比如"老鹰捉小鸡""石头、剪刀、布"、跳棋等。从学前儿童末期到整个小学阶段,象征性游戏和作为游戏的建构性活动进入了它的结束期,规则游戏作为社会化了的人的嬉戏活动从此延续下去③。

---

① 图片来源于江西省九江市濂溪区第一幼儿园。
② 翟理红. 学前儿童游戏教程[M]. 上海:复旦大学出版社,2016:12.
③ 丁海东. 学前游戏论[M]. 济南:山东人民出版社,2001:63.

（二） 社会性发展角度的游戏分类

美国心理学家帕顿根据幼儿社会行为的发展阶段，将游戏分为六类，即偶然行为、旁观行为、独自游戏、平行游戏、联合游戏和合作游戏。由于前两种不是真正的游戏行为，很多研究者将幼儿游戏划分为四类。

1. 独自游戏

独自游戏指幼儿独自一人玩玩具，所玩玩具与周围其他幼儿的不一样；只专心自己的活动，不管别人做什么，也没有做出接近其他幼儿的尝试。学步期前后的婴幼儿通常以这种方式进行游戏。

2. 平行游戏

3 岁左右的幼儿游戏水平发展到平行游戏阶段。通常几个幼儿一起，各自玩着玩具或游戏，彼此没有语言或动作上的交流。他们会觉察到别人的存在，或者偶尔看一下别人，会产生互相模仿的游戏行为，但是并不设法去影响或改变别人。比如，在托儿所、幼儿园里的三四岁幼儿身上，常常看到这样的游戏：某个幼儿如果在切菜，其他幼儿看到后，也会坐下来一起切菜；菜切好了，如果一名幼儿把菜喂给玩具动物吃，马上有其他幼儿跟着这么做。

3. 联合游戏

4 岁左右的幼儿游戏发展到联合游戏阶段。幼儿能够留意身旁其他幼儿的活动，有时会互借玩具，有时更会加入到对方的游戏，并且相互交谈。交谈会涉及他们共同进行的活动，但没有建立大家一致的共同目标，没有真正的组织者或领导者。达到这一阶段的幼儿对于与其他幼儿一起玩开始表现出较大的兴趣，但是相互交流的时间不会太长，所玩的游戏也不会持久。幼儿在联合游戏中开始表现出明显的社交行为，但每个幼儿在游戏中仍以自己的兴趣为中心。

4. 合作游戏

5 岁以后的幼儿开始出现较多的合作游戏。此时幼儿已具有较流畅的语言表达能力和较丰富的参与社交的经验，他们可以互相商讨，确定游戏主题、角色分配、游戏材料选择，甚至确定共同游戏的规则，有了集体共同的活动目标[1]。

（三） 我国幼儿园常见的游戏分类

我国幼教界比较认可的幼儿园常见游戏分为创造性游戏和规则性游戏两大类，创造性游戏包括角色游戏、结构游戏、表演游戏，规则性游戏包括体育游戏、智力游戏、音乐游戏，这一分类方式在 20 世纪 50 年代学习自苏联。一般而言，创造性游戏中幼儿的自由度相对较高，对规则的强调也较少。规则性游戏中教师的参与相对较多，组织性较强。本教材也主要采用这一通用分类方式，分单元对每一种类别的游戏进行介绍。

四、游戏的影响因素

微课

影响游戏的
物理环境
因素

（一） 物理环境因素

1. 游戏材料

游戏材料主要指的是玩具，玩具包括专门化的玩具和非专门化的玩具。专门化的玩具一般是工厂生产出来模拟实物、构造精美、功能固定的玩具，比如小汽车、毛绒玩具、拼图、木马等；非专门化的玩具指的是无固定用途的玩具，可以是日常生活中的废旧物品或天然材料，比如纸盒、易拉罐、沙子、木棍等，也可以是工厂生产的各类结构材料，比如雪花片、积木块等。

玩具的种类、数量、搭配都影响着幼儿游戏。第一，从玩具种类上讲，专门化的玩具由于其功能固定，用法较确定，游戏的主题和情节就比较单一，而非专门化的玩具因其用法的不确定性，为幼儿想象力的发挥留有更大的余地，游戏主题和情节更多样化。幼儿年龄越小，使用逼真的专门化玩具时间越长；年龄越大，使

---

① 丁海东. 学前游戏论[M]. 济南：山东人民出版社，2001：65—66.

用非专门化玩具时间越长。第二,从玩具数量上讲,数量较少且外部特征鲜明的玩具更能让年幼儿童集中注意力,有助于稳定游戏的主题情节和持续时间。年长儿童由于独立判断能力的发展,更容易从众多玩具中选出自己所需玩具。第三,从玩具搭配上讲,提供彼此联系的系列玩具对智力发展更有效。比如,观察表明当幼儿只有一个娃娃时,倾向于玩"过家家"游戏,当幼儿有多个娃娃时,就可能玩"托儿所"或"上课"游戏。还有研究发现,如果只给幼儿用具玩具,如餐具、炊具,不给娃娃,那么在游戏中占据中心地位的就是这些物品的游戏动作,幼儿只对成人使用这些物品的方法感兴趣,游戏中较少出现角色。而当出现娃娃之后,角色成为游戏中心,游戏侧重反映人与人之间的关系,更容易出现角色扮演游戏。

2. 游戏场地

游戏场地的空间密度、地点、结构特征及设备的位置会对幼儿游戏产生一定的影响。第一,游戏场地的空间密度表现为幼儿活动空间的大小,并且影响到幼儿所能获得的游戏材料数量,也最终影响着具体游戏行为和幼儿相互关系。根据我国有关研究显示,适合幼儿游戏的空间密度是人均 2.32~7.0 平方米。小于前者,游戏攻击性行为、破坏行为和错误使用材料等行为明显增加;大于后者,幼儿粗大动作的游戏相应增加,而人际关系开始减少①。第二,游戏场地的地点主要包括户外游戏场地和室内游戏场地,年长儿童比年幼儿童更适合户外游戏场地,男孩较女孩更适合户外游戏场地。第三,游戏场地的结构特征影响着幼儿游戏。这主要指的是各种设备或玩具及其构成的各区域之间的相互关系。户外游戏场地分为传统游戏场地和创造性游戏场地。传统游戏场地安放着一些固定的、常见的普通设备或器械,如秋千、跷跷板、转椅等,每种设备只有固定的一种玩法。各设备之间缺少有机的供幼儿想象的联系。创造性游戏场地则有多种多样的、可移动的且用途多样的设备,幼儿可以根据自己的想象和爱好创造性地使用它们。室内游戏场地分为中心式和区隔式。中心式——便于幼儿开展集体性规则游戏、平行游戏和大动作游戏;区隔式——根据游戏活动的不同类别,用矮柜或屏风分割成若干个区域,这样的空间便于幼儿开展多种群组的合作性游戏,以及通过操作进行的探索性游戏。第四,游戏设备的位置影响着游戏行为的发生及使用频率。研究表明,安放在场地中心的设备比角落位置的设备更能引起幼儿更多的相互作用,设备使用率更高。

3. 游戏时间

充足的游戏时间是幼儿游戏的保障,它能促使高社会性水平和高认知水平游戏的出现,让幼儿有机会参与更具有创造性的游戏,也能使幼儿更多地产生积极的游戏情绪。如果游戏时间过短,幼儿无法去筹划和编排游戏,或者不能完全沉浸于游戏之中,只能进行简单的游戏活动。对于幼儿而言,每天用于自由游戏的时间一般不要少于 1 小时。

(二) 社会环境因素

影响幼儿游戏的社会环境因素包括父母亲的教养方式、家庭成员及相互关系、幼儿伙伴、社会文化背景(种族、家庭经济状况、父母受教育程度等)以及教育因素(如托幼机构的教育条件、教育内容和方法、广播电视等大众媒体)等。由于本教材以幼儿园游戏活动为研究对象,这里仅介绍伙伴和教育因素对游戏的影响。

伙伴关系构成了幼儿世界的人际关系,有无伙伴、伙伴熟悉程度、年龄、性别等因素都会对游戏活动产生影响。第一,有伙伴在场时,幼儿更容易相互模仿、分享快乐,有更多的游戏行为特别是合作性游戏行为,有较多的假装动作。第二,幼儿与熟悉的伙伴比与陌生的伙伴一起游戏时,更倾向于合作、分享,而不是旁观和独自游戏,游戏发生频率和时间明显较高。第三,不同年龄的幼儿一起游戏,可以促进其合作、分享、谦让等社会性行为的发展。年长儿童容易提高社交技能,形成责任感、关心他人等良好品质,更好地发展自我意识,并提升游戏组织能力;年幼儿童可以从社会经验更为丰富的幼儿那里学会社交技能,形成依恋、友好的情感,习得更多游戏方法和经验。第四,幼儿与同性别伙伴一起游戏时,更多地尝试探究,更多地选择新颖玩具材料。与异性伙伴一起游戏时,更能够促进其性别角色社会化。比如,男孩与女孩一起玩"过家家"游戏时,宁可当娃娃也不要扮演妈妈。

从教育因素上看,幼儿园的课程也会对游戏行为产生影响。高结构课程强调教师对活动的组织和领

① 翟理红. 学前儿童游戏教程[M]. 上海:复旦大学出版社,2016:8.

导,建构性或有目的的操作性游戏更常见;低结构课程强调幼儿活动的自发性和自主性,象征性游戏和合作的自然游戏更常见。比如,蒙台梭利学校的课程一般被看作高结构课程,其幼儿进行的象征性游戏数量显著少于其他开放学校同龄幼儿,而练习性游戏较多。

(三) 个体因素

个体的性别、年龄、兴趣、能力等使幼儿的游戏具有自己独特的风格。第一,游戏上的性别差异在出生后的第二年就开始出现,随着年龄的增长日趋明显,主要表现为对玩具、游戏活动类型和游戏主题及扮演角色等方面的不同偏爱。比如,男孩偏爱交通工具玩具、战斗性玩具、结构性材料,女孩更喜欢布娃娃、柔软的小动物玩具和家事活动相关玩具;男孩喜欢运动量较大的、冒险性较大的游戏,女孩喜欢运动量小的、安静的、坐着进行的游戏;男孩喜欢扮演"士兵""警察""司机"等让他感到很"酷"的角色,往往是习惯思维所认同的男性化的职业角色,而女孩喜欢玩"娃娃家""学校"等能反映家庭与学校生活的女性职业特点的内容。第二,不同年龄幼儿游戏表现出不同的具体方式和发展水平,从感觉运动游戏、象征性游戏发展到规则游戏,从独自游戏发展到多人合作的游戏,从内容的单一化发展到主题多元化,从形式上的简单化发展到复杂化。第三,由于幼儿的个性(气质、性格、能力等)以及情感、社会性等心理特征所表现出来的相对稳定的倾向性不同,使其在游戏兴趣和风格上表现出明显的个性差异。比如,一般以为那些想象力丰富、有幽默感、好奇心强烈、情感丰富、性格开朗、好与人交际的幼儿,具有更高的游戏性,表现为爱玩游戏,而且社会性和想象游戏的发展水平较高。第四,幼儿活动时的健康及情绪状态等其他个体偶然因素也对游戏的行为直接产生影响。比如幼儿疲倦或不开心时,在游戏中也会表现出无精打采。这些个体因素纵横交错、相互制约、共同作用,使幼儿游戏不仅仅是带有共性的活动现象,也是一种带有差异性的个体行为①。

💡 学习拓展

📖 思政拓展

陈鹤琴先生关于游戏的论述②

儿童既喜欢游戏,我们就可以利用游戏来支配他的动作,来养成他的习惯。比方小孩到了晚上应当去睡眠的时候,做父母的不要不问他愿不愿意,就把他领到寝室里去睡眠;也可以不必用命令的手段叫他去睡眠。因为不问他的意思而领他去睡眠,他若不愿意,恐怕他就要哭了;你命令他,他若不去,就违背你的命令,两者都不妥当。最好你可以用游戏式的方法叫他去睡,比方叫他骑在肩上,作骑马的样子,骑到寝室里去休息。再比方,儿童不愿意洗鼻,你强迫他,他一定要哭。你可以告诉他说:"你晓得门是很脏的,我们要洗洗它,房子里的灰尘很多,我们要扫扫它。你看我这个门(指着自己的鼻孔)干净不干净,房子里面有没有灰尘? 我已经把它们弄干净了,现在看看你的门看(指着他的鼻孔)。哎哟! 很脏呀! 我们把它洗干净。"照这种做法,小孩子不但愿意洗鼻,而且很高兴做的。这种游戏性的教育,可以应用到儿童种种动作上面去,以养成他的种种好习惯。

✏️ 赛证拓展

考题解析

一、单选题

1. 幼儿赛跑、下棋一般属于(   )。

---

① 丁海东. 学前游戏论[M]. 济南:山东人民出版社,2001:100—122.
② 陈鹤琴. 儿童心理之研究[M]. 北京:商务印书馆,2021:227—228.

A. 表演游戏　　　　　B. 建构游戏　　　　C. 角色游戏　　　　D. 规则游戏

2. 幼儿通过塑造角色表现文艺作品内容的游戏是(　　)。

A. 角色游戏　　　　　B. 结构游戏　　　　C. 智力游戏　　　　D. 表演游戏

3. 关于自发性游戏的正确观点是(　　)。

A. 幼儿园游戏不包括自发性游戏

B. 自发性游戏不需要教师指导

C. 教师组织的游戏比自发性游戏有价值

D. 自发性游戏具有多种教育价值

二、论述题

1. 幼儿园集体教学活动和游戏的含义分别是什么？试述两者的区别与联系。

2. 有家长说："这家幼儿园天天让孩子玩,什么都没教。不教拼音,不教写字,孩子连字都认不了几个。"为什么说该家长的说法是错误的？请说明理由。

三、材料分析题

操场上新安装了一个投篮架。幼儿经常在这里玩投篮游戏。一天,几个幼儿带着笔刷和水桶来到这里,他们先是快乐地粉刷投篮架,之后开始往篮筐里灌水,有的从上面灌,有的在下面灌,再灌,再接……相互配合,反反复复,忙得不亦乐乎。

问题:是否应支持这些幼儿的行为？请说明理由。

学习情境一　角色游戏

知识导图

教案

学习目标

1. 素养目标:树立以儿童为本位的角色游戏指导理念,认识角色游戏与社会文化的关系。
2. 知识目标:掌握角色游戏的内涵、结构、特点与价值。
3. 能力目标:具备较强的角色游戏准备、组织与评价能力,具有自主学习、小组合作和一定的创新能力。

游戏认知

　　珍视游戏的独特价值,以游戏为基本活动,将游戏作为对幼儿进行全面发展教育的重要形式,这些观念已经成为幼儿教育工作者的广泛共识[①]。教育工作者一般将游戏分为创造性游戏与规则性游戏两大类。在创造性游戏中,角色游戏是其中的一种重要类型。邱学青教授认为,角色游戏是幼儿通过扮演角色开展的一种游戏,是幼儿期最典型、最有特色的游戏,幼儿园要为孩子提供更多角色游戏的机会,并为孩子提供必要的支持,让孩子的角色游戏有质量、促发展[②]。因此,角色游戏在学前儿童游戏中始终占据重要地位,受到研究者的广泛重视。那么,什么是角色游戏?它与其他游戏类型有什么区别?它对于学前儿童的发展具有哪些价值?如何制订角色游戏的计划,如何进行环境创设,如何指导角色游戏的开展,如何干预角色游戏,如何进行角色游戏的总结提升呢?下文将对这些内容进行介绍。

(一) 角色游戏的内涵

　　角色游戏是指幼儿"以模仿和想象,通过扮演角色创造性地反映周围生活的游戏"。相对于"规则性游戏"的成人"预构性"特点,角色游戏的特点是幼儿的"创造性"以及游戏内容反映社会生活的"社会性"[③]。

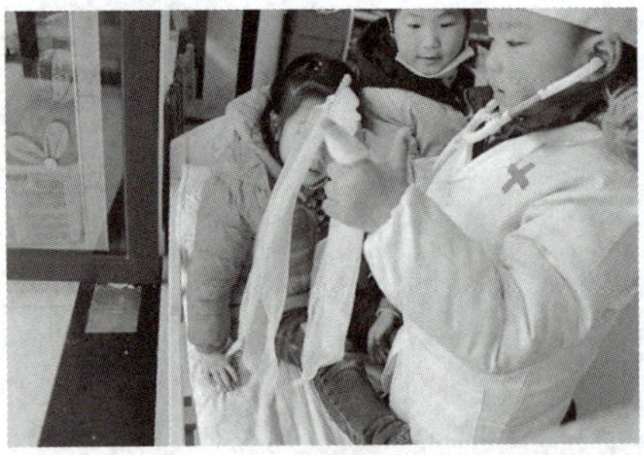

　　苏联心理学家艾里康宁认为,学前儿童的角色游戏是"一种发展了的活动形式,儿童在这种活动中充当成年人的角色(职能),并在专门设置的游戏条件下概括地再现成人的活动和他们之间的关系"[④]。

　　总之,学前儿童的角色游戏是指学前儿童通过使用"假装的"物品或工具,模仿自己所想要扮演的某种社会角色的动作、语言、态度等,来反映一定的社会生活的内容的活动(见图1-1)。

图1-1　"小医院"游戏[⑤]

---

①② 邱学青.游戏:为幼儿创建经验的联结[N].中国教育报,2017:4—9.
③④ 刘焱.儿童游戏通论[M].北京:北京师范大学出版社,2008:478—479.
⑤ 本单元图片皆来源于江西省九江市濂溪区第一幼儿园。

（二）角色游戏的结构

为深入了解角色游戏的本质，儿童心理学家和学前教育家研究了角色游戏的结构。苏联心理学家艾里康宁认为主题、角色、动作和规则是主题角色游戏的基本结构因素[①]。我国学者邱学青教授认为，主题、角色、动作与情节、材料、规则是角色游戏的基本构成要素[②]。任何游戏的开展都离不开具体的材料，因此增加"材料"这一要素是应该的。

微课

角色游戏的结构

1. 主题

所谓"主题"就是"儿童在游戏中反映的周围人们的生活与活动中的一定动作、事件和相互关系"，它包括任务、角色、情境、动作和物品等。因此，"主题"在角色游戏的各要素中处于核心地位，统率着其他的结构要素。学前儿童扮演角色的所有行动都服从于游戏的"主题"[③]。例如，小班幼儿在玩"娃娃家"角色游戏，那么他们所有的游戏行为都服从于"家"这个主题，幼儿的行为都是家庭生活的展现（见图1-2）。

图1-2　"娃娃家"游戏

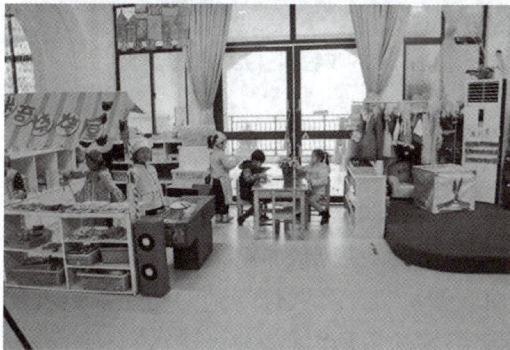

2. 角色

角色游戏中的角色是指幼儿在游戏中扮演的生活中的某个角色。人们根据幼儿扮演角色的不同类型将角色分为机能性角色、互补性角色、虚幻性角色等类型[④]。

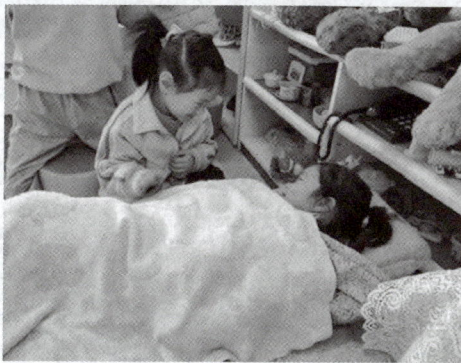

图1-3　烧烤店里的顾客和服务员

根据角色扮演与认知水平之间的关系，人们将角色分为角色行为、角色意识、角色认知三个水平。角色行为是指幼儿出现某个人物的行为，但是不知道自己扮演的角色的名称。3岁前的学前儿童大量出现这种角色行为。角色意识是指幼儿知道自己扮演了某个角色，知道角色的名称，但是不知道为什么要这样做。3岁后的幼儿开始出现角色意识。角色认知是指幼儿熟知角色以及角色之间的关系。4岁左右的幼儿的角色认知水平不断提升，例如，中班的幼儿在烧烤店里扮演顾客用餐，服务员为顾客上菜和倒水（见图1-3）。

3. 动作和情节

角色游戏中动作和情节的概括性，是幼儿角色游戏十分突出的特点[⑤]。尽管幼儿在游戏中模仿着他们熟悉的成人的社会生活，但这种模仿并非成人生活中具体的某个人某个动作的翻版，不是完全照搬所扮演的角色的所有动作和行为，而是概括、提升他们对同一类人的某种动作的多次观察和印象。幼儿通过使用玩具材料表现出相应的动作，概括地抽取出经典的动作来表现假想的游戏情节，以高度概括的动作和经典的情节，表现出自己对现实生活的理解，表达自己的思想、情感和体验。例如，扮演司机的角色，幼儿会出现双手在前方比画出圆并来回转动的动作，表示在开车。

角色游戏动作和情节的假想性，是幼儿开展角色扮演的重要支撑[⑥]。幼儿的角色扮演是通过假想的动作和情节来模仿和再现成人的言行举止、职业身份、生活片段等。例如，幼儿可能手上什么都没有拿，只是在口袋里摸了一下，然后把手放在你的手上，表示他在付钱给你。再如，烧烤店的厨师刷酱的时候，只是用

---

① 刘焱.儿童游戏通论［M］.北京：北京师范大学出版社，2008：478—479.
② 邱学青.幼儿园游戏指导［M］.北京：人民教育出版社，2015：103.
③ 刘焱.儿童游戏通论［M］.北京：北京师范大学出版社，2008：479.
④ 邱学青.幼儿园游戏指导［M］.北京：人民教育出版社，2015：103.
⑤ 邱学青.幼儿园游戏指导［M］.北京：人民教育出版社，2015：106.
⑥ 邱学青.幼儿园游戏指导［M］.北京：人民教育出版社，2015：107.

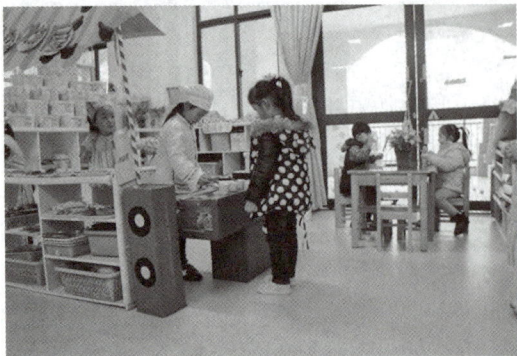
图1-4　烧烤店厨师为烤熟的食物刷酱

刷子假装蘸上麻辣调料(见图1-4)。这些动作都只是幼儿的假想,是对生活中他们看到的情境的模仿和再现。

4. 材料

在角色游戏中,扮演一定的角色时,还需要一定的材料来辅助角色扮演的完成。例如,在"坐火车"游戏中,需要一节一节的火车车厢。在"烧烤屋"游戏中,需要烧烤的食材、储物架等材料(见图1-5)。在"医院"游戏中,需要医院的环境。"以物代物"是角色游戏中材料使用的一大特点。例如,一根木棒变成了幼儿心中的马,一把椅子变成了一节火车厢。这些替代物与被替代物之间一般有一定的相似性。

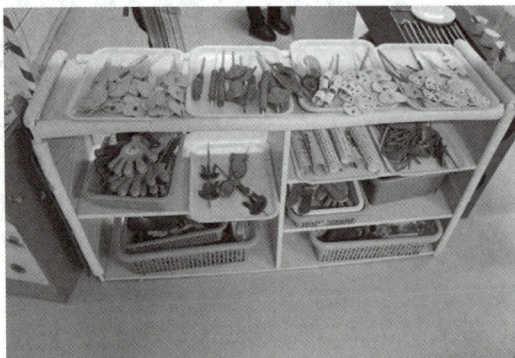
图1-5　烧烤材料

图1-6　烧烤店的收银员、传菜师、烧烤师

5. 规则

一般游戏中,在游戏之前会先制定规则,这种规则是外显的,因此被称为外显性规则。在角色游戏中,游戏规则不是事先制定的,而是遵守游戏中幼儿扮演的角色本身的内在要求,因具有内隐性被称为内隐性规则。尽管角色游戏是学前儿童自发自主的游戏,但是仍需遵守一定的游戏规则,那就是角色本身的行为要求,这是角色游戏的隐性规则[①]。例如,在"烧烤屋"游戏中,扮演收银员、传菜师、烧烤师的幼儿都必须按照角色身份行事(见图1-6)。再如,在"娃娃家"角色游戏中,扮演妈妈的角色时行为应该像妈妈的行为。但是,每个幼儿扮演的妈妈角色说话语气和态度又是不一样的,因为不同家庭的相处方式也是不一样的,这也是角色扮演中规则的多元性。

(三) 角色游戏的特点

1. 生活性

角色游戏反映的是幼儿的生活,来源于幼儿的生活经验。幼儿的生活经验越丰富,角色游戏表现的内容就越丰富,也越能表征他们看到的日常生活。例如,幼儿在生活中有乘坐火车的经验,在游戏中就会自己拼搭火车、扮演乘客。火车无法前进时,幼儿会趴在地上检查火车的情况。这些动作与情节的出现,源于其乘坐火车的体验。因此,角色游戏具有生活性的特点。

2. 社会性

角色游戏顾名思义需要扮演角色,这些角色都是社会生活中的角色。因此,幼儿进行角色游戏之前,需要认识这些角色的工作。在游戏的过程中,则有利于幼儿进一步了解所扮演角色的工作、情感、体验,增进幼儿对所扮演角色的认识,更有利于幼儿深入认识周围的社会生活环境与周围的人,进而有利于幼儿社会性的发展。例如,幼儿扮演医生与护士的角色,有利于深入了解医院看病的流程,知晓医生与护士的工作。这有利于幼儿对医院环境和对医生、护士等职业的认识,增进了幼儿社会性的发展。

---

① 邱学青.幼儿园游戏指导[M].北京:人民教育出版社,2015:107.

3. 创造性

在进行角色游戏的过程中,无论是游戏的环境,还是游戏的材料、情境、动作、角色,都是在假想的情境下进行的,是幼儿的虚构与想象。幼儿在角色游戏中对生活的反映,不是原原本本的反映,是带有自己想象与创造的反映,因此具有创造性。

4. 象征性

角色游戏中,角色扮演是其最典型的特点,角色扮演的核心是表征思维为基础的象征性。以一人象征另一人,或者以一物象征另一物,这是角色游戏扮演中常常出现的场景。以物代物、以人代人,是角色游戏开展的必要条件。例如,在幼儿开展的"米奇烧烤屋"中,有的幼儿扮演收银员,有的幼儿扮演配菜师,有的幼儿扮演烧烤师,有的幼儿扮演服务员。这是在以幼儿自己象征烧烤屋中各个岗位上的工作人员。

(四) 角色游戏的价值

1. 有利于了解各行各业的人的职业及工作过程

在角色游戏的扮演中,幼儿会扮演生活中各行各业的人,这来源于幼儿生活经历中对这些行业的接触和了解。而要使游戏能够深入开展,还需要幼儿深入观察各行各业的人的工作及过程,并把它们在游戏的过程中反映出来。例如,幼儿在玩医院主题游戏的过程中,对于看病的过程、医生的职业、护士的工作就有了深入的了解。

2. 有利于了解周围的社会环境,适应社会生活

在角色游戏中,幼儿扮演的都是生活在一定社会环境中的角色,因此,扮演角色的过程也有利于幼儿认识周围的社会环境。例如,扮演银行工作人员,有利于幼儿认识银行的工作环境;扮演超市收银员和导购员,有利于幼儿认识超市的环境;扮演奶茶店老板,有利于幼儿认识周围奶茶店的环境。因此,幼儿角色扮演的过程,既是了解社会角色的过程,也是认识周围环境、适应社会生活的过程。

3. 有利于发展人际交往能力

在角色扮演的过程中,各个角色之间会进行语言或者动作神态间的交往,这有利于幼儿人际交往能力的发展。例如,在"米奇烧烤屋"游戏中,烧烤师会询问顾客:"你需要什么口味的? 是麻辣味、番茄味还是原味的?"顾客会根据烧烤师的询问做出回答。这发展了幼儿的语言表达能力,也有利于幼儿人际交往能力的提升。另外,幼儿可能会在角色的选择与游戏的过程中发生冲突,在冲突的协调解决中,实际上也增强了幼儿的人际交往能力。

4. 有利于整合、拓展、提升幼儿的生活经验

幼儿角色游戏的发起,可能是由于对某个角色的某种行为感兴趣。但在游戏的过程中,随着游戏的深入开展,幼儿对于角色的认识会更加深入,对于相关的生活经验会越积越多。例如,在"娃娃家"游戏中,幼儿对妈妈炒菜的行为比较感兴趣,因此,在游戏过程中会反复出现炒菜的动作。随着游戏的持续进行,幼儿慢慢认识到,菜需要清洗后才能拿到锅里炒,于是出现洗菜的动作。菜炒好后,是要拿给宝宝吃的,因此,在炒完菜后会把菜用盘子装着,放到桌子上。于是,幼儿形成了一个完整的生活经验。炒菜的过程需要先洗菜,再炒菜,最后把菜装盘端到桌子上给宝宝吃。

5. 有利于发展幼儿想象与创造的能力

角色游戏的进行都是在创设的模拟的环境中通过"装扮"进行的,是对生活环境与生活情景的虚构与再现。幼儿在此过程中假装自己是生活中的某个角色,这一过程都是想象出来的。因此,幼儿玩游戏的过程也是在进行想象与创造的过程。

6. 有利于幼儿情绪情感的发展

幼儿在进行角色扮演之前,需要了解角色的工作过程,然后进行角色的扮演。了解角色的过程,有利于幼儿理解角色的行为与情绪情感。在扮演角色的过程中,幼儿把自己假想为某个角色,站在这个角色的立场想问题、做事情,更有利于幼儿设身处地地理解角色的情绪情感,产生移情作用,从而慢慢学习理解他人的情绪情感,逐步"去自我中心"。

工作过程

对于角色游戏来说,教师要开展角色游戏,必须先制订游戏计划,包括确定游戏主题、撰写游戏方案、创设游戏环境。然后现场组织游戏,包括激发游戏兴趣、开始游戏、科学观察、记录评价。最后教师需要对游戏进行总结提升。

(一) 计划制订

计划制订的主要步骤:1. 确定游戏主题;2. 撰写游戏方案;3. 创设游戏环境。

步骤 1.确定游戏主题

在确定角色游戏主题时需要遵循如下两条原则。

(1) 尊重幼儿的兴趣与经验

角色游戏的主题具有社会性,反映了社会及现实生活中的人、事、物。现实社会生活经验是角色游戏的源泉。幼儿游戏中的主题一定是基于幼儿自身的经验和兴趣,来源于他们熟悉的社会生活情景中的人物和事件[1]。

中班角色游戏"米奇美食城"主题的产生[2]

我们班的"米奇美食城"游戏主题是幼儿自主生成的。在开展游戏内容之前,我和幼儿一起讨论:平常你喜欢吃什么? 玩什么? 为什么? 许多幼儿发表了自己的想法和见解,认为烧烤是大家比较喜欢的,最终在全班的一致同意下,我们决定开展以"美食城"为主题的角色游戏。

(2) 根据幼儿年龄特点适当调整主题目标

不同年龄段的幼儿认知水平是不一样的,角色游戏的水平也是不一样的。因此,在开展角色游戏过程中,教师在尊重幼儿兴趣与经验的基础上,还需根据幼儿的年龄特点,适当调整角色游戏的主题目标,从而拓展、提升幼儿的社会生活经验,提升幼儿角色游戏的水平(见表1-1)。

对于小班幼儿,由于生活经验有限,人们多半开展以"家"为中心的游戏主题。但是,由于受认知特点的影响,教师应注意小班幼儿角色游戏主题的稳定性。

对于中班幼儿,随着生活经验的提升以及认知水平的提高,游戏主题的稳定性也随之增强。他们表现出比较强烈的人际交往需求却有时缺少必要的交往技能。因此,中班的角色游戏主题开始多样化,在游戏的指导过程中,教师应注重幼儿人际交往能力的提升。

对于大班幼儿,生活经验与认知水平进一步提升,角色游戏的水平也随之提升,在此阶段教师应注意适当提升游戏的要求,注重发展幼儿的团结协作与创造能力。

总的来说,学前儿童角色游戏的发展脉络是游戏主题从学前儿童熟悉的内容向距离学前儿童生活较远的内容变化,并且不断丰富。游戏角色从单一角色向多重角色变化,游戏情节与动作不断丰富、逼真。

表1-1　角色游戏年龄阶段目标

幼儿年龄	角色游戏目标
小班 3～4 岁	认知目标:了解生活中熟悉的人物的动作行为,具有初步的角色意识
	能力目标:能进行单一角色的象征;能围绕某一主题进行游戏,持续时间较长
	情感目标:愿意围绕某个主题进行游戏;愿意遵守游戏规则

---

① 邱学青.幼儿园游戏指导[M].北京:人民教育出版社,2015:103.
② 案例由江西省九江市濂溪区第一幼儿园夏镜云、廖美香老师提供.

幼儿年龄	角色游戏目标
中班 4～5岁	认知目标：了解常见行业的人物角色与行为；了解简单的人际交往技能；具有初步的角色认知
	能力目标：能进行多重角色的象征；能与同伴合作游戏，具有一定的人际交往技能；能与教师一起布置游戏环境，讨论解决游戏中的问题；能遵守游戏中的规则
	情感目标：体验扮演人物的情绪情感；愿意换位思考
大班 5～6岁	认知目标：深入了解各行各业人物的行为特征；了解更丰富的人际交往技能
	能力目标：能与教师讨论决定游戏的主题；能在教师的帮助下，创设游戏环境；能更逼真、丰富地表现现实生活中的人物角色以及他们之间的关系；能在教师的帮助下，创造性解决游戏中出现的问题
	情感目标：体验创造与团结合作的快乐

步骤2.撰写游戏方案

尽管角色游戏强调尊重学前儿童的自主性与意愿，但是没有指导与计划的游戏，质量水平也是有限的。在尊重学前儿童的意愿与兴趣的基础上确定主题之后，根据幼儿的年龄特点与已有水平确定游戏的目标，教师还需撰写游戏方案，使游戏的进行具有一定的计划性。但需要注意的是，游戏方案只是起点，还需要教师根据幼儿在游戏过程中的表现和兴趣进行适当调整，使游戏更符合幼儿的需求，更能激发幼儿的兴趣，更能促进幼儿的发展。

步骤3.创设游戏环境

在确定主题、目标、游戏方案后，教师需要根据计划进行环境创设。而材料是环境创设的基本内容，因此，在环境创设时教师需要注意以下两点。

（1）根据主题选择材料

进行游戏环境创设时，教师应根据主题的内容构想区角的布局，围绕幼儿的兴趣、日常生活经验来选择材料与确定材料的数量。

"米奇烧烤屋"游戏方案

例如，中班"米奇烧烤屋"的环境创设中，教师首先与幼儿讨论了"你在烧烤店里吃过什么？你觉得我们的烧烤店需要哪些材料？"，然后根据讨论的结果，幼儿与教师一起制作了烤串、烤箱。烧烤屋就在"卖烤串了，卖烤串了"的吆喝声中开张了。

（2）根据年龄特点选择材料

不同年龄段的幼儿，心理发展水平是不一样的，角色游戏的水平也是不一样的。因此，环境创设与材料投放的过程中，教师投放的材料应该是不同的。

活动视频

例如，小班幼儿以平行游戏为主，在游戏环境创设中教师应注意提供种类少、数量多的材料，即玩具的相同性程度要大，并随着幼儿的发展要适当增减。对于小班幼儿来说，成品玩具更加具体形象，能引起幼儿对已有生活经验的回忆，帮助幼儿将现实生活的经验迁移进游戏，练习模仿成人生活经验。

中班角色游戏"米奇烧烤屋"

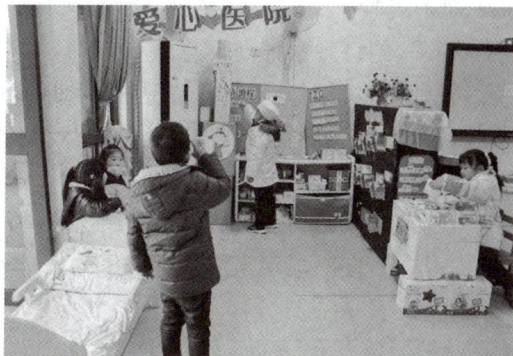

中班幼儿以联合游戏为主。教师应根据中班幼儿的需要，提供种类多、数量多的玩具材料，并给幼儿适当提供操作的半成品材料和替代物品。教师还应鼓励幼儿玩多种基于生活经验的主题或相同主题的游戏，投放的成型和半成型玩具要以一定的比例呈现。教师还应充分发挥幼儿的主动性，让幼儿参与环境的创设。在"米奇烧烤屋"的环境创设中，幼儿看见教师在制作烤串，也加入到制作的行列中。

大班幼儿进行游戏时，计划性开始增强；角色意识十分明显，能生动形象地再现所扮演角色的特征，反映较为复杂的人际关系；游戏情节丰富，能非常细致地反映出情节的细节特征（见图1-7）。因此，大班幼儿完全有能力、有主见地

图1-7 爱心医院的眼科科室

自己规划游戏场地,收集并准备游戏材料。教师可以放手让幼儿一起准备材料和场地,让幼儿根据自己的意愿决定玩什么内容,让幼儿按照自己的意愿和需要使用玩具材料,给予幼儿想象和创造的空间,满足大班幼儿独立和自己动手的要求。当幼儿需要帮助时,教师提供必要和及时的帮助①。

(二) 现场组织

> 现场组织的主要步骤:4. 介绍游戏,激发兴趣;5. 科学观察,记录评价;6. 适时介入,有效指导。

确定主题、完成环境创设之后,教师就可以组织幼儿开展角色游戏。如何介绍游戏,激发幼儿参与角色游戏的兴趣呢? 在游戏进行过程中,教师应该如何观察与指导? 游戏结束后教师应如何进行总结与提升?

步骤 4. 介绍游戏,激发兴趣

在幼儿第一次玩游戏时,教师需要介绍游戏规则,更要激发幼儿游戏的兴趣,可以采用如下策略开展游戏。

(1) 出示材料,引出主题

教师选择幼儿感兴趣的材料,引导幼儿思考它像什么,或者在哪些生活情景中需要使用它。调动幼儿的兴趣,引出相关的生活经验,为游戏的开展做好铺垫。例如,在"娃娃家"游戏中,教师可以先出示锅,问幼儿:"它是什么? 在什么地方使用? 谁来用? 用它做什么?"引出家的主题与家长炒菜的生活经验,为后面角色游戏的开展做好铺垫。

(2) 讨论生活中相应的情景

教师还可以通过与幼儿讨论与主题相关的话题,激发幼儿的兴趣,引出主题。在案例"米奇烧烤屋"中,教师通过与幼儿讨论"你喜欢吃什么"的话题,最后引出烧烤的话题和开烧烤屋的主题,密切联系了幼儿的生活,水到渠成地激发了幼儿的兴趣。

(3) 观看视频资料

有一些主题,尽管是幼儿很熟悉的,但是由于专业性很强,幼儿对它的认识流于表面。因此,可以通过观看视频,增进幼儿对相应主题的认识,从而激发幼儿游戏的兴趣。例如,在"医院"游戏中,幼儿尽管对看病、医院等内容很熟悉,但是对于医生、护士的具体工作却不是很了解,通过观看视频,可以增进幼儿对医生、护士职业的了解,也激发了幼儿参与游戏的兴趣。

(4) 根据教学主题,引导讨论

对于大班幼儿,角色游戏的主题可以多样化,也可以适当延伸,从而达到增加幼儿生活经验的目的。例如,在介绍少数民族的主题活动后,教师可以开展少数民族"娃娃家"游戏,通过游戏,让幼儿进一步了解少数民族人民的生活特点。

步骤 5. 科学观察,记录评价

在幼儿进行游戏的过程中,教师应做好观察与记录,为后续的指导做好准备。在对目前幼儿园角色游戏的观察过程中发现,很多时候教师的指导存在放任自流或粗暴干涉等问题。那么,教师应该如何指导才是合适的呢? 这里涉及的是教师的游戏介入问题,而介入的前提是教师科学的观察与评价。

(1) 观察

第一,制订观察计划。

教师可以根据本班幼儿情况,每学期系统观察每个幼儿2～3次。观察计划主要来源于三个方面:本学期教育计划及现阶段教学内容;上次游戏的情况及存在的问题;本次游戏的目标与准备等。

第二,选择观察方法。

在游戏开展过程中,研究者总结出三种最常用的方法。

扫描法,即时段定人法。对班里的全体幼儿平均分配时间,在相等的时段里对每个幼儿轮流进行扫描

---

① 邱学青.幼儿园游戏指导[M].北京:人民教育出版社,2015:110—130.

观察。该方法适合于了解全体幼儿的游戏情况,一般在游戏开始和结束的时候选用较多。通过这种方法可以知道幼儿喜欢玩哪类游戏,使用了什么材料,更可以知道全班幼儿的情况。选用这种方法,一般可以使用表格进行记录(见表1-2)。

表1-2 幼儿游戏兴趣或对主题喜好程度观察表

姓名	主题				
	娃娃家	医院	×××	×××	×××
幼儿1					
幼儿2					
幼儿3					

定点法,即定点不定人法。观察者固定在游戏中的某一地点进行观察,看见什么就观察什么,只要是来此点的幼儿都可以作为被观察对象。此方法适合于了解一个主题或一个区域幼儿游戏的情况,可以获得动态的信息,了解到幼儿在游戏中使用材料的情况、幼儿交往情况、游戏情节的发展,等等。记录方法可以使用实况详录,也可用事件抽样记录。

追踪法,即定人不定点法。观察者事先确定一到两个幼儿作为观察对象,观察他们在游戏中的活动情况。被观察的幼儿走到哪里,观察者就追随到哪里。固定人而不固定地点,适合于观察了解个别幼儿在游戏全过程中的情况,了解其游戏发展的水平,获得更详细的信息。

在游戏观察时,教师的观察应注意随机性和计划性相结合。即每次观察都要有目的、有重点,但是还要根据幼儿的具体表现随时调整观察的重点。另外,教师在观察时还要注意全面性和个别性相结合。教师在观察的过程中,既要观察全体幼儿的情况,也要有重点地观察个别幼儿游戏的情况。针对观察到的情况,进行有针对性的指导。

(2)记录

科学的观察需要观察记录并讲究科学的记录方法,这样才能全面有效地获取重要的观察信息。在游戏的观察记录中,有表格记录、实况记录、图示记录、影像记录等方式方法,也可以充分使用摄像机、照相机、录音机等现代化教育设备来进行观察记录。对幼儿园游戏的观察记录方法有很多,在这里,主要选择在幼儿园实际工作中使用较多并且较好操作的一些方法。

第一,日记描述法[1]。

日记描述法是观察者对观察对象进行长期的跟踪观察,并采用日记的方式记录观察对象行为表现的方法。这是一种纵向的观察描述,着重记录观察对象的发展性变化。这种记录方式常用于个案研究,要求观察者与观察对象频繁接触。如果教师需要对某名幼儿3年的表现进行长期的跟踪研究,可以使用这种方法。

日记描述法记录内容[2]

观察对象:好好

性别:女

出生年月:1989年6月4日

(1990年3月15日,在家中,好好9个月零10天)

今天好好饮食正常,情绪较好,老是笑嘻嘻的。上午九点半起床后,吃了牛奶和半个苹果的苹果

---

[1] 周希冰.学前教育科学研究[M].北京:高等教育出版社,2006:91—98.

[2] 周希冰.学前教育科学研究[M].北京:高等教育出版社,2006:91—98.

泥,然后第一次给她试坐学步车。她眼睛瞪得大大的,一会儿发现能移动,便开始一颠一颠地移步。5分钟后,大胆起来,乐颠颠地移步到床头柜前。步子还不稳,像要随时倒下,爸爸只得跟着"护驾"。然后,她拉床头柜门把手,爸爸说:"开门吗? 开吧!"她却立即转过头去看房门。爸爸又指着柜门,说:"这是柜子的门,拉! 拉!"好好握着床头柜门把手,用力拉开了门。

上述案例中,妈妈记录了观察对象的昵称、性别、年龄、观察时间、观察地点、行为的进步,描述了观察对象的新行为、对语言的理解等内容。

第二,轶事记录法。

轶事记录法是观察者发现研究对象在某一自然情境中表现出来的独特的、有价值的典型行为和事件时随即进行的描述性记录。轶事记录法着重记录观察者感兴趣的,认为有价值的、有意义的行为和事件。轶事记录可以采用卡片的形式,一般以单一事件的简短描述为主。

轶事记录法记录内容①

幼儿姓名:秀秀(5岁4个月)

时间:2017年12月20日

地点:爱心小医院(角色游戏区)

事件实录:今天,幼儿们又在玩看病的角色游戏。秀秀选择当药剂师,她安安静静地坐在摆放着各种药的药架前,等待病人来取药。教师扮演病人来取药了:"医生,我来取眼药,刚刚医生已经对我说了,什么药来着?"秀秀说:"请把药方给我看一下。"教师扮演的病人说:"医生刚才没有给我药方,就是让我来取药。"秀秀说:"对不起,没有药方我不能给你药。"

案例中的幼儿秀秀扮演的药剂师严格遵守药剂师的职责,根据药方发药,体现了幼儿对游戏角色职责的认知。

第三,连续记录法。

连续记录法是在特定的一段时间内连续不断地观察和记录研究对象行为表现的方法。它要求观察者在一定的时间范围或阶段内尽可能用精确、连贯的语言,连续不断地对幼儿的行为和所观察的情境作更加详细和完整的描述。例如,在角色游戏区、结构游戏区、表演游戏区等各类区角活动中,教师可以在游戏开始到结束的半个小时内对幼儿进行持续的观察。

第四,实例描述法。

实例描述法是根据预先确定的标准,尽可能地对所发生的行为、事件及其背景进行详尽的、连续的观察描述。实例描述法持续观察的重点指向事件本身,且要求有更详尽的细节、提前确定的标准和一定的记录格式。例如,感官游戏、体育游戏、语言游戏、棋类游戏、音乐游戏中,体现幼儿相关技能发展的事件都可以采用实例描述的方法进行记录。实例描述法可以根据观察目标来详细观察描述幼儿的特定行为表现。

实例描述法常见观察记录内容

① 观察基本信息:幼儿姓名、年龄、观察时间。

② 观察目的:为什么进行这次观察?(如,了解幼儿社会性发展或者语言能力、数学能力,或对材料的熟悉程度等。)

③ 幼儿游戏中所选用的材料。

---

① 案例由江西省九江市濂溪区第一幼儿园张雅芳、段幼凤老师提供。

④ 幼儿行为的描述(根据观察目的来设定:社会性行为、交往、语言、材料等)。

⑤ 幼儿解决问题的策略(找教师、找同伴、自己解决)。

⑥ 观察者拟使用的支持策略(材料、语言、动作等)。

第五,事件取样观察法。

事件取样观察法是事先选定某种或某类事件作为观察目标,在观察中等待该事件的发生,然后观察并记录事件全过程的方法。事件取样观察记录,需要事先选定观察的行为或事件,在观察现场等待特定事件的发生,再记录发生情况与前因后果。例如,要研究大班幼儿角色游戏中的合作行为,可以选择事件取样观察法。教师在角色游戏区等待合作行为的发生,再记录事件发生的背景,持续时间,合作行为发生的原因、开始、过程、结果,双方的行为表现等内容。

第六,斯米兰斯基社会角色游戏观察量表。

观察评定法区别于以上几种观察记录法的地方在于,它是观察者在观察的基础上对观察对象的行为或事件作出判断。斯米兰斯基社会角色游戏观察量表(见表1-3)实际上是一种观察评定法。它有利于了解幼儿角色游戏的水平,为后续角色游戏的指导提供方向。

该观察表从角色扮演、想象的转换、社会互动、语言沟通、持续时间五个方面对幼儿角色游戏的行为进行评定,教师可以根据幼儿的表现确定游戏中指导的重点与方向。

表1-3 斯米兰斯基社会角色游戏观察量表(简称 SPI)[①]

姓名	角色扮演	想象的转换			社会互动	语言沟通		持续时间
		材料	动作	情境		元交际	假装	
幼儿1								
幼儿2								

斯米兰斯基社会角色游戏观察量表使用说明

◆ 角色扮演:幼儿假装是"他人",或以他人自居,如妈妈、收银员等。

◆ 想象的转换:用一些东西、言语或动作等来假装代表某种物品、动作或情境。例如,假装用积木当杯子,一边假装往杯子里倒水一边说:"我的杯子里没有水了,我要再倒点水。"或者用语言来表示想象的情境,现在飞机要起飞了,假装我们正乘着飞机去旅游。

◆ 社会互动:两个或两个以上的幼儿就游戏的情节、角色、动作等有直接的互动或交流。

◆ 语言沟通:幼儿运用语言对有关游戏的主题、情节、角色扮演等进行交流。

幼儿在游戏中结成两种伙伴关系,真实的玩伴关系和假装的角色关系。在游戏的过程中,幼儿经常在这两种身份之间转换。发生在"真实的玩伴"间的信息沟通具有"元交际"的性质,其功能在于组织或建构游戏的框架。①代替物的确定:"假装这绳子是蛇。"②分配角色:"我是爸爸,你是娃娃。"③计划游戏的情节:"我们先去超市买菜,然后去楼上玩具部买玩具。"④纠正不符合角色的行为:"医生不打针,护士才管打针。"发生在假装的角色之间的信息沟通可称之为"假装的沟通"。例如,扮演老师的幼儿对扮演学生的伙伴说:"你们要乖一点。谁乖,我就给他一个五角星。"

◆ 持续时间:年龄是决定幼儿游戏持续时间长短的主要因素。小班、中班的幼儿游戏可持续5分钟左右。大班幼儿的游戏可维持10分钟左右。此外,自由游戏时间的长短也是影响幼儿游戏持续时间长短的一个相关因素,一般应在30分钟左右。

---

① 刘焱.儿童游戏通论[M].北京:北京师范大学出版社,2008:302—306.

步骤6.适时介入、有效指导

（1）选择时机及时介入

尽管学者都认为游戏是幼儿自主自愿的活动，但是他们同样认为离开教师指导的游戏活动的质量水平是不高的。因此，在游戏过程中，教师需要适时介入幼儿的游戏，从而提高幼儿的游戏水平与质量。当然，这种指导活动是建立在观察与尊重幼儿意愿与兴趣的基础之上的。

教师何时介入游戏才是恰当的呢？有人认为，当幼儿出现以下情况时教师应当介入[1]：

① 幼儿遇到困难、挫折，即将放弃游戏意愿时；

② 幼儿在与环境的互动中产生认知冲突时；

③ 游戏中出现不安全的因素时；

④ 幼儿主动寻求帮助时；

⑤ 游戏中出现不利于游戏开展的过激行为时；

⑥ 游戏中出现消极内容时。

另外，当幼儿的游戏多次在原有水平重复时，教师也应该介入游戏，从而提升幼儿的游戏水平。

社会性主题角色游戏有六个关键因素：想象的角色扮演；想象的以物代物；有关动作与情景的想象；角色扮演的坚持性；社会性交往；言语交流。这六个因素是教师在游戏过程中干预或指导的重点。只要在游戏中观察发现幼儿在这六个因素中有一个因素没有完成，教师就可以进行介入。

例如，在"爱心医院"游戏中，扮演药剂师的幼儿在病人问她怎么吃药时无法回答。在这种情况下，教师可以适时介入，鼓励幼儿回想一下自己生病的时候医生是怎么交代吃药的。

（2）介入方法

对于游戏的介入方法，不同的研究者提出了不同的介入策略。

有研究者根据教师在游戏过程中影响游戏的形式，将教师介入游戏的方法分为：平行式介入、交叉式介入、直接介入。

① 平行式介入

平行式介入是指教师利用与幼儿相同或不同的材料玩游戏，引导幼儿模仿学习，起着暗示指导的作用。当幼儿对新玩具不感兴趣、不会玩或不喜欢玩时，教师在幼儿附近，和幼儿玩相同的游戏，引导幼儿模仿，教师起着暗示指导的作用。平行式介入法比较适合小班。

② 交叉式介入

交叉式介入是指当幼儿有教师参与的需要或教师认为有指导的必要时，由幼儿邀请教师作为游戏中的某一个角色或教师自己扮演一个角色进入幼儿的游戏，通过教师与幼儿、角色与角色间的互动，起到指导幼儿游戏的作用。中、大班更适合用交叉式介入法。

③ 直接介入

直接介入是指在幼儿游戏中出现严重的违反规则、攻击等危险行为时，教师以教师的身份直接进入游戏，对幼儿的行为进行直接干预。这种方式很容易破坏幼儿的游戏行为，一般情况下不使用。

也有研究者提出了如下策略：以教师本身为媒；以材料为媒；以幼儿伙伴为媒[2]。

① 以教师本身为媒介

教师以自身为媒介介入幼儿的游戏，主要有两种方式：一种是使用言语进行指导，另一种是使用非言语进行指导[3]。

言语是教师干预的主要媒介，包括描述、询问、提问、建议、重述等[4]。教师在具体参与和介入幼儿游戏的过程中，当需要运用言语来进行指导时，应当主要就幼儿游戏的情况进行发问、提示、鼓励与赞扬[5]。

① 翟理红.学前儿童游戏教程[M].上海：复旦大学出版社，2009：61.

②③④ 刘焱.儿童游戏通论[M].北京：北京师范大学出版社，2008：388—399.

⑤ 邱学青.幼儿园游戏指导[M].北京：人民教育出版社，2015：76.

例如,在小班"娃娃家"游戏中,教师通过询问"你在扮演谁呀?你在干什么呀?"使幼儿了解自己扮演的角色,有时还能提醒幼儿游戏的主题,增加小班幼儿游戏的稳定性。在角色游戏"米奇烧烤屋"中,一些扮演顾客的幼儿总是询问老板烤串的价格,扮演老板的幼儿说出的烤串价格一直在变化,教师提出问题:"有什么办法能让顾客一下子就知道自己想要的烤串价格呢?"在此,教师通过自己的语言指导、推进着幼儿游戏的进程。

教师还可以通过非言语的方法进行游戏的干预,如面部表情、动作提示、示范等。教师的面部表情是很重要的非语言暗示。教师的微笑、注视,会增加幼儿参与游戏的动机,甚至有时教师的忽视会使幼儿的不良行为停止。在小班游戏中,教师可以运用平行游戏的方式,通过自己的动作提示或示范,指导幼儿进行游戏。

在游戏过程中,教师还可以扮演某种角色进入幼儿的游戏,综合使用言语与非言语的方式干预幼儿的游戏。

例如,在"米奇烧烤屋"游戏中,收银员埋头清理收到的钱而忽视了新到的顾客的需求,配菜师拿错了顾客需要的烤串,烧烤师因为没有顾客需要烧烤而离开工作岗位找服务员聊天。这时,教师扮演烧烤屋老板进入烧烤屋:"工作人员集中一下。"等所有幼儿集中后,教师开始询问收银员:"有顾客已经站在收银台前面的时候,你应该先做什么?"询问配菜师:"怎样做才能不拿错烤串呢?"询问烧烤师:"如果没有顾客需要烤串,你还可以做什么?"也可以询问其他工作人员碰到这种情况怎么办。最后,教师扮演的老板再次对员工说:"希望各位员工认真工作,表现突出的员工我们会进行奖励。"

② 以材料为媒介

在游戏过程中,教师还可以使用材料来进行干预,提升幼儿游戏的兴趣或者推动游戏的进程。

例如,在"米奇烧烤屋"游戏中,先期教师只是投放了烤串、烤串架、烤箱等材料。随着游戏的进行,发现很多顾客反复询问价格,烧烤屋老板对于烤串的价格也没有统一的标准,有时一串烤肉的价格可以卖到20元。因此,教师通过与幼儿讨论,增加了"烤串价格表",烤串的价格也一目了然(见图1-8)。此外,有的顾客在点菜等待的过程中,喜欢自己去拿取烤串,不卫生也容易烫伤。于是,教师增加了餐桌与号码牌,让顾客到餐

图1-8 烤串价格表

桌旁就座等待,凭就餐号码牌拿取食物。通过增加材料使幼儿的就餐行为文明起来,游戏进程也获得了推进。

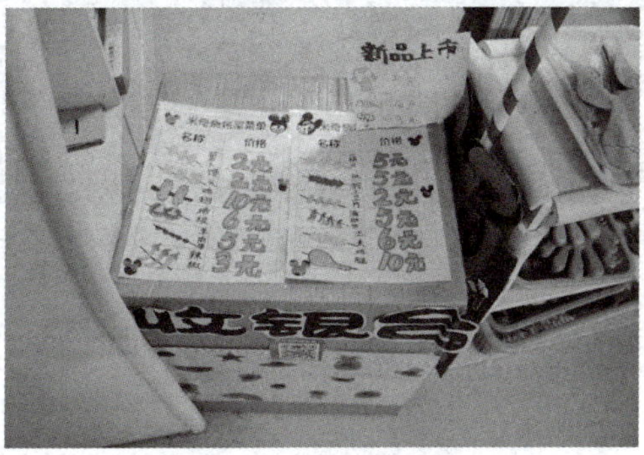

③ 以幼儿伙伴为媒介

在游戏的过程中,有时幼儿伙伴之间也可以通过互动讨论推进游戏的发展。例如,在"米奇烧烤屋"游戏过程中,有配菜师拿错了顾客需要的烤串,旁边的收银员会提醒她"这才是藕串,这是土豆串"等。在烧烤师离开烧烤箱时,服务员会提醒烧烤师"你应该在那里站着等顾客来"。在"社区医院"游戏中,幼儿有一次玩起了骨科医生的游戏。骨科接骨手术需要打麻醉,可是打麻醉的护士和打吊针的护士有时忘记了自己打针的顺序,旁边的医生就会提醒护士"该你打麻醉了""该你打吊针消炎了"。幼儿之间相互提醒推动着游戏的进程,并不需要教师参与其中进行干预,充分调动了幼儿游戏的积极性。

(三) 讨论总结

步骤7.讨论总结

游戏过程经过先期教师基于幼儿经验的主题确定、材料准备、激发兴趣玩游戏、基于观察记录恰当指导介入等环节后,就进入游戏的最后一个环节——讨论总结。这个环节在不同文献中的用词有些差异,有的

使用"讲评环节"①,有的使用"分享环节"②一词。但它的目的与意图是一样的,就是梳理幼儿的经验,解决游戏中出现的矛盾与冲突,推进游戏的进程。

这个环节主要是整理幼儿的经验,解决新出现的问题,激发幼儿进一步游戏的兴趣与自信心。因此,可以采取如下策略。

第一,让幼儿分享游戏感悟。

教师通过询问"游戏的内容是什么""情节是什么""使用了什么材料""安排的场景是怎样的""有哪些合作伙伴"等问题,引导幼儿梳理总结自己的游戏经验。同时,教师需引导其他幼儿认真倾听,及时回应,使个别幼儿的经验转变为全体幼儿的共同经验。

第二,通过言语支持,使幼儿完整讲述游戏中碰到的困难与解决策略。

教师可进行有目的的提示,如"你今天玩得开心吗?""为什么?""遇到困难了吗?""心里是怎么想的?""用了什么方法解决?"通过类似问题的提示,使幼儿的讲述更加完善、更加具体。例如,在"米奇烧烤屋"游戏中,有幼儿使用支付宝支付,可是收银员不知道这种支付方式自己应该如何应对,教师就可以使用语言询问收银员在今天的游戏中碰到了什么新问题,是怎么解决的,使幼儿完整讲述自己在游戏中碰到的问题与解决策略。

图1-9 大班角色游戏"爱心小医院"讨论总结

第三,共同讨论。

在个别幼儿讲述之后,启发其他幼儿讲述自己的感受并引导大家讨论。教师可以提出以下一些问题,如"对于所讲的,你有什么问题要问吗?""你认为介绍的方法好吗? 为什么?""你还有其他不同的方法吗?",帮助幼儿获得游戏中未获得的经验与策略。例如,在"爱心小医院"游戏中,病人问药剂师:"我这个药应该怎么吃呀?"可是药剂师并不知道应该怎么吃。教师可以把这个问题作为共性进行讨论:"平时大家吃药的时候,医生是怎么说的呢?"使幼儿进一步知晓药量的概念(见图1-9)。

情景再现

大班角色游戏"爱心小医院"③

【游戏缘起】

"兴趣是最好的老师。"一个人一旦对某事物有了浓厚的兴趣,就会主动去求知、去探索、去实践,并在求知、探索、实践中产生愉快的情绪和体验。一次晨间谈话,我发现幼儿对生病这个话题充满兴趣。"我昨天生病去打针了,医生还给我开了一些药让我回家吃。""我眼睛上面长了一个包,我也去医院看医生了,医生说我上火了。"当天的区域自主游戏,幼儿就玩起了医院的角色游戏。基于兴趣,幼儿自发地玩起了扮演游戏,此时的游戏是最初的萌芽状态,幼儿游戏水平低,知识经验不够丰富,角色认知不够明确。看到幼儿跃跃欲试、兴致高昂的状态,考虑到医院这个社会机构是他们比较熟悉、便于后期知识经验的拓展、深入,我和班级另外一位教师沟通后决定,在角色游戏中重点开展"爱心小医院"。

① 邱学青.自主性游戏讲评的研究[J].幼儿教育,2000(4):8—9.
② 邱学青,何洁.游戏分享环节教师如何接住孩子抛过来的"球"[J].江苏幼儿教育,2014(3):7—9.
③ 案例由江西省九江市濂溪区第一幼儿园张雅芳、段幼凤老师提供,九江职业大学段展华老师指导并修改.

【游戏准备】

1. 知识准备

角色游戏是幼儿对现实生活的一种积极主动的再现活动,主题创设、角色扮演、情节发展、材料使用均与幼儿的生活经验息息相关。要使游戏内容充实、新颖,就要创造机会,让幼儿对外界的事物有较丰富而深刻的印象。活动初期,我们给幼儿布置了一项任务:到实地了解医院的工作流程,重点观察自己最感兴趣的工作人员的职责以及所使用的语言等。

2. 环境准备

环境是幼儿进行角色游戏的载体,幼儿在进行知识经验收集的同时,班级也在如火如荼地进行环境区角的布置。医院材料从哪来?这是一场全员收集的大行动,幼儿将家中的药盒子带来,在医院工作的家长则提供了一些盐水瓶、输液管、针筒、压脉带、听诊器等医用材料。为了让幼儿的角色代入感更强烈,教师在网上购买了一些表演用的服装(医生服、护士服)。再辅之幼儿绘制的宣传图片,教师制作的看病流程图等,医院环境布置已初具雏形。

3. 空间位置设置

医院繁多的部门如何在小小的区角中呈现出来?这就需要有针对性的简化程序并进行合理的空间布局。教师和幼儿商讨哪些部门是需要保留的,哪些是要摒弃的。最后我们决定,候诊区、咨询台、挂号台、医务室、药房要保留,咨询台、挂号台合二为一,缴费处、病房不单设。

【游戏过程】

第一周

> 观察目标:幼儿能否按照看病流程进行游戏,游戏中能否用动作和语言与对方沟通。
>
> 游戏过程:
>
> 希希挺着腰来到医院门口,对着医生大声喊:"医生,我要生宝宝啦!"产科医生依依和涵涵迅速围过来。依依:"你先躺下来(躺地上),我帮你检查一下。"说着拿听诊器在产妇的肚子上来回听了几次,"你心跳有点慢。"涵涵听闻立马按压产妇心脏做起了心肺复苏。不一会儿,产妇希希从肚子里掏出一个娃娃高高举起:"我的宝宝出生啦!"配药师胡乱拿了些药给产妇,但未交代是什么药,要怎么吃。

活动分析:三孩政策开放使很多家庭都添了新成员。本次参与游戏的四个幼儿有三个添了弟弟妹妹,所以对生宝宝这个话题很感兴趣,能够将生宝宝这一环节形象、生动地表现出来。在看病的一系列流程中,幼儿只表现了就医和拿药这两个环节,比较丰富的是就医,拿药则显得很随意、不专业,咨询问诊没有表现。整个过程中,产妇和医生的沟通相对较多,和配药师的交流很少,两个医生之间无语言沟通。此前,幼儿已知看病流程,但在游戏中的表现比较一般。

后期调整:将咨询台、问诊台摆放到固定位置,向幼儿详细介绍看病流程,告知幼儿挂号单可用简易图案来表示,要求幼儿按流程进行游戏;引导幼儿在游戏中与他人进行语言互动,比如,产妇可以向医生述说自己的感觉,配药师要告知产妇所开的是什么药,药要怎么服用等;新增设备——由四张板凳拼成的简易床。

第二周

> 观察目标:医院内各人员之间的沟通是否有效、及时。
>
> 游戏过程:
>
> 小仪捂着肚子来到咨询台,表情微显痛苦。"护士,我肚子疼,应该挂哪一科?"值班护士锦仔说:"你哪里疼?里面疼还是外面疼?你挂个内科吧。"说完拿笔在问诊单子上画了一个圈,圈里一小点表

示肚子:"拿着这个单子去找医生吧。"小仪拿着单子找到医生朵朵,朵朵看了眼单子,小声嘀咕着"肚子"。她拿听诊器在小仪肚子上听了一会儿:"你心跳正常,有点小感冒,开点药吃就可以了。""护士,给病人打一针。"护士涵涵听到医生吩咐来到小仪面前:"你打小针还是打吊针呀?"小仪想了想,说:"打小针吧。"护士扶小仪到床上坐着,给他绑上压脉带,找到一个大木棒代替棉签在手上涂抹药水,给病人打了一针:"好啦。"小仪接着来到药房:"配药师,给我开点药。"配药师鑫鑫看了一眼挂号本:"给你开一盒感冒灵"。

活动分析:游戏过程中,幼儿之间的对话与交流增多,看病的流程基本是正确的,但是仍然存在一些问题:病人肚子疼,但医生检查的是心跳,认为这是感冒的症状,开的是治疗感冒的药。说明幼儿对于医生的工作仍然不是很熟悉,对各种病的症状不是很清楚。另外,在环境创设中,所有的药基本是感冒药。

后期调整:教师再次组织幼儿观看医院的视频资料;组织幼儿讨论医生的工作,感冒的症状,配药师的工作,如给病人配药需要告知服药的时间、用法、用量及注意事项;本次活动参与人数较多,故新增医生、护士各一名;新增材料——棉签及药水。

第三周

观察目标:医生能否熟练地完成工作。

活动过程:

伊宝拿着挂号单来到医生办公室,钟医生上前问:"你怎么啦?"伊宝:"我肚子痛。"钟医生:"我先帮你量一下体温。"在钟医生拿体温计的时候,孔医生瞄到挂号单上写的是2号医生,对着钟医生大声喊:"我是2号医生,你搞错啦,你是1号医生。"钟医生看了一眼挂号单,对病人说:"你去找2号医生。"这时进来第二名病人:"我找1号医生。"钟医生上前:"我是1号医生,你怎么了?"病人:"我眼睛疼,我来看眼睛。"钟医生挠了挠头:"我不会看眼睛呀,你去找孔医生吧。"活动室内人员繁多,一片混乱。

活动分析:首先,随着活动的开展,对角色游戏感兴趣的人越来越多,为了在有限的时间内让每个进区的幼儿都能参与,也为了提升幼儿之间的配合能力,区角新增了一名医生和护士。但在实际游戏过程中,人员多了,分工也就不明确了,出现了推诿的现象,如本该是自己的病人,因为没有这门技术,而推给另外一名医生。其次,本周集体体检时检查了视力,幼儿角色扮演的方向由肚子痛转向眼睛疼,而此前幼儿没有这方面的经验,因此出现遇到眼科病人不知所措的现象。

后期调整:1.精简人员,明确分工,禁止办公时间闲聊;2.明确候诊区的位置;3.集体学习眼科知识,进行眼科治疗培训;4.新增材料——视力检查表、棍子、盖眼杯子;5.将简易凳子床换成幼儿床。

第四周

观察目标:眼科看诊能否顺利开展。

在游戏中,教师布置了视力检查表。一次偶然的机会,两名幼儿玩起了视力检查的游戏。一名幼儿拿着木棒指着视力表上的图案,一名幼儿站得远远的说着视力表上的图案。教师以此为契机,组织幼儿一起了解常见的眼病以及视力检查、眼科医生看病的过程。

游戏过程:

在"爱心小医院"中,幼儿自发玩起了眼科医生看病的游戏。两名幼儿扮演护士,其余幼儿分别扮演医生、病人和药剂师。护士中,一名护士负责接听120急救电话,一名护士负责在分诊台接待病人。

病人来到问诊区。"医生,我眼睛痛。"护士说:"你去看个眼科。"她在挂号单上画了一只眼睛递给病人,"你去找医生"。医生接过挂号单看了一眼,问:"你眼睛不舒服吗?先做个视力检查。"然后,把病人推到标准线外,给病人一个杯子:"你把它盖在眼睛上。"准备就绪,医生拿棍子指着视力表问:"这是什么?"见病人长时间没有说话,医生提醒说:"看不清就说看不清。"检查完视力,医生翻看了一下病人的眼皮:"你可能是近视眼了,你去药房开点药吃就好了,不用打针。"病人来到药房,药剂师看了看单子,在面前的药盒子里翻找了一会儿,没找到合适的药,就给病人拿了一盒感冒灵。病人并未细看药品,拿着药离开了。医生来到病人面前提醒道:"你要少看电视。"

活动分析:教师追随幼儿的兴趣,选择眼科作为幼儿医院游戏的内容。随后,教师为幼儿开展游戏进行了经验上的准备,让幼儿了解眼睛常见的疾病,怎样治疗与预防,丰富了幼儿的生活经验,为游戏的进一步开展做好了铺垫。有的幼儿由于父母是医生,生活中接触医生的工作多一些,自愿选择该游戏。随着游戏的深入开展,幼儿对医院看病过程的了解不断深入,游戏也不断成熟。通过游戏,增加了幼儿的语言表达能力,促进了幼儿之间的人际交往,使幼儿对医生、护士的工作,以及对眼睛疾病的症状、治疗与预防有了进一步的了解。在不断地发现问题和解决问题中,幼儿不论是人员之间的配合还是语言的使用,进步都非常大。但问题解决能力比较缺乏,找了一圈没找到相应的眼科药,就随便拿药,这是不对的。随着药品的增加,需要帮助幼儿认识药品,进行药品分类,缺少的药品也需补上。

后期调整:新增材料——幼儿自制眼科药品。

第五周

观察目标:在提前进行了骨科知识培训的前提下,幼儿能否顺利进行骨科角色游戏。

这一周,幼儿玩起了腿骨折的游戏。有幼儿说,腿骨折要拍片子。到底是怎样的呢?教师带领幼儿观看了病人骨折后看病过程的视频,讨论了病人怎样看病以及预防骨折。在游戏区,教师尊重幼儿的意见,增加了拍片的材料。有幼儿说,腿骨折治疗的时候要打麻醉,于是增加了麻醉师的角色。

游戏过程:

在"爱心小医院"中,几名幼儿分别扮演分诊台的护士、打针的护士、麻醉师、医生、病人和药剂师。可以看出,随着游戏的深入开展,游戏中的角色越来越多,大家分工明确,各司其职。

分诊台护士:"你好!请问你哪里不舒服?"

病人:"我的腿好像骨折了。"

分诊台护士:"那赶紧找医生看看。"说着,在纸片上画下骨头的图案,交给病人。

病人来到诊室,医生开始给病人做检查。医生:"我先帮你拍个X光片子。""你脚是摔骨折啦,是粉碎性骨折,需要做个手术。麻醉师,来给他打个麻醉。"医生拿出拍片的设备,给病人拍片。拍完片后,医生拿着片子对病人说:"你看你的骨头之间有缝,你的腿骨折了,要上石膏,打绷带。先打麻醉吧。"

麻醉师拿着针给病人打针。"有点痛,你要忍一下。"

麻醉师打完针后,医生开始给病人上石膏,打绷带。同时,招呼打针护士照顾病人,准备给病人打消炎针。

打针护士给病人打了一针后,扶着病人到药房取药。配药师选了几盒药给病人:"这是治骨头的药,可以让你的骨头快点好起来。这是营养的药,一天三次,一次吃两包。"

病人领完药后,由护士陪同离开医院。

活动分析:案例中,教师依据幼儿对骨折的兴趣,丰富幼儿关于腿、手骨折的经验,以及治疗、预防骨折的经验,开展关于骨科的游戏。幼儿发现骨折治疗中需要拍片子、打麻醉,于是在游戏中增加了拍片子的情节与材料以及麻醉师的角色。游戏角色进一步增多,游戏情节进一步丰富,游戏越来越逼真,游戏水平进一步提升。

第六周

经过前期经验铺垫,幼儿开始玩综合游戏,小医院里有感冒发热的病人,有腿骨折的病人,还有眼睛不舒服的病人。现在,每一类病人来到分诊台,护士会根据他们的情况画出不同的图案表示病人的病痛,以及要去的科室。医生会根据病人的情况进行不同的治疗:或者用体温测量体温,或者拍片子,或者检查眼睛和视力。药剂师对于药物的使用也越来越有经验,会根据病人的病情,根据药盒上的图片选择药物。护士们打针的时候,知道要先用药剂擦打针的地方再打针,打完针之后还要按一按。

活动分析:医院游戏是幼儿比较熟悉并且喜欢的游戏。但是,游戏很多时候流于表面,幼儿在原有的基础上不断重复,原地踏步,并不能提升游戏水平。

由于医院游戏实际上需要一定的专业知识做背景,所以在玩这个游戏的过程中,既要立足于幼儿的经验,又要提升幼儿的经验。对于大班幼儿来说,可以适当结合幼儿常见疾病进行专业知识的介绍,既可以丰富幼儿的生活经验,又可以增进幼儿预防常见疾病的常识。案例中,感冒发热、骨折、眼睛痛等都是幼儿常见的情况,因此,教师追随幼儿的兴趣,围绕这些内容开展游戏。但是对于这些疾病的预防与治疗,幼儿不是很清楚,因此,教师首先进行了经验方面的补充,通过看视频、跟着家长参观等方式,增加幼儿的经验。然后指导幼儿游戏,一步步提升幼儿的游戏水平。

活动视频 大班角色游戏"爱心小医院"

项目实训

实训项目单 角色游戏设计

实训项目1 角色游戏设计

工作要求:小组合作,选择某个具体年龄段设计角色游戏区。须撰写详细的角色游戏设计方案,包括游戏目标、游戏角色、游戏环境、游戏规则、游戏内容。可以在幼儿园模拟教室等实训场地实地建设角色游戏区,也可以制作角色游戏区场景模型。(实训项目表单可扫描边侧"实训项目单"二维码查看,后续实训项目均可按此方式操作)

实训项目单 角色游戏观察记录

实训项目2 角色游戏观察记录

工作要求:观看角色游戏视频,使用文字记录和表格记录两种形式进行角色游戏记录,并针对游戏中存在的问题提出指导建议。

角色游戏设计参考样例

学习拓展

思政拓展

融合幼儿园里的角色游戏①

上海市L融合幼儿园创办于1992年,是普陀区第一所招收听力障碍幼儿的幼儿园,也是普陀区的特殊教育康复指导中心,教育理念是"关爱、融合、成长"。角色游戏贯穿于幼儿园的整个教学活动,每个班级每周都会有3～5次的角色游戏时间,每次都会持续35～45分钟。幼儿园会提供丰富的游戏材料供幼儿选择,幼儿教师也会提供角色选择的参考意见。

班杜拉的观察学习理论认为:儿童能够借助学习对象的行为和姿势以及由此引起的结果进行观察,同时获取信息,并借助学习基本组成部分,加工、正确理解、内化自己的思想,然后将习得的行为反映

"角色游戏观察记录"参考样例

① 韩飞怡.融合幼儿园听力障碍幼儿的角色游戏参与研究[D].上海:华东师范大学,2023:45.

在自己的行为、思维观念上。榜样对听障儿童的行为有着重要作用,听障儿童更容易模仿亲密同伴的行为。参与研究的听障儿童在参与角色游戏时也更倾向于观察和模仿同伴的行为与动作,进而习得角色游戏参与的能力。

管老师说:"我们班的听力障碍幼儿就很喜欢看她好朋友是怎么做的。尤其是圆圆,同伴是她学习的榜样,朋友扮演警察,她就扮演警察,同伴去巡逻,她也去巡逻,反正一直跟着。这也挺好的,教她学会了很多活动方式,感觉是同伴带着她打开了新世界的大门。"

✏ 赛证拓展

一、单选题

1. 梅梅和芳芳在娃娃家玩,俊俊走过来说:"我想吃点东西。"芳芳说:"我们正忙呢。"俊俊说:"我来当爸爸炒点菜吧。"芳芳看了看梅梅,说:"好吧,你来吧。"从俊俊的社会性发展来看,下列哪个选项最贴近他的最近发展区?(　　)

　　A. 能够找到一个自己喜欢的玩伴

　　B. 开始使用一定的策略成功加入游戏小组

　　C. 在4~5名幼儿的角色游戏中进行合作性互动

　　D. 能够在角色游戏中讨论装扮的角色行为

2. 在角色游戏中,教师观察幼儿能否主动协商、处理玩伴关系,主要考察的是(　　)。

　　A. 幼儿的情绪表达能力　　　　　　　　B. 幼儿的社会交往能力

　　C. 幼儿的规则意识　　　　　　　　　　D. 幼儿的思维发展水平

3. 当教师以"病人"身份进入小班"医院"时,有六位"小医生"同时上来询问病情,每个幼儿都积极地为教师看病、打针,忙得不亦乐乎,结果教师一共被打了六针。对小班幼儿这种游戏行为最恰当的理解是(　　)。

　　A. 过于重视教师的身份　　　　　　　　B. 角色游戏呈现合作游戏的特点

　　C. 在游戏角色的定位中出现混乱　　　　D. 角色游戏呈现平行游戏的特点

二、材料分析题

1. 中班角色游戏中,有幼儿提出要玩"打仗"游戏。他们在材料柜里翻出好久不玩的玩具吹风机当"手枪",仿真型灯箱当"大炮","哒哒哒"地打起来,玩得不亦乐乎。李老师看见此情境非常着急,连忙阻止:"这是理发店的玩具,不能这么玩。"

　　(1) 李老师的阻止行为是否合适?请说明理由。

　　(2) 如果你是李老师,你会怎么做?

2. 小班角色游戏时,李老师发现豆豆经常会倒提起布娃娃,边打边说:"你不乖,我打你。你再哭,我还打!"

　　问题:

　　(1) 分析豆豆出现这种情况的可能原因。

　　(2) 李老师针对这种情况,应该怎么做?

三、结构化面试题

　　幼儿们在区域活动内,但是去银行区的幼儿不愿意去,甚至跑到了别的区域,你该怎么做?

四、试讲题

1. 角色游戏"警察"

　　内容:区域游戏的时候,几个幼儿在争一把手枪,扮演警察的幼儿在抓小偷的过程中,把其他幼儿搭的积木弄倒了……

　　基本要求:

（1）回答问题：根据题目，你认为教师应该介入游戏吗？为什么？

（2）你如何帮助引导幼儿解决这个问题？

（3）模拟试讲你的帮助方式。

2. 游戏"快递员"

内容：模拟引导幼儿玩"快递员"游戏。

基本要求：

（1）模拟演示。

（2）回答问题：如果你讲解游戏玩法后，仍有部分幼儿不理解，你会怎么办？

（3）请在 10 分钟之内完成上述要求。

学习情境二　结构游戏

知识导图

教案

学习目标

1. 素养目标：以儿童为本位准备和组织结构游戏，具有文化自信和创新精神。
2. 知识目标：掌握结构游戏的基本理论。
3. 能力目标：具备较强的结构游戏建构技能；具备结构游戏准备能力和开展能力；具有自主学习、小组合作和一定的创新能力。

游戏认知

（一）结构游戏的内涵

结构游戏，是指幼儿利用各种不同的结构玩具或结构材料来构造物体的一种游戏。结构游戏又称"建构游戏"，是创造性游戏的一种，它通过幼儿的意愿构思、动手造型、构造物体等一系列活动，丰富而生动地再现了现实社会生活中各种物品以及建筑物。

（二）结构游戏的历史

在我国古代，"结构"意指"建造房屋"，如杜甫的《同李太守登历下古城员外新亭》："新亭结构罢，隐见清湖阴。"其中的"结构"即为建造房屋的意思。从中我们大致可以推论出，在古代"结构活动"主要是指一些建筑、建造活动。

在国外，"结构"一词由拉丁文 ConsTrucTic 演变而来，原意是"建筑"，即建筑活动。早期结构游戏和建筑密切相关，主要是指用积木拼搭的建筑游戏。17 世纪捷克著名教育家夸美纽斯认为，游戏是最适合幼儿的活动，游戏可以使幼儿集中于某种事物，因此游戏可以锻炼幼儿的能力。关于游戏的玩具，夸美纽斯认为幼儿可以选择自己喜欢的泥土、木块及石块搭建房子，以此来锻炼他们建造房屋的初步建筑术。世界上最早的积木诞生于欧洲，它的作者是被誉为"幼教之父"的福禄贝尔。福禄贝尔发明这套启蒙益智玩具最先是用于教育目的，也就是现在所说的幼儿教具。他让幼儿在游戏中更好地认识自然，在积木玩具中扩大知识和能力，并把这种积木统称为"恩物"，也就是上帝恩赐的礼物。此后，在专门的玩具和游戏的书籍中便出现了建筑游戏。随着科学技术的发展，建筑游戏从材料、玩法和结构造型上都发生了很大的变化，开始出现了塑料插接、金属螺丝等材料，游戏的概念也随之扩大了。现在，人们把运用各种建筑玩具或材料进行构造的活动或游戏都称为结构游戏[1]。

---

[1] 陈霞.幼儿园结构游戏中的教师指导研究[D].济南：山东师范大学,2014.

(三) 结构游戏的特点

1. 创造性活动

幼儿按照自己的意愿,将结构元件按顺序进行组合建构活动,需要借助空间想象力和创造力。由于结构材料形状、用途不固定,玩法不受限制,所以启发性大,联想范围广。幼儿在结构游戏中,用什么材料、拼搭什么物体的造型、颜色如何搭配、如何进行布局等都需要借助创造性思维来思考。

2. 动手操作性活动

丰富多样的结构材料是结构游戏的物质基础,拼插、建筑、构造是结构游戏的基本活动,幼儿必须通过直接动手操作,运用各种建构技能来反映对周围生活的认识与感受。所以结构材料是一种带有浓厚认知成分的操作性活动。

3. 造型艺术活动

要进行建构活动,需要掌握物体的造型、色彩、比例、构图、布局等方面的简单知识与技能,构造时还要考虑对称平衡,建构的物体要求形象美观、造型生动、布局合理。

(四) 结构游戏的类型

结构游戏的类型多样,可以按结构材料进行分类,也可以按活动形式进行分类。

1. 按结构材料分类

（1）积木游戏

积木游戏是指利用各种积木或其他代用品作为游戏材料,应用排列、围合、铺平、叠高、架空等基本技能进行造型活动。积木的样式有很多,有大、中、小型积木、主题建筑积木、动物积木等(见图2-1)。

（2）积塑游戏

积塑游戏是指用塑料制作的各种形状的片、块、粒、棒等部件,接、插、镶、嵌成各种物体或建筑模型。积塑的颜色鲜艳,构件轻巧,使用灵活,造型多样,便于消毒,能充分发挥幼儿想象力和动手动脑的能力,是幼儿园常见的结构材料(见图2-2)。

图2-1 积木

图2-2 积塑

（3）拼棒游戏

拼棒游戏是指用小棍、塑料管或用糖纸搓成棍等作为游戏材料,经过卫生及色彩加工,拼接成各种造型(见图2-3)。

（4）拼图拼板游戏

拼图拼板游戏是用纸板、塑料或其他材料制成散块,并按规定的方法进行拼图的一种游戏。拼图游戏种类很多,有动物拼图、脸谱拼图、美术拼图、几何图形拼图等(见图2-4)。

（5）串珠穿线、编织游戏

串珠穿线是指将线穿过各种小环、珠子、细管等,然后把大小、形状、颜色不同的东西用连续穿或交替、间隔穿等方法组合成各种物体(见图2-5)。编织是把细长的材料(绳、带子、纸条)交叉组织起来变成一个物体造型,如编花篮等。方法有辫子编织法、穿插编织法、圆心编织法、打结编织法等。

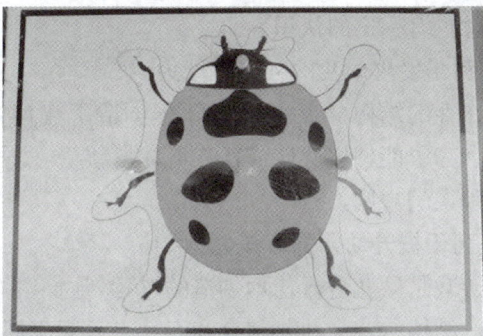

图 2-3 拼棒

图 2-4 拼图

（6）玩沙、玩水、玩雪游戏

沙土是一种不定型的结构材料，幼儿可以随意操作。幼儿也可以利用水、雪玩划船、堆雪人、打雪仗等游戏。玩沙、玩水、玩雪都是一种简便易行的结构游戏，在城市、农村都可以广泛开展（见图 2-6①）。

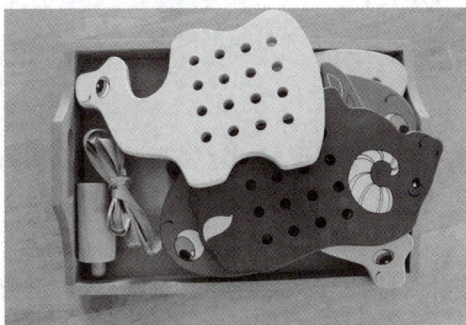

图 2-5 穿线串珠

图 2-6 玩沙

2. 按活动形式分类

（1）自由建构

自由建构就是让幼儿依据个人兴趣自由搭建，教师不随意打断幼儿，而是在旁边观察，给予适时的随机指导，引导幼儿分享成果，并且自主建构认识和经验。自由建构的作品反映的一定是幼儿有经验的、自己感兴趣的事物。

（2）模拟建构

模拟建构是幼儿根据模拟对象——平面图或者实际物（立体）进行建构。

（3）主题建构

主题建构，是围绕生活中幼儿熟悉的某个特定的建筑物或建筑群进行建构，一般通过参观、讨论、建构等形式进行，教师支持和引导幼儿有目的地去搭建②。

（五） 结构游戏的价值

1. 有利于锻炼幼儿精细动作与粗大动作

室内结构游戏所用的材料比较小，幼儿可以发展精细动作，促进手眼协调能力提升。户外结构游戏所用的材料有一定的体积和重量，幼儿需要使用一定的力量才能完成游戏，有助于发展粗大动作。

2. 有利于发展幼儿智力

建构材料具有大小、形状、高度、长度、面积、体积、角和质地等特性。结构游戏可以使幼儿感知这些特性，获得相关概念和关系的最初体验，学习分类、排序、配对、平衡等，帮助幼儿建构对于数学概念最基本的

---

① 图 2-1 至图 2-6 皆来源于湖南省常德市鼎城区实验幼儿园。

② 邱学青. 幼儿园游戏指导[M]. 北京：人民教育出版社，2015：198—201.

理解。当幼儿进行建构时,也涉及诸如空间、距离、方向、坐标等地理概念,对稳定性、斜面坡度与速度、杠杆等物理概念也有一定的认识。

3. 有利于发展幼儿的社会性能力

在合作性的结构游戏中,幼儿不但创造了建构物,也创造了一套用于约束自己行为和适应游戏角色身份的规则。为了能够被伙伴或伙伴群体所接受,幼儿必须学习控制自己的行为,理解别人的观点,协调自己的规则和别人的规则。

4. 有利于提升幼儿的审美能力

结构游戏是幼儿进行艺术创造的过程,他们既在表现着自己独特的审美观点,也在模仿着成人世界的审美传统。结构游戏为幼儿整合和表达自己对于周围世界的感受和理解提供了理想的表征手段[①]。

工作过程

(一) 计划制订

计划制订的主要步骤:1. 确定游戏目标;2. 创设游戏环境;3. 丰富生活经验。

步骤 1. 确定游戏目标

皮亚杰将建构游戏(即本单元的结构游戏)看作是一种重要的游戏形式,其认知发展理论认为建构游戏是游戏向非游戏过渡的一种游戏,从儿童的游戏早期开始一直贯穿始终。不同年龄阶段的幼儿在建构时会呈现不同的特点。

2 岁以下的幼儿手掌及手的力量比较小,他们会把建构材料搬来搬去地摆弄,感知重量,触摸材质特性等,并无实际的搭建,处于最简单的练习性游戏阶段。随着年龄的增长,他们开始尝试把建构材料摞在一起,但是在试图重叠、堆高的过程中经常出现倒塌现象。幼儿会满足于不断地堆高、推倒,再堆高、推倒的重复过程,并伴随明显的愉悦情绪。2~3 岁的幼儿有了初步的搭建行为,喜欢使用建构材料重复性平铺、延长,或者将其堆叠、加高(见图 2-7、图 2-8)。到了 3 岁左右,幼儿的搭建作品开始出现具体形象,出现围合的平面空间,称为围合阶段,又叫围封阶段。4 岁左右的幼儿,搭建进入架空、对称阶段,年龄小点的以"架桥"为主,年龄大点的开始"盖房子"(见图 2-9[②])。4 岁半以后的幼儿能利用对称和平衡的原理来建造模型,建构技能逐渐娴熟,模型逐渐趋于复杂,关注细节和美感。大班幼儿在建构之前就已经能够事先命名,并且有一定的设想和计划,还能利用辅助材料精心装饰[③]。

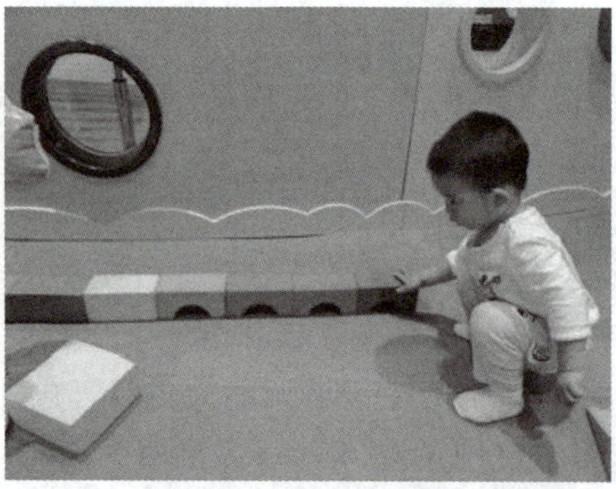

图 2-7 积木延长

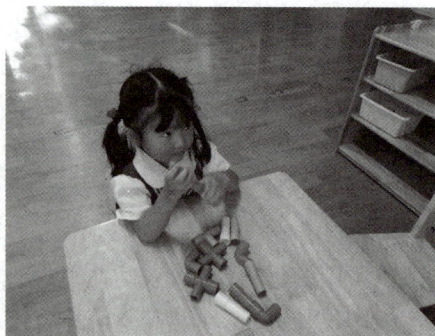

图 2-8 积塑加高

---

① 刘焱. 儿童游戏通论[M]. 北京:北京师范大学出版社,2008:531—540.
② 图片来源于江西省九江市濂溪区第一幼儿园。
③ 邱学青. 幼儿园游戏指导[M]. 北京:人民教育出版社,2015:183—186.

图 2-9 纸杯架空

基于如上发展特点,幼儿园结构游戏也呈现出明显的年龄差异,在目标设定上应科学考虑,具体如表 2-1 所示。

表 2-1 各年龄段结构游戏发展总目标

内容	小班	中班	大班
建构技能	1. 建构主题不确定,随时会发生变化 2. 选择材料具有盲目性和简单性 3. 能初步认识各种形状的积木,了解各种拼插玩具的名称 4. 学会简单的堆叠、平铺、围封 5. 尝试小型拼插玩具,掌握初步的插法	1. 能有目的、有主题地进行建构,但是主题比较单一,容易变化 2. 能根据要建构物体的特性来选择材料 3. 学会基本的建构技能:延伸、叠高、架空、围封、对称等,技能以架空为主 4. 学习使用辅助材料,增强其造型的表现性	1. 建构计划性强、目的性强 2. 能依据不同的建构内容选择相应的材料,进行综合搭建 3. 能熟练运用中心点支撑的技能 4. 有创造意识,根据自己的经验进行想象搭建
社会交往	以自我为中心,以独自游戏和平行游戏为主,在搭建过程中表现为独自建构	1. 在游戏中能运用一定的语言交往 2. 能简单地介绍自己拼插作品的名称 3. 喜爱搭建,能独立进行搭建 4. 能大胆与同伴交流分享自己的想法,体验一起游戏的快乐 5. 游戏坚持性较强	1. 能友好地协商主题和建构方案,大家分工合作,完成搭建任务 2. 活动后能完整地讲述活动过程和主题内容 3. 有正确的合作态度,能养成合作的习惯和宽容、友善的好品质 4. 能在合作中张扬自己的个性,并感受到挑战成功的乐趣
游戏常规	1. 能在教师的帮助下调节人数 2. 脱鞋进入活动区,并放在固定位置 3. 在固定位置搭建 4. 用小筐取放玩具材料,用多少取多少,不用放回原处 5. 使用材料先来后到,轻拿轻放,不乱扔玩具 6. 学习正确使用材料,用积木等材料搭建简单物品	1. 学习调节人数 2. 建构活动中用什么取什么 3. 友好地同伙伴一起搭建 4. 掌握基本建构技能,能有目的、有主题地搭建 5. 学习使用辅助材料和替代物 6. 建构中尽量小心,不撞到搭好的物体 7. 学习协调关系并自己想办法解决交往中的问题 8. 收放玩具材料方法正确,从上	1. 能主动协商、调节人数 2. 推选组长,带领大家共赏主题,分工协作,共同建构 3. 用什么材料取什么,随时整理,场地上没有散乱材料 4. 积木材料运用适当,能充分运用辅材进行综合搭建 5. 能有主题地搭建,注意在建构活动中反映个人生活经验,创造性表现 6. 会交往合作,用语言交流、协调行为,共同完成搭建目标

内容	小班	中班	大班
游戏常规	8. 不干扰别人,注意不碰坏别人作品,不敲打玩具等	向下随取随放,不得推倒再收 9. 及时结束游戏,按时收放整齐 10. 保留建构作品,能讲述建构主题与过程	7. 出现问题自己想办法解决,不告状,不依靠教师 8. 收放玩具方法正确,协作收放,动作迅速并收放整齐 9. 能完整地讲述活动内容与过程 10. 先构思主题再操作,有目的地进行造型活动,始终坚持主题并不断丰富情节

步骤 2.创设游戏环境

幼儿园结构游戏环境包括场地、材料和时间三大内容。

(1) 结构游戏的场地

班级建构区是最为方便的场地。建构区一般面积较大,约占活动室地面空间的三分之一。因此,在考虑整个活动区的空间安排时,可以首先确定建构区的所在地,剩下的空间也就比较容易规划。在位置上一般避开临近大门或者盥洗室进出口这些人来人往的地方,避免作品遭到意外破坏。结构游戏的操作地点可以是地面也可以是桌面。平滑、没有裂痕、质量较好的地板都适宜于幼儿开展游戏活动。地毯并不是必需的,如果想降低积木掉在地上时发出的声音的话,亦可铺设地毯。如果采用桌面形式,桌面要足够宽大。有些幼儿园活动室面积较小,就可以与集体教学区或者睡眠区共用场地,不午睡的时候把床铺叠起来放在角落,空出场地(见图 2-11①),也可以充分利用走廊空间(见图 2-12②)。

图 2-11　建构大场地

图 2-12　走廊上的建构区

为了满足幼儿对结构游戏的深度探索需求,有条件的幼儿园可以设立一个专门的建构功能室。功能室设计宽敞明亮,确保每位幼儿都能拥有足够的自由搭建空间,地面采用防滑耐磨且易于清洁的材质,边角做圆角处理,全面保障幼儿安全。室内布局清晰,设有材料分类架和作品展示区,既方便幼儿自主选择材料,又能激发他们的创造力和自信心。同时,光线充足柔和,墙面装饰富有创意,营造出浓厚的艺术氛围。此外,建构功能室还注重通风与清洁维护,确保环境整洁、空气流通,并配备必要的清洁工具和消防设施,为幼儿在安全的环境中玩耍提供保障。

户外大建构活动是近年来幼儿园普遍组织的游戏活动,它的场地是幼儿园平整的户外活动场所,材料

---

① 图片来源于江西省九江市濂溪区第一幼儿园。
② 图片来源于湖南省常德市鼎城区实验幼儿园。

尺寸大,能够发展幼儿的粗大动作。可以选择一块平整、开阔且远离危险源的户外活动场所,确保幼儿有足够的空间进行奔跑和搭建,同时避免意外伤害。在材料摆放上,大尺寸的建构材料应分类整齐摆放,便于幼儿取用和归还,同时确保通道畅通,避免拥堵。

为了增强游戏的趣味性和挑战性,可以在场地内设置不同的搭建区域,如桥梁区、城堡区等,激发幼儿的创造力和团队协作能力。此外,还可以利用自然元素,如树木、沙池等,丰富游戏场景,提升幼儿的探索欲望。在光线设计上,应确保场地内有足够的自然光照,同时避免强光直射幼儿眼睛。若条件允许,可以设置遮阳设施,为幼儿提供一个舒适的游戏环境。

室内建构场地应有相应的墙饰,与幼儿产生互动,根据幼儿游戏的需求及时加以补充和完善。墙饰发挥着四个功能:第一,示范功能。教师以图示、照片、说明书的方式示范操作步骤,引导幼儿模仿,进行暗示指导。第二,欣赏功能。通过展示实物图片,丰富幼儿的生活经验,促进游戏情节的发展。第三,提示功能。通过各种符号、示意图、照片等直观形象的提示,规范幼儿的行为,提示游戏规则。第四,分享功能。一般展示幼儿已完成的作品照片或幼儿设计的建构平面图,也可以展示幼儿绘制的作品步骤图①。

(2)结构游戏的材料

幼儿园在投放游戏材料时,一是要考虑主体材料,包括由玩具厂商生产出的积木、积塑、拼棒、拼板、穿编材料等成品材料,也包括沙子、树枝等自然材料,还包括纸盒、易拉罐、奶粉罐等废旧材料;二是要考虑辅助材料,包括用来装饰的小人、小树、小桥、小花、交通信号标志等。教师要根据园所条件、班级情况选择适宜的结构游戏材料,并根据幼儿游戏发展水平及时调整材料难度。

微课

结构游戏的材料

表2-2 不同年龄段结构材料投放说明

年龄段	材料投放说明
小班	小班幼儿肌肉发展的灵活性较差,精细动作不太成熟,因此,在使用较小的结构材料时会比较吃力。可以多为小班幼儿提供一些体积较大的结构材料,种类不宜太多,同一种类的结构材料可以适当多些,材料应是幼儿常见的、色彩鲜艳的,以调动幼儿的兴趣
中班	中班幼儿在动作精细程度上有了很大进步,游戏的合作性和建构水平也在不断提高,因此,可以适当增加材料的种类。但每种材料注意数量上不宜太多,以发展幼儿的合作性。随着中班幼儿游戏生活经验的增加,可适当提供一些辅助材料
大班	大班幼儿的精细动作、合作性和建构水平都有了明显提高,因此,为大班提供的结构材料以及辅助材料都要丰富一些,可以适当地增加一些不规则的材料,增强幼儿的想象力和创造力

各类结构材料应存放在材料柜中,材料柜应该坚固并适合幼儿的身材高度,做成开放式以方便幼儿取放。各类材料要分类存放,且数量要充足。对材料柜进行垂直方向的分割可以使各种形状的结构材料摆放得比较整齐,可以在放置每种形状材料的部位贴上相应图形标志以便幼儿自己放回原处。为存放和搬动的安全起见,较大的结构材料应该放在柜子的底部,大型空心积木可以直接挨墙摆在地上。材料保管的工作应当由教师和幼儿一起来进行,这种师幼共同活动可以向幼儿传递和示范爱护物品(包括玩具和游戏材料)的态度和行为②。

(3)结构游戏的时间

结构游戏是幼儿喜欢的游戏活动,教师在幼儿一日活动中要合理安排游戏时间。研究表明,小班幼儿开展积木游戏的合理时长为10分钟,这符合他们的注意力品质与动作技能发展特点。幼儿能利用10分钟时长来稳定其建构目标,保持较为明确的建构意图,对积木材料兴趣浓厚。中班幼儿则至少需要20分钟的积木游戏时间来完成其最初确定的搭建目的,并进入象征想象的新阶段,且在20分钟时间段完成的作品复杂度最高。对于大班幼儿来说,保证20分钟的积木游戏时间是合理的,30分钟甚至更长的时间能帮助大班

---

① 董旭花,王翠霞,阎莉,刘霞.幼儿园创造性游戏区域活动指导[M].北京:中国轻工业出版社,2016:66—67.
② 刘焱.儿童游戏通论[M].北京:北京师范大学出版社,2008:555.

幼儿,特别是喜爱积木游戏的大班幼儿提高其作品的复杂程度[1]。

步骤 3.丰富生活经验

幼儿结构游戏的内容是在对周围物体和建筑物熟悉的情况下进行再现和创造的,幼儿对周围的物体观察越深入、越细致,获得的感性经验越多,越有利于其开展好结构游戏。因此,教师在开展结构游戏之前应通过多种途径丰富幼儿的感性经验。

最直接的途径就是教师带幼儿去实习参观和考察,在参观的过程中,教师可以适时提醒幼儿注意观察物体的最大特点。不同的年龄段观察的重点不一样,但都要让幼儿对周围的实物熟悉了解。此外,教师还可以通过图片、照片、平面图、录像等方式来向幼儿进行充分的展示,并且在布置环境时,可以在建构区的墙面布置各种建构图片,或陈列一些建构作品,让幼儿进行观察和交流,丰富幼儿的直观经验。同班幼儿、平行班幼儿和不同年龄段幼儿之间还可以互相进行观摩学习,在促进人际交往的同时,还能开展混龄的结构游戏。

(二) 现场组织

现场组织的主要步骤：4. 激发游戏兴趣；5. 启发游戏策略；6. 进行观察指导。

步骤 4.激发游戏兴趣

幼儿参与游戏时需要有充足的兴趣才能选择材料进行搭建,兴趣能够使幼儿将一堆零零碎碎的积木变成"城堡""高塔"等各种各样的建筑。幼儿对插、拼、搭都会产生强烈的好奇心,并将自己丰富的想象融入建构活动中。因此,教师需要充分利用各种方法吸引幼儿的好奇心,让其产生搭建的欲望和浓厚的兴趣。

（1）投放材料

结构游戏开展的关键在于丰富多彩的结构材料,教师需要针对不同的年龄特点,根据幼儿的兴趣和需求投放各类合适的结构材料,从而吸引幼儿进行操作。

（2）出示范例

教师可以在幼儿进行搭建前,事先用准备好的结构材料搭建出各种各样的造型艺术,并引导幼儿进行欣赏。这既能充分激发幼儿的搭建欲望,了解结构材料和技能的多样性,还能启发幼儿丰富的创作灵感。

（3）创设情境

结构游戏属于艺术创作,需要艺术气氛的熏陶。教师在布置活动室时,可以陈列幼儿的结构作品,墙面也可以进行艺术的装饰,从而让幼儿在环境的刺激下产生游戏的愿望,拓宽建构的思路,较好地进入游戏的状态。

步骤 5.启发游戏策略

结构游戏是需要自主进行设计和搭建的活动,在正式进行搭建之前,教师需要教会幼儿思考三个问题:"我要搭什么?""我要用什么来搭?""我要怎么搭?"这三个问题能帮助幼儿厘清思路,提升认知水平和建构技能。教师在启发幼儿进行设计时,为了丰富幼儿的建构经验,拓宽幼儿的搭建思路,可以从以下三个方面来启发幼儿进行设计。第一,利用模型、图片,通过与幼儿交流介绍、共同欣赏,观察发现建筑的艺术特点;第二,根据搭建场所的位置、布局及大小,选择合适的材料进行搭建;第三,投放建筑平面图及图示,帮助幼儿形成搭建主题,并引导幼儿进行分工,按图纸进行搭建。中、大班幼儿可自行设计图纸并按图纸进行建构,小班幼儿则需要在教师的帮助下来看懂设计图纸。

结构游戏还是一种团体活动,幼儿进入中班以后,建构活动常常伴随着同伴交往与分工合作。为了引导幼儿更好地进行分工,教师可以引导幼儿学会猜拳、轮流等多种方式分组及协商。组内可以进行良好的分工,如一名幼儿搭建桥墩,另一名幼儿搭建桥面。

---

① 张莹,华爱华.游戏时长对幼儿积木游戏行为与作品的影响[J].学前教育研究,2009(02):36—43.

步骤6.进行观察指导

（1）观察内容

结构游戏作为幼儿的自主操作性游戏,教师很重要的工作就是要观察幼儿的游戏情况,了解幼儿的认知水平、建构能力、人际交往技能等,从而让自己的指导更加具有针对性。不同的游戏类型,教师所需要观察的重点不一样,对于结构游戏来说,教师需要重点观察的内容如下。

● 建构区的使用频率——幼儿是否喜欢?需不需要调整?

● 结构游戏材料的使用情况——幼儿经常选用哪些材料?材料的数量是否充足?是否适合本班幼儿进行操作?

● 幼儿在建构区的表现——幼儿是否集中注意力?对材料和构架物是否感兴趣?建构技能掌握得如何?是否需要教师的帮助和指导?

● 与他人合作的情况——幼儿的社会性发展水平如何?能否和同伴进行合作的主体建构①?

（2）介入方法

观察是为了判断教师是否需要进行介入,以及选择介入的方法和措施。幼儿在结构游戏的过程中,如果教师观察到以下情况,如幼儿在游戏中不投入,出现严重的违反游戏规则的情况,遇到了建构方面的困难,和同伴发生了矛盾与冲突,反复地摆弄和操作游戏材料,教师则需要介入,帮助幼儿顺利进行接下来的建构活动。教师可以采用的介入方法有如下三种。

第一,平行介入法。教师可以通过模仿幼儿的游戏行为或通过平行游戏的方式,在幼儿旁边进行游戏。如,可以在幼儿旁边使用相同或类似的建构材料进行搭建,从而帮助幼儿掌握相应的建构方法,或者在幼儿旁边使用不同的建构材料,调动幼儿搭建的积极性,拓宽幼儿的搭建思路。

第二,直接介入法。当幼儿出现严重的违规情况,或是和同伴发生了矛盾与冲突时,教师需要直接介入,用语言或行为及时制止。当幼儿出现建构困难时,教师也可以运用启发或建议的方法来帮助幼儿解决困难。

第三,交叉介入法。结构游戏常常容易和角色游戏融在一起,当幼儿进行了主题建构,并产生了相关的角色行为时,教师可以选择一个合适的角色进入幼儿的游戏中,了解幼儿游戏的想法。如,幼儿在搭建游乐场时,教师可以一个游客的身份来询问:"您好,请问这里有洗手间吗?"从而给幼儿一个搭建洗手间的建议。

（3）指导重点

当然,针对不同年龄段的幼儿,教师的指导方式和重点均存在一定的差异,需要考虑到不同年龄阶段的幼儿的身心发展特点(见表2-3)。

表2-3　不同年龄阶段结构游戏的指导重点

年龄班	指导方式及重点
小班	1. 多用游戏口吻 2. 引导幼儿认识建构材料 3. 为幼儿安排足够数量的建构玩具 4. 组织幼儿认识各种建构元件,学习建构的基本技能 5. 引导幼儿明确建构目的 6. 建立结构游戏的简单规则
中班	1. 丰富幼儿生活经验 2. 尊重幼儿想法,帮助幼儿设计建构方案,支持幼儿学习看图搭建 3. 引导幼儿尝试独立进行建构,或合作进行整体建构 4. 帮助幼儿掌握和巩固结构技能,如堆高、架空 5. 引导幼儿学会协商 6. 引导幼儿学习设计结构方案 7. 组织幼儿评议建构成果

① 陈霞.幼儿园结构游戏中的教师指导研究[D].济南:山东师范大学,2014.

年龄班	指导方式及重点
大班	1. 丰富幼儿结构造型知识和生活印象 2. 指导幼儿学会制订计划 3. 培养幼儿使用各种材料进行独立建构的能力 4. 为幼儿提供一些表现事物细节的辅助材料 5. 引导幼儿参与大型建构活动 6. 多用语言提示法 7. 教育幼儿重视成果 8. 发展幼儿的自我评价能力和评价他人的能力

在这些指导重点中,关于建构技能的指导乃是重中之重。建构材料不同,幼儿所需要掌握的建构技能也不一样(见表2-4)。教师对幼儿建构技能的指导应该在充分观察、了解幼儿建构水平的基础上进行,并遵循循序渐进的原则。小班需要掌握平铺、延长、围合、堆高、加宽、盖顶等基本的建构技能来建构造型简单的物体形象;中、大班建构技能的目标是能综合运用排列、组合、接插、镶嵌、编织、黏合、旋转等技能,建构较复杂、精细、匀称的物体形象。同时,教师还要鼓励幼儿探索建构材料的多种玩法,促进幼儿想象力和创造力的发展。

表2-4　不同操作材料的建构技能

操作材料	建构技能
积木	铺平延长、对称排列、架空盖顶、间隔堆积
积塑	整体连接、交叉连接、端点连接、围合连接、填平组合
穿珠	单线交叉、单线循环、多线分合等
编织	编织、穿插、圆心编织、打结编织等
螺丝	捶打、旋转、敲击等

（三） 讨论总结

讨论总结的主要步骤：7. 欣赏建构作品；8. 评价总结反思。

步骤7.欣赏建构作品

幼儿的建构作品是幼儿结构游戏的最终成果,既能反映出幼儿的建构水平,也能体现出教师的指导技术。因此,在结构游戏结束后,教师需要重视幼儿的建构作品,将作品进行较好的保留,并开展适合幼儿的欣赏和评价活动,尊重幼儿的劳动成果,从而增强幼儿的自信心,激发幼儿进一步建构的欲望,还能在展示和讲评的过程中引发幼儿思考,提高幼儿的搭建水平。

受到建构材料和幼儿园空间的相关限制,幼儿的大部分建构作品不可能长时间地保留,为了能够让幼儿每一次建构的作品都留下痕迹,教师可以通过让幼儿和作品合影等方式来保存作品,收集成册,供幼儿及家长进行欣赏,从而增强幼儿的自信心和成就感。此外,把作品集供幼儿观看与思考,还能促进幼儿相互学习和借鉴,从而激发幼儿的思维创造,开拓建构的思路(见图2-13)。

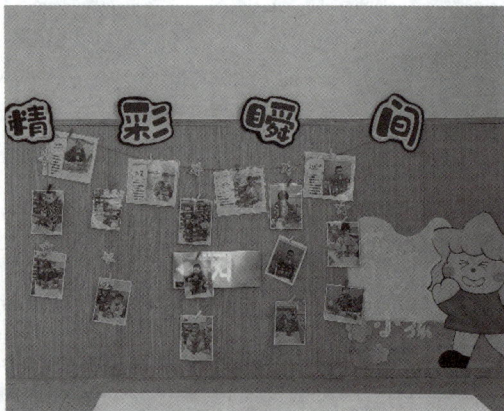

图2-13　建构作品展示墙

步骤8.评价总结反思

评价是为了更好地了解幼儿结构游戏的水平,增强结构游戏指导的科学性和针对性,发现幼儿结构游戏过程和结果中的闪光点,改进出现的不足,从而进一步促进幼儿建构水平的提高。因此,教师可以从多方面对幼儿结构游戏的水平进行评价。

方法一:教师评价。

表2-5中主要列举了教师在评价幼儿结构游戏内容方面的要求。除此以外,在评价方面,教师还需要注意进一步定位明确的评价目标,不追求唯一作品结果的评价,更重要的是对幼儿整个建构的过程进行科学合理的评价。既要注重操作技能,又要注重品质习惯;既要有游戏过程中的针对性点评,也要有游戏活动结束后的总体评价。教师在评价的过程中,注意要多用鼓励性、赞赏性的语言,要有针对性、具体地指出幼儿的优点和不足。

表2-5　幼儿结构游戏水平评价表

项目	评价内容
1. 材料运用	☐ 只拿着玩,不会搭 ☐ 对积木形、色有选择,意识不强 ☐ 有意识选择材料,反复尝试 ☐ 迅速选定材料并能综合运用材料,运用有特点
2. 建构形式	☐ 简单排列、堆高、平铺 ☐ 能架空搭门 ☐ 能围合建构 ☐ 造型比较复杂,能命名但形象不逼真 ☐ 按特定形象逼真建构,运用对称并装饰
3. 主题目的性	☐ 无目的,无主题 ☐ 目的不明确,易附和他人 ☐ 能确定建构主题,但会出现变化 ☐ 主题明确,但会出现变化
4. 情绪专注力	☐ 注意水平低,情绪呆滞 ☐ 情绪状态一般,注意力易分散 ☐ 情绪良好,注意力集中 ☐ 情绪积极、专注,持续时间长
5. 社会性水平	☐ 独自搭建 ☐ 平行搭建 ☐ 联合搭建 ☐ 合作搭建
6. 常规	☐ 遵守玩积木规则 ☐ 爱护玩具 ☐ 收放整齐,动作迅速
7. 创造表现力	☐ 建构主题与造型方式富于创造性

针对不同的年龄段,教师评价的方式和重点也有所差异。对于小班幼儿来说,教师可以组织幼儿观看同伴的作品实物,也可以请幼儿介绍自己的作品,还可以将幼儿的作品拍成照片或录像,在讲评的环节让全体幼儿共同欣赏。对于中、大班幼儿,教师在评价时则可以让他们发表自己的看法,分享彼此的经验。如所建构作品的设计灵感来源,建构作品审美(颜色搭配、建构造型、对称等),建构作品所需要用到的建构技能(连接方式、填平、组合、排列、堆积、螺旋),建构作品所用到的材料种类等。

方法二:幼儿评价。

为了提高幼儿自身的评价水平和能力,教师可以引导幼儿借助自己的活动成果,演示与评价自己探索的方法与过程(见表2-6、表2-7)。

表2-6　中班结构游戏幼儿自我评价表

学号	玩得开心吗		我会玩吗		准备好了吗	
	☺	☹	☺	☹	☺	☹

注:把表格夹在木板上,活动结束后让幼儿在相应的格子里打"√"。

表2-7　大班结构游戏幼儿自我评价表

班级:　　　　游戏主题:　　　　时间:

姓名	玩得开心吗		我是这样玩的			我对作品满意吗	
	☺	☹	☺	☺☺	☺☺☺以上	☺	☹

注:游戏结束后让幼儿在相应的格子里打"√"。

由于幼儿的自评能力有限,所以自我评价表一般只用于中、大班幼儿,且教师需要一开始组织幼儿进行学习,从而能够更加科学地对自己进行评价。此外,在讨论总结阶段还应让幼儿通过分享反思游戏过程中存在的问题,提升自身的建构经验,为后续建构活动的更好展开奠定良好的基础。

情景再现

案例:中班结构游戏"雪龙的诞生"①

【游戏缘起】

寒假结束,幼儿仍然沉浸在过年的快乐气氛中。教师组织了有关春节的主题谈话,大家叽叽喳喳说了很多春节习俗,提的最多的就是"舞龙"活动了。幼儿用自己的方式去表征中国龙,有的用黏土捏,有的用彩笔画(见图2-14),还有的用积木搭建(见图2-15)。

活动视频

中班结构游戏"雪龙的诞生"

图2-14　彩笔绘画"龙"

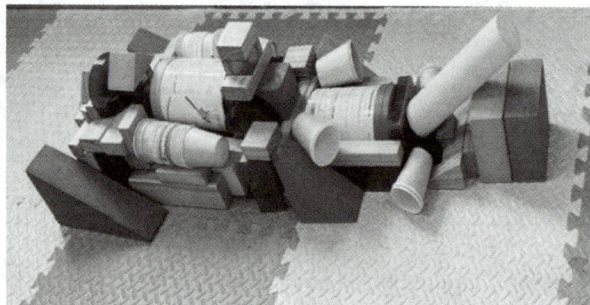

图2-15　积木搭建"龙"

就在大家都满意地看着自己做出来的龙时,用积木搭建龙的幼儿却遇到了问题,他们搭建的位置不够大,材料不够多,搭出来的都是很小的龙。随后,他们开始向大家寻求帮助,经过讨论,大家决定一起搭建一

① 案例由江西省抚州市临川区第一保育院白塔娜老师提供。

条大龙并选举了组长。组长把班上的幼儿分成"龙头组""龙身组""龙脚组""龙尾组",并投票决定龙的名字叫作"雪龙"。

【游戏过程】

难题一:龙脚要搭到地里去吗?

解决办法:利用长方形积木和中空积木将龙身架空。

幼儿一来到户外结构游戏区,就开始热火朝天地搬运材料进行龙身的搭建。"龙身组"利用长方形积木,一块接一块地在地上铺开,不一会儿一条长长的龙就出现在操场上。"龙脚组"的宛之左看看、右看看,然后找到组长子懿问:"我们的龙脚是要搭到地里去吗?""就是搭在地下啊!""下面哪里还有地方? 怎么站起来?"听到宛之的问题,大家看了看连接好的龙身,开始思考怎么让龙身"站"起来。这时,有幼儿发现了圆柱形积木可以垒高立起来当龙脚,但是经过反复试验,搭出来的龙身就会变得非常细小,而且"站"不稳,很容易倒掉。子天拿着一个矩形中空积木跑过来,说:"这个积木可以做龙身,不用长方形积木当龙脚就好了。""龙身组"的幼儿发现子天拿来的矩形中空积木既大又稳,就赶快把材料柜里其他矩形中空积木也拿过来,开始搭建新的龙身(见图2-16)。

图2-16　第一次搭建的雪龙

难题二:搭好的龙像火车,不像龙。

解决办法:改变龙身的方向,改变龙身连接处积木的角度,让龙盘旋起来。

今天游戏开始后,幼儿分工明确,"龙身组"基于上一次游戏的经验,一起利用架空的方式搭建龙身。在架空矩形积木时,子懿发现搭得太宽了,哲远马上大声告诉其他人:"搭窄一点,窄一点。"经过调整,烁烁迫不及待地说:"我来! 我来!"并把矩形积木架到了龙脚上。等他们再搭建下一段龙身时就特意拿矩形积木比了一下距离,然后才放上去。原来,龙脚不能摆得太开,要根据积木的宽度来摆放龙脚才能架空。这时,子阳在旁边拿着3个弯弯的积木开始研究如何让龙的身体转弯。林潇看到了以后马上开始帮助子懿调整龙身的方向。调整方向时矩形积木再次掉下去,子懿则是先把矩形中空积木一端架高,然后调整另一端龙脚的位置和矩形积木的角度,让龙身有了第一个弯曲。同伴们学着子懿的搭建方式,使龙身马上又有了第二个弯曲,雪龙的身体越来越长了。

但是,另一边的"龙头组"迟迟没有进展,子懿及时将"龙头组"的人召集在一起并组织搭建。大家开始出谋划策。"龙头组"的汤圆说:"龙头上面还有眼睛、嘴巴、龙角。我们可以用中间空的积木做眼睛和嘴巴,那个分叉的积木做龙角,这样我们的龙就不像火车了。"其他幼儿听了赶快寻找合适的材料搭建龙头。不一会儿,用中空积木、长方形积木和Y形积木垒高的龙头就搭好了。居居沾沾自喜地问月月:"好看不?"

"龙尾组"经过多次的讨论和尝试终于利用三角形积木将龙尾翘起来了。

"龙脚组"在发现制作龙身鳞片的瓦片不够时,及时用圆形积木代替空心积木,给雪龙装上复杂的鳞片(见图2-17)。

图2-17　第二次搭建的雪龙

【游戏分析】

"搭建一条龙"源于幼儿的兴趣,这符合中班幼儿好奇好问、敢于尝试新鲜事物的特点。

首先,幼儿在分工时一致决定让子懿当组长。这也说明幼儿在长期的自主游戏中加深了对同伴的客观认识,对社会角色与社会分工进行了自主体验、自我建构、自我完善。

其次,这次搭建的亮点在于幼儿将平铺在地面的平面图形变为立体图形。龙在我们的生活中也没有参照物参考,整个搭建过程全部是幼儿自主创造与建设的。在遇到问题、尝试错误、调整搭建方式等各个环节都能够体现出幼儿的学习是相互启发、相互促进的。

在游戏的过程中,教师一直静静地观察和等待,给予幼儿充足的思考和讨论的时间。教师的耐心等待和放手,让幼儿得以自然积累搭建经验,观察能力和处理细节的能力得到发展,比例调整、延长、垒高、架空等搭建技能获得了进一步提高。这种多人合作的搭建过程也培养了幼儿的团队意识、协商与合作能力,历练了他们不畏困难、相互扶持的品质。

项目实训

实训项目1　结构游戏设计

工作要求:小组分工,选择某个具体年龄段设计结构游戏区。撰写详细的结构游戏设计方案,包括游戏目标、游戏环境、场地和材料、游戏规则、游戏内容。可以在幼儿园模拟教室等实训场地实地建设结构游戏区,也可以制作结构游戏区场景模型。

实训项目2　结构游戏观察记录

工作要求:观看一段反映幼儿结构游戏的视频片段,填写观察记录表格。可以使用文字记录和表格记录两种形式进行记录,针对游戏中存在的问题提出指导建议。(可参考二维码"活动视频:国赛赛题中班结构游戏'土楼'"和"案例分析:中班结构游戏'土楼'"中的内容)

实训项目3　主题建构

工作要求:小组共同确定主题建构作品的名称,根据主题构思和绘制平面设计图,图纸体现作品各部分的名称(如幼儿园里的教学楼、礼堂、操场、种植园等)及位置关系。准备建构作品所需的主体材料(如积木、积塑、雪花片)和辅助材料(如自制路灯、小树、花坛等),现场限时完成建构作品。每组组长代表本小组介绍建构作品,其他组成员和教师进行评价。(可参考二维码"实训案例:主题建构'百舸争流千帆竞'"中的内容)

结构游戏设计

结构游戏观察记录

国赛赛题中班结构游戏"土楼"

中班结构游戏"土楼"

主题建构"百舸争流千帆竞"

学习拓展

思政拓展

小资料：在户外建构游戏中促进幼儿核心经验发展的建议①

户外建构游戏是指幼儿在户外环境中利用各种结构材料或者玩具进行建筑或者构造的活动的总和，作为一种兼具开放性、探究性和智力发展性的教育组织活动，它对幼儿核心经验的发展具有重要促进作用。

幼儿园应该为幼儿创设具有开放性、包容性和支持性的户外建构游戏活动环境。在户外建构游戏中，幼儿自主开展游戏，同时户外建构游戏环境也影响着幼儿的游戏进程和游戏水平，户外自主游戏的开展离不开环境的创设与支持。幼儿园户外建构游戏环境的创设应该坚持开放、包容和支持相结合的原则，以关系性思维和实践性价值理念来创设具有层次性、互动性、生成性和发展性的户外建构游戏环境。一方面，幼儿园应该根据幼儿的年龄特点提供相应的游戏材料并设置相应的建构游戏主题，满足幼儿核心经验发展的一般需要；另一方面，幼儿园要在充分掌握幼儿个体差异和个性化发展需求的基础上提供一些低结构化的、形式和功能多元的材料供幼儿自主选择，根据实际情况不断创生和创新游戏环境，实现幼儿核心经验的渐进式发展和螺旋式上升。

赛证拓展

一、简答题

简述积木游戏对幼儿发展的价值。

二、结构化面试题

1. 区域时间结束，牛牛用积木搭成的楼房未完成，就大声喊："老师，我还要搭。"你怎么办？

2. 在玩积木游戏的时候，一个幼儿认为游戏结束了就把另一个幼儿的作品推倒了，另一个幼儿哭了起来，你怎么办？

3. 幼儿在玩结构游戏时，不满意自己所搭建的物品，一气之下把所有的积木都推倒了，你该怎么办？

4. 有个幼儿在玩堆积木，聪聪把他的积木推倒了，有人跑过来找你告状，你会怎么做？

5. 结构游戏中有幼儿建的房子塌了，有幼儿说"地震了，地震了"，现场一片混乱，你怎么办？

6. 明明想用积木搭出一座高高的楼，但总搭不好。这时，旁边的幼儿一直在催促："我来，我来，我会。"假如你是老师，你怎么做？

7. 天天和明明在建构区搭建了一个长城，不仅同伴们非常喜欢，你也给了很高的评价。到了结束的时间要拆除，可幼儿非常不愿意，你怎么办？

三、试讲题

1. 建构游戏"拼插小动物"
   (1) 用雪花片拼插 2 只适宜小班幼儿模仿学习的小动物。
   (2) 回答问题：插塑活动能让幼儿获得什么经验？

2. 建构游戏"搭积木"
   (1) 请模拟幼儿利用积木搭建 2 个不一样的造型；模拟向幼儿讲解游戏玩法。
   (2) 回答问题：大班幼儿积木搭建活动中，教师可以怎样支持幼儿提高搭建水平？请说出两种方法。

---

① 黄菲,林朝湘,王秋. 户外建构游戏中幼儿核心经验的评价与促进[J].学前教育研究,2022(03):95—98.

学习情境三　表演游戏

表演游戏作为象征性游戏的一种，是幼儿按照童话、故事中角色、情节和语言，进行创造性表演的游戏。根据表演主体的不同，幼儿园常见的表演游戏类型大致分为幼儿表演游戏和道具表演游戏两大类，前者是幼儿自身参与表演，后者是幼儿操纵道具进行表演。本学习情境将主要介绍三类表演游戏，分别为幼儿表演游戏、木偶表演游戏和影子表演游戏，后两者同属于道具表演游戏。

子情境一　幼儿表演游戏

知识导图

教案

学习目标

1. 素养目标：熟悉适合进行幼儿表演的故事，尤其是故事体现出的价值观。
2. 知识目标：掌握幼儿表演游戏的内涵、特点与价值。
3. 能力目标：具备较强的幼儿表演游戏的准备和开展能力，在小组合作中具有自主学习能力和反思能力。

游戏认知

（一）幼儿表演游戏的内涵

图 3-1　幼儿表演游戏"三只小猪"

微课

幼儿表演游戏的特点

幼儿表演游戏是幼儿园最常见的表演游戏类型，幼儿自己作为演员表演童话或故事等文学作品（见图 3-1）。其主题、角色和主要情节均不是幼儿随意想出来的，而是文学作品既定内容的再现，但它允许幼儿根据自己的想象设计角色的表演动作，用自己的方式表达角色性格和内心体验。

（二）幼儿表演游戏的特点

表演游戏不同于角色游戏和文艺表演，有着自身的独特性，下列特点也是所有类型表演游戏的共性特点。

1. 艺术性

表演游戏作为想象性游戏的一种，其本身是一门艺术。在表演游戏中幼儿以文学作品为蓝本,通过自己的想象,运用语言和肢体展现作品情节,不带任何目的地进行表演,释放自我天性,获得快乐和艺术性体验,满足心理体验,因此表演游戏具有艺术性特点。

2. 结构性和规则性

角色游戏与表演游戏都属于象征性游戏或者想象游戏,二者在角色扮演、象征手段等方面有相似之处,但在主题与内容的来源、结构性与规则性上存在着一定的差别。第一,角色游戏中的主题和内容主要来自幼儿的现实生活经验,例如家庭和社区经验。表演游戏的主题和内容主要来源于故事,包括文学作品或者幼儿根据自己的经历和想象创编的故事。第二,角色游戏中幼儿可以自由选择和切换游戏主题,自由决定和改变内容,游戏内容是随着游戏过程的展开而丰富和发展的,之前没有一个约定俗成的框架或"脚本"。当表演游戏中"故事"成为游戏者认可的标准和行为框架,幼儿必须在这个框架中游戏。即便游戏所依托的故事是幼儿在活动过程中逐渐创编发展起来的,但每次表演之前游戏者之间都会有一个基本达成一致的脚本,角色的行为或多或少都要受到这个脚本的规范,它的结构性和规则性更强。

3. 表演性和游戏性

表演游戏和文艺表演都是表演者运用语言、动作、表情等,依据文学作品内容,对作品进行再现的活动,具有"表演性",但是其表演目的和要求不同。第一,表演游戏的本质是一种游戏,其目的在于表演者从游戏过程中获得满足感,是为了好玩、有趣而进行,"自娱自乐"是表演游戏的目的。文艺表演的本质是一种演出,主要目的是演给观众看,并非"自娱自乐"。第二,表演游戏给予幼儿较大的自主性和创造性,幼儿可以根据自己对作品的理解、喜好和过去经验进行表演,可以自己选择、增加、删减、创造游戏中的语言、动作和表情。而且,每一次游戏都可以不同、有新的创造。文艺表演是幼儿在教师的组织下,严格依照故事、童话的情节进行表演,其情节和角色都必须严格依托作品的描写,表演有规定的程序和规则,幼儿必须遵照执行。因此,表演游戏兼具表演性和游戏性。

（三） 幼儿表演游戏的价值

1. 有利于促进幼儿审美能力发展

幼儿表演游戏需要幼儿基于内在需求去进行鉴赏,进而用适宜自己的方式表现作品中的人物特点及情节。需要幼儿自主选择材料、布置舞台、进行装扮,使之更贴近角色需要,整个过程有利于促进幼儿审美能力的发展。

2. 有利于促进幼儿合作与交往能力发展

幼儿表演游戏是一种群体活动,伴随着幼儿以真实身份与同伴进行的合作与交往。研究显示,中、大班幼儿的表演游戏中,同伴交往所占行为比例分别为 25%、15%。幼儿在表演游戏中的同伴交往围绕角色、规则、情节、材料、动作和对白展开,具体可以分为五类内容:第一,角色。幼儿围绕头饰、角色认定和分配所进行的沟通。特别是当分配角色产生冲突时,幼儿会逐渐学习站在对方的角度考虑问题,尽量去理解他人的想法。第二,规则。幼儿围绕游戏的开始、出场顺序、动作和对白顺序等进行的沟通。第三,情节。幼儿围绕故事序列、细节、内容进行的沟通(包括澄清、描述或构想等)。第四,材料。幼儿围绕材料使用、材料分配进行的沟通。第五,动作、对白。幼儿围绕故事中出现的动作、对白进行的沟通[1]。总之,不论是表演前的准备、表演中的协调还是表演后的讨论都需要充分的合作和交往,有利于提升幼儿的社会化水平。

3. 有利于促进幼儿语言发展

当代语言学的研究和语言学习的相互作用理论表明,儿童的语言学习过程不仅仅是模仿的过程,也是模仿和创造相互作用的建构过程。儿童需要在形式多样、有目的、有意义、真实的言语实践中,在与他人相互作用的过程中,通过运用语言来建构和丰富语言知识,而不仅仅是字、词、句的模仿和重复练习。从这种

---

① 刘焱.儿童游戏通论[M].北京:北京师范大学出版社,2008:508.

语言学习观出发,表演游戏中幼儿同伴间的讨论、协商,每个幼儿对作品的自由阐述与创造性表达对于他们的语言学习就具有非常重要的意义。研究表明,游戏促进幼儿语言发展的机制正是在于游戏可以为幼儿创造真实的交流情境①。另外,幼儿经过多次的表演游戏,其表演性语言将从机械的复述情节到灵活运用作品中的语言,到用抑扬顿挫的语调体现情绪情感,语言表现技巧也将得到提升。因此,表演游戏不论是基于"真实的情境"还是"表演的情境",都能促进幼儿的语言发展。

4. 有利于促进幼儿认知发展

幼儿表演游戏的脚本均蕴含一定的人生观、生活常识、道德准则,例如《小熊请客》体现了善恶之分。对作品理解并表演的过程,也是幼儿自我学习提升积累的过程。因此,促进幼儿的认知发展是随着表演慢慢渗透在过程中的。

工作过程

(一) 计划制订

计划制订的主要步骤:1. 选择表演内容;2. 确定游戏目标;3. 撰写游戏方案;4. 创设游戏环境。

步骤 1. 选择表演内容

表演内容是表演游戏的核心,游戏的所有环节均围绕此展开。教师可从经典文学作品、幼儿喜爱的动画片、教学活动延伸、教师语言活动用书等渠道选择表演游戏内容,也可以进行适度改编。不论是现成的文学作品还是经过改编的内容,必须符合如下特征:第一,健康向上。第二,符合幼儿身心发展水平和兴趣,便于幼儿理解。第三,具有一定的表演性。体现为故事情节要具有一定的变化,但不要过于复杂,便于幼儿理解和记忆。情节有起伏,富有趣味,幼儿乐于表演。作品人物个性鲜明,对话多次重复、语言朗朗上口,易于掌握和表演。第四,有集中的场景,易于布置道具。

小鹿历险记

《小鹿历险记》中有幼儿熟悉同时令人憎恶的"大灰狼",还有性格特征明显的"黄鼠狼""花狐狸""小青蛙"等动物,故事情节简单,角色对话多次重复,如"小壁虎! 救救我! 大灰狼在追我!""不行,不行,太疼了,我还是继续跑吧!""别急,别急,我来帮你,你可以学我把尾巴拉断掉,大灰狼就抓不到你了!""别急,别急,我来帮你,你可以学我放个臭屁,大灰狼就抓不到你了!"等。各种动物的动作性强,适合幼儿爱动的特点,又易于表演,故深受幼儿喜爱。在表演游戏过程中,幼儿不论是自己表演还是观看他人表演,始终气氛活跃,情绪高涨。通过游戏,幼儿了解了动物是怎么保护自己的,同时获得了合作表演的快乐体验。

在遵循上述选择特征的基础上,当幼儿对原作品非常熟悉,甚至是进行了一定程度的表演练习后,还可以基于幼儿兴趣对原作品适宜改编,进行合理创新。其目的是进一步增加游戏趣味,提升幼儿的语言创造能力。可采用的具体措施包括:增加对话、增加儿歌、增加动作、增加情节。

步骤 2. 确定游戏目标

表演游戏中,各年龄阶段幼儿在游戏动作、语言、社会性水平上呈现出明显的差异和特征,具体见表3-1。

拓展阅读

如何对文学
作品进行
改编

---

① 刘焱.儿童游戏通论[M].北京:北京师范大学出版社,2008:517—518.

表3-1　幼儿表演游戏的年龄特征①②

年龄阶段	动作	语言	社会性水平
小班	动作简单,没有复杂的游戏情节和舞蹈动作。主要的游戏兴趣集中于玩各种材料和用材料装扮自己	彼此对话很少,除了因为材料纠纷或某一想象性话题和身边的幼儿有简单言语交往外,基本不会就表演游戏本身的内容和方式进行言语或动作互动	以平行游戏为主,所玩材料差不多,经常出现争抢某一材料的现象 开始注意到其他幼儿的行为,出现相互模仿,形成了初步的玩伴关系 表演舞台没有观众,也不在乎是否有观众,只是专注于自己的动作,自娱自乐
中班	动作比小班丰富,以重复动作为主,每次游戏基本会重复5～6个会做的动作 主要以动作作为角色表现的手段,较少运用语言、表情等来表现角色 嬉戏性强,目的性弱;对装扮非常重视	能独立进行角色分配,但进入游戏过程较慢 相互之间会讨论一些与表演有关的问题,如表演内容、出场顺序等	出现联合游戏,有语言和动作交往 游戏中会出现一些观众,观众和舞台表演者之间会出现一定互动 有时会因为材料发生纠纷
大班	动作更为丰富,具备一定的表现技巧,能灵活运用语言、动作和表情等各种手段来再现故事内容	共同商量、讨论决定游戏的分工,如主持人、出场顺序等 游戏过程呈现出计划—协商—合作表现故事—再计划—协商的鲜明阶段性特征,目的性、计划性强	联合游戏比例加重,还出现了很多合作游戏的成分,并且出现了游戏领导者,其拥有最终改变或者不同意改变游戏规则的权力

　　中、大班幼儿表演游戏过程发展的一般规律与年龄特点是:第一,随着游戏过程的展开,目的性角色行为逐渐减少;第二,嬉戏性角色行为逐步增加;第三,以一般性表现为主,生动性表现行为并不随游戏过程的开展而有明显的增加;第四,幼儿的表演游戏要经历一个从一般性表现到生动性表现的发展过程,同伴交往与嬉戏性行为是幼儿欣赏、磨合与合作游戏的基础,具有不容忽视和轻视的价值;第五,随着幼儿年龄的增长,幼儿表演游戏的目的性、计划性和表现能力都在提高,但是幼儿自身很难独立完成从目的性角色行为—嬉戏性角色行为—更高水平的目的性角色行为的回归,从一般性表现—生动性表现的提升。③ 基于以上原因,幼儿表演游戏需要教师介入和指导,在介入和指导之前首先必须确定科学可行的游戏目标,具体见表3-2。

表3-2　不同年龄阶段幼儿表演游戏目标

幼儿年龄	幼儿表演游戏目标
小班 3～4岁	认知目标:初步理解作品的中心思想、主要情节、人物特征
	能力目标:愿意在教师的帮助、提示下,能按作品中的情节、人物的动作、对话完成表演游戏,能遵守游戏规则
	情感目标:对表演游戏感兴趣并乐于进行表演活动
中班 4～5岁	认知目标:有初步的集体观念,懂得角色扮演、物品使用和场地整理的规则
	能力目标:能运用不同的、清楚连贯的语言开展表演游戏,适当地运用动作、表情表现人物的特征并进行创造性表演
	情感目标:喜欢根据作品进行简单的现场布置并进行表演活动
大班 5～6岁	认知目标:知道与同伴协商分配角色,合作进行游戏
	能力目标:能根据自己对作品的理解创造性地表现人物特征并能根据需要改编故事情节
	情感目标:喜欢进行创造性表演

---

① 邱学青.幼儿园游戏指导[M].北京:人民教育出版社,2015:157—159.
②③ 刘焱.儿童游戏通论[M].北京:北京师范大学出版社,2008:510—511.

步骤3.撰写游戏方案

为了更顺利地展开表演,在选择了合适的文学作品后,教师应基于幼儿的年龄特点撰写游戏方案,对整个游戏过程进行计划。游戏方案内容包括游戏目标、游戏准备和游戏玩法。在游戏准备方面,尤其要强调幼儿的经验准备。因为幼儿已有的生活经验影响幼儿对作品的理解,幼儿游戏经验的积累影响幼儿对作品的表达。

中班幼儿表演游戏"三只小熊"

【游戏目标】

① 知道表演的名称、表演中的角色及内容。
② 理解表演的形式,能尝试进行表演。
③ 通过"三只小熊"的表演活动,热爱表演。

【游戏准备】

经验准备:理解《三只小熊》故事情节,熟悉角色对话。
物质准备:熊的家,《三只小熊》的音乐。

【游戏过程】

① 律动热身运动,熟悉三只小熊的外貌特征。
② 欣赏故事表演,萌发对故事的兴趣。
③ 观看表演,了解故事内容。
表演第一段:小朋友闯进来。
表演第二段:三只小熊回家。
表演第三段:抓住你。
④ 尝试表演,初步萌发表演的兴趣。

首先,教师与幼儿一起回顾故事情节,加深对故事的理解。教师可通过提问引导幼儿回忆:房间里面都有谁? 他们长什么样?

其次,带领幼儿分析、模仿动物角色声音的特点。

再次,鼓励幼儿根据意愿和自身特点选择动物角色进行扮演。比如:声音细的幼儿可扮演熊宝宝,教师可以旁白支持幼儿的表演,适时用动作提醒动物角色的先后顺序。

最后,讨论活动效果,分享表演的感受。

步骤4.创设游戏环境

环境作为教育中的隐性课程,潜移默化地影响着幼儿。为幼儿创设必要的游戏环境,是幼儿能否顺利开展表演游戏的先决条件。应在简单实用的原则下尽可能给予幼儿参与表演游戏环境创设的机会,促使幼儿发挥想象力和创造力,让幼儿成为表演游戏环境的主人,以激发幼儿游戏的兴趣,同时增强游戏的趣味性、象征性和戏剧性。具体要求如下:

(1)场地:在活动室或其他相对宽敞的地方创设一个相对固定的表演区,有条件的可以在专用的游戏室里创设表演区,一般情况下至少要有6平方米的空间方能保证幼儿开展活动。场地有限的,也可以根据需要用桌椅、积木临时搭建小舞台。

(2)布景:简单大方、经济实用,只要能渲染气氛即可,不要求过于复杂。否则会过多吸引幼儿的注意力,导致幼儿精力分散,影响幼儿表演的顺利进行。

(3)材料:表演区的材料主要是服饰、道具和其他辅助设备,可以激发幼儿进行表演游戏的兴趣,保障游戏的生动性、形象性和趣味性。一般而言,表演区常见材料有:头饰(假发、发卡、帽子、头箍等)(见图 3－2)、面具、丝巾、丝(纸)带、镜子、假花、各种乐器(小鼓、小铃、小钢琴、足球哨等)、用于播放背景音乐的录音机或者播放器等。材料可以是直接购买的成品材料,也可以是教师和幼儿共同制作的材料①。根据各个年龄段幼儿的发展水平,鼓励小班幼儿用象征的方法"以物代物"地使用游戏材料,中班幼儿根据游戏需要自主寻找和准备游戏材料,大班幼儿自主设计、制作游戏材料。

图 3－2　头饰

需要注意的是:第一,材料应当简单、方便、实用,注意废物利用。第二,教师不要包办代替,要充分信任幼儿的能力。比如,中、大班幼儿已经具备自己独立选择和播放音乐的能力,教师就应当支持幼儿自主选择和播放,将音乐 CD 以及播放器放在幼儿易于拿取和操作的地方。第三,活动室内放置一个百宝箱收集半成品材料,供幼儿取用。

(二) 现场组织

现场组织的主要步骤:5. 巧妙导入,激发兴趣;6. 自主分配,轮换角色;7. 科学观察,记录评价;8. 适时介入,有效指导。

步骤 5. 巧妙导入,激发兴趣

在正式游戏之前需要让幼儿知晓本次游戏的主题,清楚游戏的主要内容,唤起幼儿已有的游戏经验,引发幼儿游戏的兴趣。好的导入方式能让整个表演活动事半功倍,具体方式有故事导入、问题导入、片段表演导入和材料导入。

步骤 6. 自主分配,轮换角色

"自主选择"和"自行分配"是幼儿进行角色分配和轮换的基本原则。首先,教师要鼓励幼儿大胆选择自己喜爱的角色,认同和扩展幼儿选择角色的理由,保护幼儿主动积极的表演态度。其次,引导幼儿和同伴协商分配角色,学习使用有效的方法处理角色选择和分配之间的矛盾。比如,幼儿都想扮演同一角色时,可以采用轮流、猜拳或共同扮演等方法加以解决;无人扮演的角色可采用一人扮演多个角色的方法使表演得以进行。最后,帮助幼儿分析、理解不同角色在游戏中承担的不同职责,提高幼儿角色选择和角色胜任的意识与能力。比如,游戏主角要有较强的语言表达能力、表演能力和组织游戏的能力,因此可推选能力较强的幼儿担任,然后过渡为轮流担任;担任旁白的幼儿要熟悉作品的情节、结构和发展变化,推动表演的持续发展等②。

步骤 7. 科学观察,记录评价

对幼儿表演游戏的观察和评价可以从区域环境的创设、区域中的幼儿两方面展开③。

(1)区域环境的创设

主要的观察项目包括空间布局、材料投放和区域墙饰,具体评价表如表 3－3 所示。

拓展阅读

表演游戏的
导入形式

表 3－3　表演区环境创设评价表

幼儿园:_____　　班级:_____　　时间:_____

项目	评价指标	非常符合	一般	不太符合
空间布局	区域空间大小满足幼儿进行表演的需求			
	整体布局具有艺术气息,激发幼儿表演欲望			
	画面、色彩具有艺术感染力,启发幼儿表演想象			

---

① 邱学青. 幼儿园游戏指导[M]. 北京: 人民教育出版社,2015:161.

② 董旭花,王翠霞,阎莉,刘霞. 幼儿园创造性游戏区域活动指导[M]. 北京: 中国轻工业出版社,2016:125.

③ 董旭花,王翠霞,阎莉,刘霞. 幼儿园创造性游戏区域活动指导[M]. 北京: 中国轻工业出版社,2016:128—131.

项目	评价指标	非常符合	一般	不太符合
材料投放	材料形象、生动，引发幼儿的表演欲望			
	材料的数量、种类充足，满足不同角色的表演需求			
	有满足幼儿自制或创意需求的半成品材料和替代材料			
	材料的取放、使用有规则引导			
区域墙饰	墙饰、背景与近期表演内容相匹配并随着内容变位及时更换			
	有当前或以往表演的记录或展示，满足幼儿自我欣赏的需求			

（2）区域中的幼儿

主要的观察项目包括幼儿表演兴趣、作品理解、表演能力、合作交往和表演体验，具体评价表如表 3-4 所示。

表 3-4　表演区幼儿评价表

幼儿园：_____　班级：_____　幼儿姓名：_____　年龄：_____　时间：_____

项目	评价指标	非常符合	一般	不太符合
表演兴趣	主动、积极地参与表演			
	专注、持续地进行表演			
作品理解	理解作品情节、结构和发展脉络			
	理解和把握角色的形象与特征			
表演能力	选择自己喜欢的角色大胆进行表演			
	运用替代材料充当道具或者自制道具			
	进行角色的自我装扮并努力体现角色的形象特点			
	表演使用的语言、动作符合角色特点			
	操作、使用材料的技能水平有利于角色形象的塑造			
	对角色或形象进行创意表演或表现			
合作交往	使用交换、轮流等方法与同伴协商分配角色			
	与同伴及时协同、合作表演并坚持到底			
	与同伴协商并有效解决表演中的矛盾和争执			
	遵守表演规则			
表演体验	积极参与游戏评价，乐于向同伴介绍自己的游戏体验			
	关注并理解同伴的游戏体验			

步骤 8. 适时介入，有效指导

幼儿的表演游戏要经历一个从一般性表现（说话语气平淡，表情单薄）到生动性表现（能用夸张但适宜的语气、语调、动作、表情等逼真形象地表现角色）的发展过程。帮助幼儿完成从一般性表现到生动性表现的提升，从目的性角色行为到嬉戏性角色行为，再到更高水平的目的性角色行为的回归，正是教师指导表演游戏的目的和任务所在。

（1）教师介入指导的内容

教师对幼儿园表演游戏的指导可以涵盖多方面的内容，大致包括：幼儿所扮演角色的对话及出场顺序是否正确；幼儿所扮演角色的动作、表情是否到位；幼儿对所扮演角色的道具使用情况；幼儿对游戏情境的布置是否合理;幼儿在游戏中是否有创新等内容。常见的指导内容有如下三个方面。

第一,引导幼儿学会合作协商。分配角色可由表演能力和组织能力较强的幼儿担任,要使幼儿懂得照顾同伴,让胆小的幼儿也能扮演角色,但也要避免能力强的幼儿经常做主角的情况。

第二,帮助幼儿提高表演技能。文艺作品中的内容和情节需要凭借幼儿一定的表现技能而得以再现和展示,因此培养和提高幼儿的表演技能是完成表演游戏的一个重要前提。一方面,要提高幼儿口头语言的表达技能。具体方法有:指导幼儿大胆地把角色的语言表达出来;指导幼儿较清晰、流畅地用普通话表演;指导幼儿知道运用相应语调来表达思想感情。另一方面,要提高幼儿的形体表演技能。表演游戏需要幼儿的步态、手势、动作比日常生活中的要夸张一些,要有表演的舞台效果。此外,各个角色因其角色特点不同,需要幼儿在表演游戏中恰当而准确地把握。比如,《下雨的时候》有三个角色,小白兔上场用"兔跳",小鸡上场用"点头踏点步",小猫上场用"交替步"和双手"捋胡子"的动作,这样才能充分表现出每个角色的不同特点[①]。

第三,启发幼儿关注游戏问题。表演游戏每个阶段都客观存在着各种各样的问题,包括幼儿自己的经验与游戏经验之间的差距问题,现有材料与游戏所需材料的矛盾问题等,这当中存在着许多很有价值的问题。但是这些问题缺乏具体可见性,幼儿常常无法主动发现,这时教师就要善于营造有利于幼儿自发讨论的环境氛围,用启发性的语言引导幼儿展开讨论,共同探讨游戏中的问题,提高幼儿游戏的水平。教师通常可以采用"游戏中有什么困难问题需要讨论吗?""要解决这个问题,可以怎么做呢?""谁能帮助解决他的问题?""为了使下次游戏玩得更开心,还需要做什么?"等启发性语言,利用小组、集体等多种形式进行讨论。

(2)教师介入指导的层次

小、中、大班幼儿在表演游戏中呈现的特征不同(详见表3-5),因此教师介入指导的层次也不尽相同。

表3-5 不同年龄阶段幼儿表演游戏的指导要点

小班	中班	大班
● 帮助幼儿选择富有趣味、对话简洁、情节重复、动作较多、单个场景的故事内容 ● 提供形状逼真的服装和道具 ● 从示范表演到逐步放手	● 引导幼儿选择对话简洁、动作重复、场景少而集中、方便布置道具的故事内容 ● 提供相对固定的表演区或小舞台,投放2～4种简单易操作的材料 ● 保证30分钟以上的游戏时间 ● 在尊重幼儿意愿的前提下做好角色分配工作 ● 引导幼儿逐渐掌握规则和表演技能,以开放的心态引导、等待幼儿解决问题 ● 适度参与幼儿的游戏,为幼儿提供适当的示范 ● 通过讨论等形式开展游戏评价	● 提供时间、空间和多种基本游戏材料,少干预 ● 提供反馈,重点提高幼儿表现故事、塑造角色的能力 ● 组织反思性谈话和小组讨论,启发幼儿在理解现有情节的基础上,通过想象创造性地表现作品

(三)讨论总结

游戏时间快到时,教师应提前提醒幼儿,以便做好结束游戏的准备。需要注意的是,应选择好游戏结束的时机,最好是在幼儿兴致转低但还保留游戏兴趣的时候。在收拾完场地材料后便进入了讨论总结阶段,主要是教师组织幼儿对表演过程中的表现和问题进行讨论与评价,还可以对教师自身行为进行反思。

步骤9.评价幼儿表现

评价方式主要有是非判断型、问题解决型、片段再现型及经验分享型等。

(1)是非评判型

是非评判型,是指教师将自己在表演游戏中发现的问题呈现出来并让幼儿进行是非判断,主要以对幼儿表演行为的评判为主。

---

① 董旭花,王翠霞,阎莉,刘霞.幼儿园创造性游戏区域活动指导[M].北京:中国轻工业出版社,2016:140.

中班幼儿表演游戏"三只蝴蝶"(是非评判型评价)

师:谁能说说你们小组里谁表演得好?好在哪里?

幼:我觉得刚才红花姐姐演得很好。她很高兴地叫红蝴蝶进来躲雨,很生气地让白蝴蝶和黄蝴蝶走开,语调有很大的变化。

师:那你们小组的表演有哪些地方不到位呢?

幼:我们表演完的时候,太阳都不出来,只是玩他手里的玩具……

---

(2)问题解决型

问题解决型评价,是对是非判断的延伸,是针对表演游戏中发现的问题,教师引导幼儿讨论解决问题的最佳办法,从而推进游戏的发展。

中班幼儿表演游戏"小熊请客"(问题解决型评价)

师:我发现刚才小熊和它的伙伴们用积塑当砖头去追打狐狸,害狐狸疼得"嗷嗷"叫。我们能不能想个好办法,既打了狐狸,又不让它那么痛苦?

幼:我们可以用软一点的东西,比如纸球什么的。

师:那我们到哪里找材料?怎么制作这些"砖头"呢?

幼:我家里有好多报纸,可以揉成团当"砖头"。

幼:我有办法可以不用做!我们上午玩游戏时用的报纸球正好可以当作"砖头"。

这种讲评方式既可以让幼儿形成辩证性思维来反思自己的游戏行为,又能够激发幼儿动脑思考问题,培养幼儿的创造性思维和解决问题的能力。

(3)片段再现型

片段再现型评价,是指教师让幼儿现场再现游戏的片段或运用现代科学技术手段(摄像机和照相机)拍下幼儿的游戏片段,回放并有目的地对幼儿游戏行为进行引导和指导。

大班幼儿表演游戏"月亮船"(片段再现型评价)

师:今天老师发现第一组的小朋友表演得特别好,蒲公英迷路时哭得很伤心,找到家后又笑得很开心。神仙姐姐也很棒,说话很温柔,衣服穿得也好看。我们现在请他们再上来给大家表演一次,好不好?

幼:好!

这种讲评方式利于教师捕捉幼儿游戏中凸显的问题并进行针对性的指导。

(4)经验分享型

经验分享型讲评,是指教师鼓励幼儿把自己在游戏中的真实情感和游戏经验表达出来,互相交流、分享。

中班幼儿表演游戏"三只蝴蝶"(经验分享型评价)

师:谁能说说刚才游戏的时候有什么收获?

幼:我刚才演了红蝴蝶,虽然我们被大雨淋湿了,但是和好朋友在一起就很开心。

师:那你当时是怎么演的?

幼:被红花拒绝之后,我就拉着白蝴蝶和黄蝴蝶的手,很坚决地告诉她们,我们是好朋友,不能分开。在雨中,我们三个人就抱在一起相互取暖,就不那么冷了。

师:是!她演得真棒,我们给她鼓鼓掌吧!

这种讲评方式既提供给幼儿表达的机会,也使教师了解了游戏中幼儿的所思、所想、所为,便于教师对游戏的指导和对下次游戏的推进。

情景再现

⬥⬥⬥⬥⬥⬥⬥⬥⬥⬥⬥⬥⬥⬥⬥ 案例:大班幼儿表演游戏"我是花木兰"① ⬥⬥⬥⬥⬥⬥⬥⬥⬥⬥⬥⬥⬥⬥⬥

【游戏缘起】

幼儿观看电影《花木兰》时,对其中的一个故事内容非常感兴趣,于是教师利用这次教育契机,组织全班幼儿一起讨论《花木兰》当中还有哪些有趣的故事内容。幼儿津津有味地讨论着,皓皓说:"我们的表演区一直都不知道要表演什么,要不我们就一起表演花木兰的故事吧!"大家一致同意,于是就有了"我的舞台我做主——我是花木兰"的表演游戏。

【游戏准备】

1. 讨论、绘制任务清单

师:我们去表演区表演花木兰需要什么东西呢?

幼:需要人物的服装。

幼:需要一个指挥来组织我们表演。

幼:需要道具、音箱和音乐。

幼:需要表演的人来表演花木兰里面的角色。

幼:需要一个剧本,如果没有剧本,我们就不知道要表演什么内容了。

师:有这么多需要做的事情,那我们做一个清单吧(见图 3-3),来画一画我们一共要做多少事情。

图 3-3　幼儿绘制的表演清单

2. 实施任务清单

(1)舞台怎么搭

自主游戏开始了,幼儿不约而同地选择了表演区进行游戏。他们有的拿道具,有的拿服装,这个时候梓淇大声说:"我们要表演,怎么没有舞台呢? 这怎么办?"浔妍说:"我知道呀,我们可以在班级门口搭一个小舞台,就可以表演了。"颖儿说:"我觉得可以不用那么麻烦,之前中班的表演区门口就一直有一个舞台,但是到了大班那个舞台就没有搬下来,我们直接用那个舞台来表演就可以了。"大家经过讨论决定采用颖儿的方法,请中班的教师帮忙把舞台搬下来。

(2)剧本怎么写

由于花木兰这个表演节目源自幼儿观看的动画片,所以有一部分幼儿就想直接用电影里面的故事情节进行表演。但有些幼儿说,花木兰的剧本都是已经看过的故事就没有趣了,自己创编一个故事会更有意思一点。两组幼儿僵持不下,所以教师及时进行介入:"曹老师这里有个好办法,你们听一听可不可以。既然你们两组都有各自的想法,那就两组分别去准备自己的剧本,等剧本写好之后,我们再全班进行投票,看看哪一组的剧本更好,可不可以?"大家觉得这个方法非常好,之后两组幼儿分别去讨论剧本并且把剧本画了下来。(见图 3-4、图 3-5)

---

① 案例由江西省九江市濂溪区长虹幼儿园曹雪老师提供。

图 3-4　幼儿绘制的电影剧本

图 3-5　幼儿创编的剧本

（3）表演服装怎么做

第一次游戏

瑾皓："我们现在要开始做服装了，我扮演的是士兵，士兵的衣服该用什么做呢？"颖儿："我觉得可以用纸壳做铠甲，因为盔甲是硬硬的，纸壳也是硬硬的。"梓淇："那要做一个多大的铠甲呢？"浔妍："我知道怎么做，你们看这个里面有尺子，可以用尺子量好，你多高就量多高的衣服。"

游戏分享时，教师提问："今天在制作铠甲时，你们有没有遇到什么新的问题呢？"瑾皓："我的铠甲做好了（见图 3-6），但是我发现穿上去的时候特别困难，一定要有人帮助我才能穿上，而且做的铠甲好硬哟，我的两只手都不能动，都不能和其他士兵打架了。"梓淇："其实我们可以找一些比较软的材料来做铠甲。我看电视里面的盔甲穿在身上是硬硬的，但是穿之前是比较软的。"

第二次游戏

第二次游戏开始了，幼儿首先想到的是替换制作铠甲的材料，他们一下子就看到了教师投放的保温袋。梓淇："看这个颜色的袋子好适合做铠甲哟，就像铠甲上面亮亮的颜色。"瑾皓："是啊，这个不就是我们一直在找的材料吗？我们就用这个材料来做铠甲吧。"说完，几个男孩子赶紧选好自己需要的材料，开始制作起来，制作的方法和之前制作纸壳铠甲的方法是一样的。有之前的经验，做起这个来简直是太轻松了，过了30分钟，幼儿已经做出了三个铠甲。还有些幼儿利用其他时间做出了几件武器。让我们一起来看看他们的精彩亮相吧（见图 3-7）！

图 3-6　用纸壳做的硬铠甲

图 3-7　用保温袋做的软铠甲

【游戏过程】

第一次游戏

过程描述:经历了三个星期之后,服装制作已经基本完成。如何排练剧本?幼儿想到的办法是一边看台词一边进行表演。他们开始对照剧本来确定表演的角色,按照角色的顺序来上台:首先是花家的女儿们上场,然后父亲上场,最后老士兵来找父亲。表演一段之后就发现了问题,幼儿知道了上场顺序,但是不知道要怎么说台词、什么时候说台词,每次表演都是乱糟糟的。

问题归纳:《花木兰》的故事未改编成剧本,无法确切表演。

教师支持与指导:教师组织表演区的幼儿进行讨论——台词太乱了,听不清楚是谁在说话。"为什么台词会这么乱呢?""是因为我们都不知道自己的台词是什么。""也不知道台词是谁先说,谁后说。""那我们有什么好的办法来解决这个问题呢?"幼儿提出:"可以把角色分得更清楚一点。""还有,可以把我们每个人的台词定出来。"大家一致同意。于是,教师引导幼儿对故事进行了初次改编,用剧本的形式呈现,幼儿按照新的剧本分角色、定台词,直到完全熟悉剧本。

活动视频

大班表演游戏"我是花木兰"

第二次游戏

过程描述:幼儿确定好角色、规定好台词,再进行排练。这一次排练的效果比之前好了很多,每个人都知道自己什么时候上场,什么时候讲什么台词。幼儿表演的生动性整体上都有所提高,花木兰的表演逐步有了雏形。

问题归纳:声音的表现力和动作的夸张性还不够,在表演过程中,幼儿多次背向观众,影响观看体验。

教师支持与指导:由于幼儿表演时是在舞台上,看不到自己实际的表演情况,教师请台下观众说出观看感受。

观众1:我觉得女孩子们表演得很好,而且台词很清楚。

观众2:很多士兵们在说台词的时候不清楚,而且会背对着我们。

观众3:有的时候会看不到他们在演什么内容,因为他们没有面对我们。

观众4:有些人表演的时候没有动作。

为了让幼儿清楚了解自己表演时出现的问题,所以在分享环节,教师播放了他们的表演视频,他们也在其中发现了问题。

教师引导幼儿:"在台上进行表演时,我们一定要面向观众,这样他们才能够听清你的台词,看清你的动作,更加了解整个表演的内容。轮到自己表演时,要站在舞台的中间,表演时要带一些肢体动作,表情可以更加夸张一点。两个角色对话的时候,应该要面对面。"

另外,教师针对幼儿这次出现的问题再次修改剧本,让幼儿自主改编一些难度较大的语言,使其对台词更加熟练。

第三次游戏

过程描述:这次表演没有教师在旁边进行提醒和帮助,幼儿在表演的过程中有很多停顿的地方。诸如,要上台表演的幼儿人数比较多,且不知道自己什么时候想要上台,导演在一边也不知道如何进行指导,所以后台乱成一团。幼儿表演的主动性整体上有所提高,但是被混乱的场面给掩盖了。

问题归纳:角色的出场顺序还需要进一步明确。

教师支持与指导:教师再次组织幼儿进行反思和讨论,大家在讨论过程中情绪都非常低落。他们说道:"老师不提醒我们,我们都好像不知道该怎么表演了!""我感觉很多人都不知道自己什么时候上台,这样子表演就会好乱,都不知道怎么去表演自己的台词了"!教师继续提问:"我们现在来思考一下,怎么解决这个问题?"立马就有人回答道:"我们在表演的时候,导演是可以说话的,每次如果有小朋友记不住,导演可以提醒我们一下。"教师又问:"那导演要怎么提醒你们,你们才知道什么时候上场呢?"幼儿回答:"导演可以给我们做一个手势,我们就知道什么时候上场了。"(见图3-8)

第四次游戏

过程描述:幼儿的表演已比较成熟,能够清楚地知道自己的上场顺序和台词,并且能做到语言和动作一

图 3-8 表演候场

致。表演具有很强的观看性,中途还加入了音乐,一瞬间就把观众带入到了古代。但是特定的角色语言技巧还有待提高,比如怎么表现伤心、坚定的情绪等。

问题归纳:幼儿语言表现的生动性还需要提高。

教师支持与指导:这次的讨论围绕"每个人物说话的特点是什么样的? 我们该如何把人物的语言特点表现出来?"展开。

幼儿1:"我觉得花木兰有的时候需要温柔地说,有的时候要很用力地说话。"

幼儿2:"遇到坏人的时候,声音要大一点。如果是好人的话,声音可以温柔一点。"

幼儿3:"在打仗的过程中,语言可以凶一点,可以对着别人吼。"

幼儿4:"在最后花木兰回家的时候,大家应该用很开心的语言来说。"

幼儿5:"我们最后一起报幕的时候要整齐一点,同时讲话。"

5. 第五次游戏

正式开始表演前,幼儿把自己制作的邀请函(见图3-9)拿出来,分别邀请班上的同伴来观看表演,被邀请的幼儿搬着小凳子来到了表演区观看表演。

羽桐:"快点,快点,站好了,他们都来看我们表演了。"

亦晨:"他们都不知道坐在哪里,我们是不是要去告诉他们一下?"

佳柠:"我去,我去,我来指挥他们。"说完,女孩子就开始组织小观众坐下来,旁边的男孩子开始穿衣服进行表演。

【游戏分析】

花木兰是中国古代民族女英雄,关于她的传统故事离幼儿的生活经验较远,但幼儿通过观看动画片萌发出表演的想法,并且自主进行了舞台搭建、服装制作。通过若干次表演游戏,幼儿的表演技巧与合作水平得到了很大提升,解决问题的能力也得到了进一步发展。

图 3-9 幼儿制作的邀请函

项目实训

实训项目 1　表演游戏设计

工作要求:小组合作选择表演主题与故事,主题应符合幼儿年龄特点,故事内容易于理解、情节起伏、语言和动作比较丰富,可进行改编、创编并形成剧本。剧本场景3~4幕,以对白为主。撰写详细的表演游戏设计方案,包括游戏目标、游戏准备和游戏过程,并进行现场表演,每组时间10~15分钟,注意体现出表演技巧(语言、形体、表情、歌唱等)。

实训项目 2　表演游戏观察记录

工作要求:观看幼儿表演游戏视频,使用文字记录和表格记录两种形式进行表演游戏记录,针对游戏中存在的问题提出指导建议。

实训项目单

表演游戏设计

实训视频

故事表演游戏设计参考样例

实训项目单

表演游戏观察记录

学习拓展

思政拓展

表演游戏促进藏族幼儿学习国家通用语言①

表演游戏干预模式促使幼儿在理解的基础上输入、输出国家通用语言,提升了藏族幼儿的国家通用语言能力。"学习故事—表演游戏—回顾游戏"的干预思路,其内在机制是由浅入深的可理解性输入和由模仿到个性化的可理解性输出。

学习故事一方面为幼儿学习国家通用语言提供了范型,能够让幼儿可理解的语言文学作品给幼儿学习第二语言提供的句式更为规范和丰富,能有效改善学习者的语言状况;另一方面通过创设具体情境帮助幼儿理解词汇、句式和故事内容,"这种形象化和情景化语言对处于形象思维水平的幼儿具有极大的魅力"。

游戏对于幼儿极富吸引力,为了表演游戏,幼儿会主动调动原有经验理解和表现故事中的角色;为了表演游戏,幼儿使用国家通用语言成为一种必需的选择,如何表演好角色成为一种主动而有意义的活动;为了表演游戏,幼儿主动地不断复述故事中的词汇、句式,熟练情节,表现角色,多次重复游戏而乐此不疲,在自然的情境中进行着高水平练习与创造性使用;在游戏中,幼儿发展了语言,提高了社交技能,增强了使用国家通用语言的信心,幼儿语言表达的主动性自然得到提升。

游戏回顾中,幼儿已经理解了故事,体验了故事中的角色和情节,主动使用了故事中的句式,储备了有话可说的认知经验;游戏中的积极情绪和主动性为幼儿奠定了有话想说、有话敢说的情感经验;根据幼儿的不同水平鼓励幼儿从理解性表达逐渐尝试个性化、综合性的表达。总之,整个干预过程为幼儿创造了一个有话可说、有话想说、有话敢说、积极应答的国家通用语言环境。

赛证拓展

一、结构化面试题

几个幼儿在表演区玩角色游戏,玩过几遍之后,有的幼儿就不愿扮演大灰狼了,你怎么办?

考题解析

二、情景表演"保护眼睛"

有的幼儿常用脏手揉眼睛,喜欢很长时间看电视。设计一个大班情景活动,帮助幼儿意识到爱护眼睛,学习保护眼睛的方法和做法。

子情境二 木偶表演游戏

学习目标

知识导图

1. 素养目标:具有传承和创新中国传统文化的意识。

2. 知识目标:掌握木偶表演游戏的内涵、历史和类型,熟悉不同年龄段幼儿在木偶表演游戏中进行表现的特点。

教案

3. 能力目标:熟悉木偶表演游戏工作过程,在小组合作中具有自主学习能力和反思能力。

---

① 龙红芝,杨欣.表演游戏促进藏族幼儿国家通用语言学习的干预研究[J].民族教育研究,2020,31(03):96—103.

游戏认知

(一) 木偶表演游戏的内涵

木偶表演游戏是指用木、纸、布等材料制成人物、动物或植物造型的玩偶,用手操纵玩偶进行故事表演的游戏活动①。木偶形象夸张、造型美观、富于动态,是幼儿喜爱的玩具。幼儿进行木偶表演游戏极大地激发了他们参与活动的兴趣,在表演中发展语言表达能力,加深对文学作品的理解,提高彼此合作的能力,促进精细动作的发展,发展创造性想象力等。

(二) 木偶表演游戏的历史

木偶历史悠久,其前身可以追溯到商周时期用于殉葬的"俑",秦汉时期出现有关节、能活动的"歌舞俑"。西汉时期"偶"用于操作,具有娱乐表演功能,这时开始被称为"傀儡"。隋炀帝时用木偶表演故事情节,进入偶戏时代。唐代普及,演技日高,制作精致,能够抽动眉目②。宋朝的线偶已经成为适合儿童趣味的游戏形式。明代木偶戏已流行全国各地,经济发达的南方各省区木偶戏更为繁荣,故有"南方好傀儡"之说。清代以后木偶戏进入全盛时期,不仅流行范围广,而且演出的声腔日益增多,出现了辽宁省辽西木偶戏、福建省漳州布袋木偶戏、泉州提线木偶戏、晋江布袋木偶戏、湖南省邵阳布袋木偶戏、广东省高州木偶戏、潮州铁枝木偶戏、四川省川北大木偶戏、贵州省石阡木偶戏、陕西省郃阳提线木偶戏、浙江省泰顺药发木偶戏、海南省临高人偶戏等分支。2006 年 5 月 20 日经国务院批准,木偶戏被列入第一批国家级非物质文化遗产名录。

(三) 木偶表演游戏的类型

1. 传统木偶表演

中国传统木偶可概括为提线木偶、杖头木偶、布袋木偶、铁枝木偶、药发木偶③五种④,每一类型的木偶表演自成体系,风格迥异。

(1) 提线木偶表演

表演者用绳线连接木偶的四肢,通过在木偶头顶上部空间操纵绳线让木偶做出相应动作,古称"悬丝傀儡"。

(2) 布袋木偶表演

表演者通过手掌活动来进行表演,将手伸进布袋,手指分别托住头部和左右两臂操纵木偶表演,故称"掌中戏"。

(3) 杖头木偶表演

表演者在幕后用棍子撑着玩偶的关节、四肢,舞动木棍操纵木偶动作。木偶内部空心,嘴、眼可以活动,颈部下面接一节木棒或竹竿做操作杆,双臂连接另一根操作杆,表演者一手掌握两根操作杆进行表演,因而又称"举偶"⑤。杖头木偶一般体型较大,身高近似真人。

(4) 铁枝木偶表演

表演者依靠铁枝操纵动作,主竿置于偶人背部中间,侧竿分置于左右两臂。最早的铁枝木偶从纸影戏发展而来,艺人操纵木偶在透明箱子里进行表演,方法与纸影戏相同,因此又称"阳窗纸影"⑥。

① 邱学青.幼儿园游戏指导[M].北京:人民教育出版社,2015:153.

② 华爱华.幼儿游戏理论[M].上海:上海教育出版社,2015:25—26.

③ 药发木偶表演由火药带动,在烟花表演中结合木偶表演,不适用于幼儿园,故本教材不做介绍.

④ 中国非物质文化遗产 2006 年国家名录[EB/OL]. http://www.ihchina.cn/5/10853.html,2017 - 09 - 10.

⑤ 邱学青.幼儿园游戏指导[M].北京:人民教育出版社,2015:154—155.

⑥ 潮州广播电视台.潮州木偶戏[EB/OL]. http://www.czbtv.com/czwh/ctcy/ctcy/t20050424_51302.htm,2017 - 09 - 12.

2. 简易木偶表演

随着传统文化进入校园,为了适应学龄前儿童这一特殊群体,幼儿教师在木偶表演游戏中充分汲取传统文化精髓,将道具制作和操作手段简易化,形成了适合幼儿观赏和演出的表演形式。简易木偶表演指的是利用自己制作的简易玩偶表演相应的故事情节。与传统木偶表演相比,木偶的制作材料可以来自生活中的各种废旧物品,表演形式也更具创造性,易于被幼儿掌握。下面介绍几种常见的简易木偶表演类型。

微课
幼儿简易木偶表演的类型

(1)指偶表演

表演者采用指环、指套和手套的形式将玩偶套在手指上进行表演,指偶的制作材料可以是纸、不织布、黏土、一次性手套等(见图3-10①)。

(2)棒偶表演

表演者操纵玩偶自带的支撑棒进行表演,棒子可以由雪糕棍、吸管、纸管、硬卡纸等材料制成,这些材料安全性好,适合幼儿使用(见图3-11②)。

图3-10 人物指偶

图3-11 "小兔子滚铁环"棒偶

(3)杯偶表演

表演者操纵一次性纸杯或者塑料杯玩偶进行表演,杯偶类型包括侧面无洞式杯偶、侧面有洞式杯偶和分半式杯偶,后两种类型表演效果更佳(见图3-12、图3-13、图3-14③)。

(4)袜偶表演

表演者将手套入袜子制成的玩偶中进行表演,袜偶一般设计可以开合的嘴巴,非常适合表演对话(见图3-15④)。

图3-12 侧面无洞式杯偶"猫头鹰"

图3-13 侧面有洞式杯偶"小兔子"

---

① 图片来源于江西省九江职业大学附属幼儿园。
② 图片来源于江西省九江市濂溪区第一幼儿园。
③ 图片来源于九江职业大学学前教育学院,由2016级大专6班张毅设计。
④ 图片来源于江西省九江市濂溪区第一幼儿园。

图 3-14　分半式杯偶"大鲨鱼"

图 3-15　"蛇偷吃了我的蛋"袜偶

（5）袋偶表演

这种表演形式是对传统布袋木偶表演的改良，但是玩偶形式比较简易，可以是布袋、纸袋等（见图 3-16①）。

（6）提线偶表演

幼儿园简易提线偶表演是对传统提线木偶表演的改良，操作更容易（见图 3-17②）。

图 3-16　"下雪了"袋偶

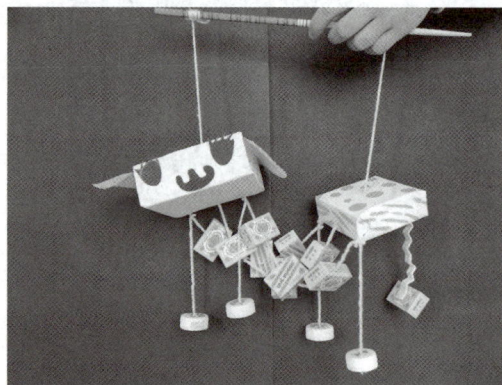

图 3-17　提线偶"狗"

除上述木偶表演种类以外，还有纸盘偶表演、纸盒偶表演、信封偶表演、纸筒偶表演等形式，另外可以采用多种木偶共同表演的形式满足表演需求。

工作过程

（一）计划制订

> 计划制订的主要步骤：1. 选择木偶类型；2. 确定表演剧本；3. 确定游戏目标；4. 撰写游戏方案；5. 创设游戏环境。

组织木偶表演游戏首先需要根据幼儿情况选择合适的木偶类型和文学作品，确定表演内容，这也是木偶表演游戏的前两个步骤。

步骤 1. 选择木偶类型

幼儿园木偶表演类型多样，难度不一。从年龄阶段来看，小班幼儿适合进行简单的指偶、棒偶、杯偶、桌

———————————

①② 图片来源于九江职业大学学前教育学院，由 2016 级大专 6 班张毅设计。

面偶等表演,中班幼儿可以尝试有嘴巴开合功能的袜偶、纸盘偶、纸盒偶,大班幼儿可以选择能够表演多项动作的袋偶、提线偶等类型。

步骤2.确定表演剧本

文学作品是木偶表演的主要载体,适合表演的文学作品必须满足幼儿感兴趣、熟悉度高、情节起伏、语言动作适合表演等条件。选择和确定木偶表演内容时,教师要保证幼儿有选择作品的权利。由于文学作品原文多为陈述性语句,表现力不足,教师通常会将其改编成表演剧本。需要强调的是,教师要跳出只选择传统故事、经典童话的老框架,将具有时代气息的幼儿文学作品、幼儿喜闻乐见的电视节目、媒体动画有选择地纳入表演内容。还可允许幼儿在无蓝本的情况下自编游戏,生成表演剧本,扩大并丰富木偶表演游戏的范围和类型①。

步骤3.确定游戏目标

幼儿木偶表演能力的发展路径为:动作日益精细化,从手掌动作、手指动作、手臂动作发展到全身动作;形式日益多样,从一人一偶到一人多偶,从一人表演到多人合作;情节日益丰富,从自言自语的简单情节到彼此配合的完整情节;目的性角色行为逐渐减少,嬉戏性角色行为逐渐增加。在游戏设计阶段,应充分考虑不同年龄段幼儿的表演特点(见表3-6),在此基础上拟定合理的游戏目标。

表3-6　木偶表演年龄目标②

幼儿年龄	木偶表演目标	
小班 3~4岁	认知目标:理解简单木偶剧的故事情节	
	能力目标:能安静专注地观看木偶表演,观看木偶表演后可以随意表达自己的感受;能自言自语摆弄木偶;掌握简单的木偶操作方法,如点头、转身;初步做到表演时语言和动作同步	
	情感目标:喜欢观看木偶表演;喜欢玩木偶;有主动表演的欲望	
中班 4~5岁	认知目标:理解稍复杂的木偶剧故事情节	
	能力目标:能听准木偶剧对白的字音;能准确说出剧中对白,声音响亮;能进行适当创编,例如角色对话、故事结局等;知道自己的出场顺序;基本做到语言和动作同步并吻合角色;熟练操作木偶并能根据情节适当发挥;能初步评价自己和别人的表演行为	
	情感目标:能表现出故事人物的情感变化	
大班 5~6岁	认知目标:理解角色动作、性格、情绪之间的关系;理解木偶剧隐含的意义	
	能力目标:精确掌握木偶操作的基本方法;能与同伴合作完成整台木偶表演,秩序井然,语言动作到位;能合作创编木偶剧,有丰富的情节和精彩的对白	
	情感目标:体验与同伴表演的快乐;愿意展示自己的表演成果	

教师确定了木偶类型和表演剧本后,应结合上表所述的不同年龄阶段特点确定具体的木偶表演游戏目标。由于木偶表演游戏不是一次性的游戏,经过若干次的表演,在有成人介入的情况下,幼儿的表演水平将越来越生动。因此每次表演前教师都应分析幼儿的已有经验,在最近发展区内拟定目标。

小班棒偶表演游戏"三只蝴蝶"游戏目标③

在组织完《三只蝴蝶》故事教学后,我们将棒偶表演道具和戏台投放在语言区供幼儿进行自主游戏。但事实上,区域活动时幼儿只是热衷于摆弄道具,不断地进行动作重复,没有人在戏台后进行故事表演,这符合小班幼儿的年龄特点。为了增强幼儿的角色意识,我们将第一次表演的目标设定为:理

① 董旭花,王翠霞,阎莉,刘霞.幼儿园创造性游戏区域活动指导[M].北京:中国轻工业出版社,2016:132.
② 李建岚.快乐木偶:幼儿园木偶活动方案设计精粹[M].宁波:宁波出版社,2005.
③ 案例由江西省九江市濂溪区第一幼儿园梅桦、黄慧老师提供。

解《三只蝴蝶》的故事情节(认知目标);根据教师语言提示,使用棒偶完整表演故事(能力目标);体验棒偶表演的乐趣(情感目标)。

　　由于幼儿对剧本本身不熟悉,教师的语言提示帮助他们串联起了整个故事,幼儿只需使用棒偶把故事表演出来,并能说出一些简单语句即可。第一次表演的目标基本达到,幼儿也对棒偶表演产生了成功体验,并期待下一次的表演。在此基础上,我们希望第二次表演时,能逐渐将语言表达的主动权交还给幼儿,因此设定了如下目标:熟悉《三只蝴蝶》的故事情节(认知目标);能按照角色顺序表演,基本完成角色对话(能力目标);体验表演的秩序性(情感目标)。

步骤 4. 撰写游戏方案

　　教师将对木偶表演的准备和思考以撰写书面游戏方案的形式记录下来,有助于帮助自己明确游戏思路,并在游戏后及时发现不足。木偶表演游戏不是一次"课",而是一种在时间上具有连续性的、需要多次重复的过程性活动,教师可以在前一次游戏反思的基础上拟定下一次的游戏方案,以便形成完整的书面记录,日后可以反复参考。

中班袜偶表演游戏"蛇偷吃了我的蛋"方案①

　　我们班的语言区投放了很多棒偶表演材料,幼儿非常喜欢,经常在戏台后面进行棒偶演出。但是时间久了,戏台后变得"人烟稀少",幼儿逐渐丧失了游戏兴趣。教师考虑是不是因为对于中班幼儿而言,棒偶操作过于简单? 是不是可以尝试别的木偶类型? 有一天,班上一名幼儿将自己的袖套裹在手上,假装自己是一条蛇,玩得不亦乐乎。教师由此获得启发:我们可以试试袜偶表演啊!

　　考虑到袜偶适合表演整个身体比较细长或者脖子比较细长的动物,所以在文学作品选择方面教师搜集了很多以蛇作为主角的内容,最终锁定了《蛇偷吃了我的蛋》。该故事内容难度适中、情节反复、对话简单,并且涉及 1~5 的数数,符合中班幼儿的发展水平。不过,原故事有一些角色不太适合用袜偶表现,教师都进行了替换。在故事结局上,教师在故事教学活动中根据幼儿的建议进行了一些调整。剧本敲定后,教师在日常活动中带领幼儿不断熟悉剧本,记住每个角色的台词。第一次表演时,幼儿光顾着说台词,忘了操作木偶做动作,导致木偶表演呆板。另外,大家挤在戏台后,表演秩序一度混乱。鉴于此,第二次表演游戏方案设计如下。

【游戏目标】

① 能做到表演时语言和动作同步,尽量做到动作生动。
② 能根据剧本顺序及时出场和退场。

【游戏准备】

蛇、鸡、鹦鹉、鳄鱼、乌龟袜偶,5 个蛋道具。

【游戏玩法】

① 班级选出 5 名幼儿参与表演,分配角色,其他幼儿作为观众。
② 再次确定各个角色的出场顺序,幼儿开始表演,教师不给予任何提示。要求观众保持安静,观看表演。
③ 带领幼儿讨论分析如何表演才能生动有趣。比如:"蛇偷吃了鸡妈妈的蛋之后,感觉非常美味,应该怎么表演呢?""鸡妈妈发现是自己的蛋被偷了,内心非常着急,应该怎么表演呢?"

---

① 案例由江西省九江市濂溪区第一幼儿园黄丽芬、杨哲老师提供。

活动视频

蛇偷吃了我的蛋

步骤5.创设游戏环境

木偶表演游戏的场地比较灵活,可以布置在班级语言区或表演区,也可以专门设置一个木偶表演区。场地设计形式不拘一格,常见的有木偶表演剧场形式、故事盒形式和桌面形式。第一种,木偶表演剧场形式,即在相应区域内投放带有幕布的戏台,幕后有相应的材料柜存放表演道具(见图3-18①)。由于幼儿表演时容易倚靠戏台,戏台自身应足够重,确保幼儿表演安全。木偶表演时幼儿或坐或站在戏台后方,戏台高度应符合幼儿身高特点,确保幼儿表演时姿势轻松。这种设计形式比较正式,最具表演特色,还可以设置一些观众席增强表演氛围。第二种,故事盒形式,即利用废旧纸盒制作一个迷你故事场景,表演道具全部置于盒内,幼儿可以操作场景、移动故事角色,1~3人进行表演(见图3-19②)。第三种,桌面形式,即幼儿围在桌子四周面对面公开表演。这种表演形式随机,适合使用桌面偶进行表演。

图3-18　设在表演区的木偶戏台

图3-19　《月亮,生日快乐!》故事盒

木偶表演游戏材料的主体是剧本中涉及的各角色木偶,其投放应呈现梯度:为小班幼儿提供操作相对简单的指偶、棒偶、杯偶、桌面偶,可以进行自言自语讲述。为中班幼儿提供简易袜偶、纸盘偶、纸盒偶、袋偶、信封偶,满足多人表演同一个角色或集体表演的需要。为大班幼儿提供可以表演多项动作的袋偶、提线偶等操作材料,既提高了动作技巧上的难度,又为他们分角色进行合作式表演搭建了支架。

除了剧本中涉及的角色木偶之外,还需要准备一些辅助道具以便完成表演。比如"三只蝴蝶"涉及天气的变化,教师在戏台上方准备了雨滴和太阳的道具,可以随着故事情节的发展及时进行场景切换;"粗心的小耗子"需要准备的辅助道具有完整的袋子、破袋子、钉子和豆子,详见如下案例。

棒偶表演"粗心的小耗子"辅助道具③

一只小耗子,

扛着大袋子,

出门捡豆子(见图3-20)。

捡到了,

一颗、两颗、三颗、四颗、五颗绿豆子。

又捡到了,

一颗、两颗、三颗、四颗、五颗红豆子。

看着满满的大袋子,

图3-20　小耗子背袋子

---

① 图片来源于江西省九江市濂溪区第一幼儿园。

② 图片来源于九江职业大学学前教育学院,由2016级大专6班熊寅秋设计。

③ 案例由江西省九江市濂溪区第一幼儿园黄丽芬、杨哲老师提供。案例涉及的图片中,原本红豆子和绿豆子道具各有五颗,为了提高拍摄效果,各选了一颗。

图 3-21　小耗子捡豆子

乐坏了小耗子（见图 3-21）。
一颗小钉子，
刮破了大袋子（见图 3-22），
漏掉了，
一颗、两颗、三颗、四颗、五颗绿豆子。
又漏掉了，
一颗、两颗、三颗、四颗、五颗红豆子。
回到家的小耗子，
只剩下一个空袋子（见图 3-23）。

图 3-22　钉子刮破袋子

图 3-23　剩下一个空袋子

丰富的表演材料是吸引幼儿参与表演的重要因素，木偶表演游戏材料的数量要充足，类型要多样。既要有高结构材料（木偶）完成剧本的基本情节表演，又要有低结构材料充当辅助道具或进行创造性使用。教师可以通过如下途径来丰富表演材料：教师收集和制作，小班和中班以此为主；教师和幼儿在美工活动中共同设计和制作，中班和大班幼儿可以尝试；请家长帮助制作或者亲子共同制作；发动家长收集废旧物品再利用；幼儿园出资购买等。[1]

（二）现场组织

现场组织的主要步骤：6. 介绍游戏，激发兴趣；7. 科学观察，记录评价；8. 适时介入，有效指导。

步骤 6. 介绍游戏，激发兴趣

对于从未接触过木偶的幼儿，教师可以在语言活动的教学过程中利用木偶表演配合教学，引起幼儿对木偶表演的兴趣。比如，在进行小班绘本教学"小兔子滚铁环"时，教师使用了棒偶演绎故事情节，极大地激发了幼儿的兴趣。教学结束后，教师将这套表演材料（见前文图 3-11）投放到了语言区，发现幼儿喜欢把棒偶从孔内拔出来再插进去，或者是一手拿一个道具自言自语，体现出了对表演最初的兴趣。另外，教师还可以直接组织一次介绍木偶的专门活动，以教师示范、视频播放、幼儿体验的形式激发幼儿对木偶表演的兴趣。木偶文化兴盛地的幼儿园更可以依托当地的传统文化资源，开展"木偶剧团进校园"等活动。幼儿通过现场观看木偶表演或木偶展览，对木偶有了直观的认知，进而自然地萌发表演兴趣。

步骤 7. 科学观察，记录评价

教师对幼儿木偶表演游戏的观察体现为：第一，在日常活动中随机地观察，敏锐发现幼儿的学习兴趣和需要，然后以此为依据，及时地组织和指导幼儿开展相应的学习活动；第二，在游戏中进行班级整体扫描式观察，观察幼儿的表情、言行，判断他们是处于积极主动的活动状态，还是无所事事，判断空间材料是否适合

---

① 董旭花，王翠霞，阎莉，刘霞. 幼儿园创造性游戏区域活动指导［M］. 北京：中国轻工业出版社，2016：132.

幼儿活动需要;第三,在游戏中还要有重点的个别观察,注意小组幼儿或个别幼儿的特定需要,适时适度地提供帮助[1]。教师可以采用文字案例、观察表格、现场照片、实时录像等方式对幼儿游戏进行记录,并在此基础上给予评价。

小班木偶表演游戏"五只猴子荡秋千"观察记录[2]

最近幼儿学习了一个手指游戏"五只猴子荡秋千",右手每根手指代表一只猴子,手臂来回晃动表演荡秋千,左手表演鳄鱼张大和闭拢嘴巴,每次吃掉一只猴子。具体儿歌如下:

五只猴子荡秋千,嘲笑鳄鱼被水淹,鳄鱼来了,鳄鱼来了,嗷嗷嗷。

四只猴子荡秋千,嘲笑鳄鱼被水淹,鳄鱼来了,鳄鱼来了,嗷嗷嗷。

三只猴子荡秋千,嘲笑鳄鱼被水淹,鳄鱼来了,鳄鱼来了,嗷嗷嗷。

两只猴子荡秋千,嘲笑鳄鱼被水淹,鳄鱼来了,鳄鱼来了,嗷嗷嗷。

一只猴子荡秋千,嘲笑鳄鱼被水淹,鳄鱼来了,鳄鱼来了,嗷嗷嗷。

没有猴子荡秋千。

幼儿非常喜欢这个游戏,尤其喜欢表演鳄鱼吃掉猴子的动作,并配上"嗷嗷嗷"的发音。基于幼儿的前期经验,我们发动家长制作道具,在语言区投放了大量猴子指偶和鳄鱼纸盘偶,以满足幼儿平行游戏的需要。区域活动开始了,有五名幼儿选择了语言区。教师介绍道:"大家还记不记得'五只猴子荡秋千'这个手指游戏啊? 今天语言区'迷你小剧场'就来了很多猴子和鳄鱼。大家去看看怎么玩吧!"幼儿都兴奋地进入语言区,要么手指上套着猴子指偶摆弄着,要么操作着鳄鱼玩偶张开不断和闭合嘴巴,这样的情形持续了10分钟。为了提高幼儿的表演意识,教师也套了一个猴子指偶,表演道"哎呀,我最怕鳄鱼了,鳄鱼不要吃掉我呀!"这时,一名幼儿拿着鳄鱼一张一合过来咬住猴子,教师赶紧叫道:"哎呀,我被鳄鱼吃掉了,谁来救救我?"声音吸引了其他幼儿,另一名幼儿就把猴子从鳄鱼嘴巴里面救出来。这一举动吸引了正在摆弄道具的其他幼儿,大家把语言区里能找到的其他道具,如"小青蛙""小老鼠""小兔子"纷纷递给教师,然后每名幼儿都拿着一只鳄鱼,争相表演把小动物吃掉、再救出来,气氛非常热烈(见图3-24[3])。

图3-24　小班语言区表演道具

---

[1] 刘焱. 儿童游戏通论[M].北京:北京师范大学出版社,2008:512—514.

[2] 案例由江西省九江市濂溪区第一幼儿园梅桦、黄慧老师提供。

[3] 图片来源于江西省九江市濂溪区第一幼儿园。

教师还可以采用表格形式对某个特定幼儿的木偶表演游戏进行记录和评价,观察指标主要包括游戏兴趣、作品理解、表演技能、合作水平等方面(见表3-7)。

表3-7　木偶表演游戏评价表①

时间 ××××年××月××日　班级 大六班　姓名 庆庆　年龄 5 岁　观察者 崔兴

项目	表现	非常符合	一般	不太符合
游戏兴趣	主动积极地参与游戏	√		
	专注持续地进行表演	√		
作品理解	理解文学作品的主要情节	√		
	理解和把握所表演角色的特征	√		
表演技能	表演语言符合角色特征	√		
	表演动作符合角色特征		√	
	表演时语言和动作同步	√		
	熟练操作木偶		√	
	能运用替代材料充当道具		√	
	语言或动作有创新		√	
合作水平	按角色出场顺序有秩序表演	√		
	互相配合完成整个木偶剧表演	√		
	合作创编木偶剧并表演		√	

步骤 8. 适时介入,有效指导

在组织和指导幼儿开展表演游戏时,要遵循的第一个基本原则就是"游戏性先于表演性",即首先把表演游戏看作"游戏"而不是"表演",按照游戏的本质特点来组织和指导幼儿的表演游戏,让幼儿在活动中产生游戏性体验。游戏性体验包括兴趣性体验、自主性体验、胜任感和成就感。要确保所组织的活动是"游戏"而不是单纯的"表演",教师可采取如下做法:保证幼儿可以自由选择和自主决定对作品或故事的理解和表现,以及表现的方式方法;创设宽松自由的游戏环境;按照表演游戏发展的一般规律,即从一般性表现到生动性表现,给幼儿自主游戏、协商磨合的时间和空间,允许幼儿探索、讨论,尊重他们的理解与表现,扶持、引导而不是指挥、导演;活动的进程由教师和幼儿共同推动。

表演游戏还遵循着"游戏性与表演性相统一"的原则,"表演性"水平的提高,离不开教师的引导和帮助,在表演游戏中,教师不能只观察不指导。没有教师的支持和引导,幼儿的表演游戏很可能停留在嬉戏打闹状态,也难以产生"演得更好"的要求和努力,表演游戏活动本身也很难获得进一步的发展。但是,教师的指导又不是"说"和"告诉"。幼儿表现水平的提高并不是教师"告知的"或者"手把手教会的",而是通过幼儿伙伴之间的相互作用,通过讨论、提议、采纳他人建议而获得的。教师的引导和支持作用更多地体现为幼儿讨论的组织者、问题的提出者。幼儿的表演游戏从"一般性表现"向"生动性表现"发展是需要时间"重复"和"练习"的,是作为活动结果自然显现出来的,教师一定要学会"等待"②。

在充分理解以上理念的基础上,教师对于木偶表演游戏可以采取的指导策略包括三种。

第一,言语指导。在游戏前,教师要帮助幼儿理解文学作品,丰富游戏经验。在游戏中,教师可以用亲切平和的语气询问,了解幼儿游戏的现状、幼儿在游戏中的想法,这样可以更有效地指导幼儿的游戏。当幼

---

① 案例由江西省九江市濂溪区第一幼儿园崔兴、柴璐璐老师提供。

② 刘焱.儿童游戏通论[M].北京:北京师范大学出版社,2008:512—514.

儿遇到困难或不知所措时,教师可以用简单的提示,帮助幼儿明确想法,促进游戏顺利开展。在游戏之后还要对幼儿表现出的创造性及正向的游戏行为加以肯定并提出希望,对幼儿在游戏中能自觉遵守规则、克服困难、坚持游戏等良好的意志品质给予赞扬,以强化幼儿正向行为的出现①。

第二,行为指导。幼儿要体验木偶表演的乐趣,感受表演带来的成功感,是需要一定的表演技巧支撑的。表演技巧的提高离不开教师的引导和帮助,也就是行为指导。如果场地设计采用的是木偶表演剧场形式,对幼儿表演技巧的要求体现为:表演时表演者必须被幕布或台面遮挡;主要通过手部动作操纵木偶进行表演;表演时语言和动作同步等。不同的木偶类型,操纵方法不尽相同,教师应根据具体类型进行表演示范与讲解(见表3-8)。

表3-8　常见木偶的操纵方法

木偶类型	操纵方法
指偶	弯曲相应手指;上、下、左、右移动手臂
棒偶	握住表演棒,移动手臂,对移动频率进行控制
杯偶	侧面无洞式杯偶:平移纸杯 侧面有洞式杯偶:露出两只手指,手指配合产生动作 分半式杯偶:大拇指塞进下部,其他四指塞进上部,表演开合动作
袜偶	将手塞进袜子内,移动手臂;转动手腕;大拇指朝下,其他四指朝上,表演开合动作
袋偶	将手塞进袋内,大拇指和小指分别塞进袋偶手部,其他三指塞进头部,移动手臂表演走路、跑步、跳跃等;抖动手臂表现情绪;手指配合产生点头、仰头、鼓掌、捂脸等多项动作
提线偶	手持支架,上、下、左、右摆动;拉动连接绳,表现各种动作

第三,材料指导。幼儿木偶表演往往需要经过多次演练才能逐渐成熟,原先投放的材料也会根据需要不断优化。比如棒偶表演"三只蝴蝶",第一次准备的蝴蝶棒偶仅单面有图案,幼儿在表演时经常会转动木棒,导致另一面对着观众,影响观看效果,教师便将其改造为双面有图案的蝴蝶棒偶。袜偶表演"蛇偷吃了我的蛋",幼儿在第一次表演后发现很难体现"蛇吃完蛋后,肚子鼓鼓的"这一场景,便请求教师将"蛇"的肚子剪开一个口子,表演时把蛋塞进去。但是需要注意的是,当幼儿还没有产生对材料的需求时,教师不必立即呈现自己认为必要的材料或道具。

(三)讨论总结

步骤9.讨论总结

开展游戏的最后一个步骤就是讨论总结,又称"分享环节"。在这一环节,幼儿会汇报游戏过程中已经解决或者还没有解决的冲突、矛盾,或者提出各种形式的询问、请求与建议,或者分享自己的情绪,教师通过组织幼儿讨论等方式给予回应。讨论总结环节具有非常积极的意义:首先,帮助幼儿提升了零散的经验;其次,使幼儿感到自己被教师关注、自己的关注点被教师关注,因而幼儿的兴趣便会一直延续下去;再次,使得其他幼儿获益,因为分享过程其实就是一个变个人经验为集体经验的过程;最后,对于丰富、发展下一次游戏情节具有重要作用。

教师可以采取的回应方式有:第一,基于自己对游戏的观察,做到心中有数;第二,抓一个点,层层深挖;第三,在挖的过程中,教师要有意识地关注幼儿的"不开心事件";第四,整个过程教师要时刻提醒自己把幼儿的"球"接过来再抛回去,让幼儿想办法,反对一言堂;第五,当置身于幼儿各种各样答案的时候,教师要时刻保持清醒的头脑,抓住幼儿的主要信息;第六,在抓住了主要信息的基础上,教师一定要洞察问题的根源,

---

① 董旭花,王翠霞,阎莉,刘霞.幼儿园创造性游戏区域活动指导[M].北京:中国轻工业出版社,2016:134.

从种种现象中把握问题的本质,敏感地捕捉幼儿的需要①。

大班布袋偶表演游戏"没有牙齿的大老虎"剧本续编②

大班幼儿在经过多次表演后,基本能使用布袋偶生动地表现《没有牙齿的大老虎》故事情节。随着表演水平的提高,他们对这个游戏的兴趣逐渐开始减退。幼儿认为"都演了好多次了,演腻了",观众们也表示不想再看了。我们分析由于前期幼儿基本按照剧本进行表演,每次剧本内容都差不多,没有发挥创造性的空间。所以,我们组织幼儿讨论如何对剧本进行续编。

幼儿1:"如果狐狸还有糖就可以把所有小动物全部变成瘪嘴小动物,如果所有小动物都变成了瘪嘴小动物,就是牛当大王了,因为牛的角很尖。"

幼儿2:"老虎的牙齿全拔光了,应该就是狐狸做大王,因为狐狸糖多,也可以把牛的牙齿拔掉,牛也会饿死的。"

幼儿3:"有一天,大蟒蛇听到了这个消息,他嘻嘻哈哈地乐起来了,如果我把狐狸害死了,我不就成大王了吗? 他想了又想,在狐狸回家的路上挖了一个大坑,放上木板,撒上土,又拿了一根绳子拴在上面,然后自己躲在草丛里。过了几分钟,狐狸终于回来了,他带了一大包东西回家,一踩到绳子,蛇猛地一拉,狐狸就掉下去了。"

幼儿4:"结果没想到,老虎有个好兄弟狮子,狮子要帮老虎报仇,他一直跟在狐狸的后面。他把大蟒蛇赶走,救出了狐狸。大家后来就让狮子做大王了!"

……

幼儿对剧本的结局各抒己见,大家重燃了表演兴趣。我们根据幼儿的建议,续编了新的剧本,木偶戏台又开始热闹起来了。

🧠 情景再现

案例: 大班布袋偶表演游戏"没有牙齿的大老虎"③

【游戏缘起】

大班幼儿正进入换牙期,教师和家长都非常重视幼儿的口腔卫生保健,经常通过故事讲述的方式提醒他们不要多吃糖、要认真刷牙。其中,故事《没有牙齿的大老虎》非常受幼儿欢迎,他们还经常不自主地模仿老虎和狐狸的对话,表现大老虎牙疼的痛苦。教师提议:"我们能不能把这个故事演出来?"幼儿热情高涨:"我演老虎!""我演狐狸"……教师说:"我知道大家都很会演,这次要不要换一种方式? 我们用布袋偶来演好不好?"由于幼儿前期只接触过棒偶表演,不了解布袋偶这种表演形式,幼儿瞬间安静下来。

教师利用集体教学时间,播放了一段福建漳州布袋木偶戏,幼儿目不转睛地看着大屏幕。教师提问:"布袋偶跟棒偶表演起来有什么不一样?"幼儿说:"它有手,还有腿!""布袋偶可以表演好多动作,我看到它都可以表演哈哈大笑!""布袋偶表演有意思多了!"教师继续引导:"那你们想不想尝试一下用布袋偶表演《没有牙齿的大老虎》?"幼儿的兴趣被充分激发出来,纷纷表示赞成。

---

① 邱学青,何洁.游戏分享环节教师如何接住孩子抛过来的"球"[J].江苏幼儿教育,2014(3):7—9.
② 案例由江西省九江市濂溪区第一幼儿园崔兴、柴璐璐老师提供.
③ 案例由江西省九江市濂溪区第一幼儿园崔兴、柴璐璐老师提供.

【游戏准备】

1. 购买布袋偶角色道具,布置木偶表演戏台

布袋偶的制作难度较大,比较费时间,发动幼儿参与道具制作不太现实。教师便购买了一套表演道具,包括老虎、狐狸、兔子、猴子、狮子、牛、马等,并制作了一个简易木偶表演戏台。区域活动的时候,很多幼儿喜欢到戏台后面摆弄道具。

2. 尝试操作布袋偶,在教师指导下掌握表演的基本技巧

幼儿把手套进布袋偶,自己探索表现各种动作,但是动作比较单一,只能完成点头、跳跃、鼓掌等。教师提问:"大家想想哈哈大笑该怎么演? 如果是我们自己哈哈大笑,应该怎样来表现?"幼儿答:"仰着身子,嘴里哈哈哈哈。"教师说:"对啦! 那我们也要让布袋偶仰着身子,张开手臂,笑得抖动起来,还要给它配音! 像我这样做……"这么一提示,幼儿就明白了,开心地表演着。教师继续给幼儿提出任务,即怎么表演"高兴地蹦蹦跳跳""非常害怕""对话问好""走路"等。幼儿通过尝试、讨论,在教师的引导下,基本总结出了各类基本表演技巧,为表演奠定了基础。

3. 熟悉故事情节,按角色进行表演前的台词演练

幼儿通过自主协商的方式,确定了各自表演的角色。大家选出了两名声音表现力非常好的幼儿担任老虎、狐狸这两个主角。教师把相应的图画书也投放到了语言区,供幼儿进行台词演练。

【游戏过程】

第一次表演

过程描述:由于幼儿只记住了自己的台词,没有人负责旁白,教师充当旁白。表演的时候,幼儿不会使用第一人称进行表演,都是手上套着布袋偶用第三人称进行表演,比如"狐狸来了""老虎说……"。整个表演断断续续,非常生涩。

问题归纳:故事未改编为剧本,不适合幼儿表演;幼儿不清楚布袋偶表演的语言表现特点。

教师支持与引导:教师对故事进行了初次改编,用剧本的形式呈现,并且请幼儿按照新的剧本分角色、按顺序讲述,直到完全熟悉剧本。主班和配班教师还联合进行了一次表演示范,重点体现如何使用第一人称进行表演。

第二次表演

过程描述:正式木偶戏表演以集体活动的形式展开。这次表演还是教师帮忙充当旁白,故事表演完整,观众反响热烈,数次爆发笑声。比如,当旁白说"老虎吃糖连糖纸都吃了",老虎自己说"哎哟,哎哟,痛死我了"的时候,观众都觉得非常好笑。具体到每个角色,老虎的动作比较到位,与情境密切结合,但是声音的表现力不足;狐狸的声音表现非常好,但是没有做到动作和语言同步,头也经常低着。戏台底部的草丛经常遮挡表演,影响了观看。

问题归纳:语言的主动权没有完全交给幼儿;戏台布置需要进行调整;布袋偶表演的生动性需要提高。

教师支持与引导:由于演员表演时是蹲在戏台后面的,看不到布袋偶的实际表现,教师请观众说出自己的观看心得。

观众1:我觉得演得非常好笑,我很喜欢老虎牙疼的表演。

观众2:狐狸的声音很像。

观众3:草丛太高了,挡住了老虎。

观众4:狐狸说话的时候,它的手没有动。

为了让演员也能进行有针对性的反思,教师进行了现场录像并播放给幼儿观看。幼儿对自己演出的视频画面非常感兴趣,都兴致勃勃地观看着。

演员(老虎):我的脖子怎么总是仰着啊? 都看不到脸了!

演员(狐狸):我说话的时候头也老是低着。

演员(牛大夫):我怎么都跑到角落里去了?

演员(猴子):和兔子说话的时候,我们应该面对着。

……

教师启发道:"我们蹲在戏台后面,是看不到自己演出的样子的。但是刚才看完了视频,大家都发现了问题。"随后和幼儿一同总结,下次演的时候我们要做到:把布袋偶稍微举高一点,脸对着观众;轮到自己表演的时候要站在戏台中间;表演的时候要一边说话一边做动作,不要忘记了动作;两个角色对话的时候,应该面对面。

另外,教师进一步修改了剧本,将旁白尽量变成对白,或者把旁白的内容交给演员(兔子),准备下一次彻底不参与游戏。同时,将戏台底部的草丛高度降低了,保证表演的时候不被遮挡。

第三次表演

过程描述:这次表演没有教师的旁白串联,幼儿表演时比较混乱,因为涉及的角色太多了,幼儿并不清楚自己何时出场,在戏台后挤作一团。幼儿表演的生动性整体上有所提高,但是被混乱的局面掩盖了。

问题归纳:出场顺序需要进一步明确。

教师支持与引导:教师直接组织演员进行反思和讨论,大家都很沮丧,反映"太乱了"。教师提问:"为什么这么乱?""因为很多人都不知道自己什么时候上台!"教师继续提问:"我们有什么办法能清楚记住自己什么时候出场?"有幼儿提出:"有个人报幕就好了!"大家都觉得这是个好主意。于是教师请大家对剧本进行分析,根据不同的故事情节,把剧本分成了五幕,进一步修改和完善剧本。教师还制作了报幕牌,每一幕开始的时候,请狐狸举着报幕牌上场,表明"第×幕开始",并且和幼儿一起明确了每一幕有哪些角色进行表演。采用了这种形式后,幼儿对自己的出场顺序都比较清楚了。

第四次表演

过程描述:表演已经接近成熟,幼儿能连贯地完成布袋偶表演,并且做到语言和动作一致,表演具有很强的可看性;报幕形式清晰,幼儿对剧目结构"一幕""二幕"明了;第一幕的开场非常不错,将歌曲《采蘑菇的小姑娘》表现出来,效果很好。但是特定角色的语言技巧还可以再提高,比如怎么表现害怕、瘪嘴说话等;场景内容比较单一,没有体现每一幕之间的不同。

问题归纳:语言表现的生动性需要提高;进一步丰富场景。

教师支持与引导:这一次讨论围绕两个主题,分别是语言表现技巧和使用道具丰富表演。

教师:老虎、狐狸、兔子、猴子、狮子老弟、牛大夫、马大夫说话的声音特点是怎么样的? 大家讨论一下吧!

幼儿分组讨论,教师用表格的形式进行总结(见表3-9)。

表3-9 不同动物角色的声音特点

角色	声音特点	角色	声音特点
老虎	洪亮、霸道、语速较慢	狮子老弟	低沉、威风
狐狸	又细又尖、狡猾	牛大夫	低沉、较粗
兔子	温柔	马大夫	较粗
猴子	急躁		

教师:老虎敲牛大夫和马大夫门的时候,他们不敢给老虎拔牙,应该是怎么样的声音?

幼儿:害怕的声音!

教师:害怕的时候声音是什么样的?

幼儿:声音很小!

教师:会不会发抖?

幼儿:会!

教师:那老虎的牙齿被拔光了,变成了瘪嘴老虎,声音又是怎么样的?

幼儿纷纷学老虎瘪着嘴说话,生动性有了明显提高。

教师:对了,说话的声音漏风,说不清楚!

接着教师又围绕场景的丰富性组织讨论。

教师:大家觉得表演的时候缺什么道具吗?

幼儿1:狐狸去敲老虎门的时候,没有门! 只能假装敲。

幼儿2:还有牛大夫家、马大夫家也没有门!

幼儿3:狐狸给老虎送糖的时候,没有糖。

幼儿4:后面老虎还要刷牙,应该有个牙刷!

教师根据幼儿的提议,与幼儿一同收集和准备辅助道具,为下一次表演做准备(见图3-25、图3-26、图3-27①)。

图3-25　道具门

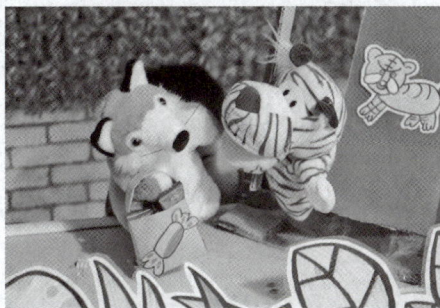

图3-26　道具糖

第五次表演

过程描述:表演非常完整,角色的语气语调有了很大的进步,增加了辅助道具之后,表演的可看性提高了很多。最后一幕的时候,所有的角色一起出场,动作不够统一,谢幕完成得不够整齐。

问题归纳:所有角色之间的配合不足。

教师支持与引导:最后一幕的表演,大家觉得怎么样?

幼儿:有点乱!

教师:对,最后小兔子在念刷牙儿歌的时候,大家的动作要统一。有什么办法能更整齐呢?

幼儿:我们一起多练习几遍就好了。

第六次表演

最后一次表演正好赶上教研活动,演出非常成功。参观人员对幼儿的表演非常惊叹,给予热烈的掌声!演员们的成功体验感异常强烈!

图3-27　道具牙刷

《没有牙齿
的大老虎》
刷本

(四)　案例分析

教师在幼儿已有经验的基础上,引入了一种新的木偶类型——布袋偶,充分激发了幼儿的表演兴趣。经过一次又一次的表演,教师组织幼儿及时讨论和总结,发现问题,提出解决策略。幼儿的表演经历了从一般性表现到生动性表现的自然提高。

没有牙齿的
大老虎

项目实训

实训项目　木偶表演

工作要求:小组合作完成木偶表演,包括搭建戏台、布置背景、制作木偶和表演辅助道具、配音配乐,要求作品选择得当、环境创设到位、表演技巧较高、合作水平较强。

实训项目单

木偶表演

木偶表演
游戏设计
参考样例

---

① 图片来源于江西省九江市濂溪区第一幼儿园。

学习拓展

思政拓展

运河非遗木偶戏融入幼儿园美育①

扬州杖头木偶善于运用写实与夸张相结合的手法,努力做到神似高于形似,着重刻画人物的性格,集表演、服装、音乐、舞蹈等艺术于一体,不仅为幼儿提供了直观的美感体验,还激发了幼儿对美的向往和对创造的渴望。

木偶戏常识。通过基础的木偶戏常识教育,引导更多幼儿认识、了解并喜欢木偶戏,初步感知木偶种类、制作过程、人偶形象、服饰、道具、操作方式等。可通过参观扬州市木偶戏剧团,让幼儿参观木偶的制作过程,体验糊纸雕刻、悉心打磨、装置、机关、着妆、上彩、道具配饰等20多道工序的独特魅力。

音乐与舞蹈欣赏。扬州杖头木偶戏的音乐从袭用戏曲音乐到京歌,再到创作具有个性特征的音乐,不断适应和满足观众的欣赏需要。扬州杖头木偶戏拥有水袖、扇舞、木偶作画、打火抽烟、变脸喷火等多种舞蹈动作及特技表演,它们均根据戏剧情节设计制作而成。针对不同年龄段的幼儿,挑选与他们日常生活紧密相关且能引起浓厚兴趣的木偶戏片段,引导幼儿初步领略其独特的节奏感和韵律美,提升幼儿对木偶戏音乐的审美能力。

赛证拓展

情景表演"勇敢体检"

医生到幼儿园对幼儿的身高、体重、血红蛋白、视力、龋齿等进行体检,有的小班幼儿很紧张,害怕体检。请设计一个情景表演活动,为小班幼儿演示配合体检的做法,缓解幼儿的紧张情绪。

1. 内容:

(1) 创编简单的情景表演。

(2) 用材料制作道具。

(3) 模拟向小班幼儿组织表演。

2. 基本要求:

(1) 根据上述内容,创编一个简单的角色情景表演。

(2) 选择制作道具:

① 利用信封或纸杯材料,根据情景表演需要制作简单的角色人物;

② 道具适合表演。

(3) 模拟对小班幼儿表演,语言生动,有一定感染力。

---

① 蔡雨洁,顾颖颖.关于运河非遗木偶戏融入幼儿园美育的实践研究[N].大河美术报,2024-09-20.

子情境三　影子表演游戏

学习目标

1. 素养目标：树立以儿童为本位的影子表演游戏指导理念，认识影子表演游戏与中国传统文化的关系。
2. 知识目标：掌握影子表演游戏的内涵、结构、特点与价值。
3. 能力目标：具备较强的影子表演游戏准备、组织与评价能力，具有自主学习、小组合作和一定的创新能力。

知识导图
教案

游戏认知

（一）影子表演游戏的内涵

影子表演游戏是指在适当的光源下，利用成影原理，通过光源照射手势、身势或表演道具形成影子，以影子为主角进行故事表演的活动。光源可以是自然光源，如太阳光、月亮光，也可以是人造光源，比如蜡烛、电灯、手电筒、投影仪等。影子表演游戏是表演游戏的一种特殊表现形式，幼儿通过此类表演除了获得一般表演游戏带来的乐趣，还可以体验到光影变化的有趣，进一步萌发科学探究的精神。

（二）影子表演游戏的历史

中国传统影子表演包括古老的手影表演和皮影表演，其中以皮影戏为典型代表。皮影道具一般选择经久耐磨的牛皮、羊皮或驴皮进行制作，皮影戏人物造型取古代壁画、佛像、脸谱、剪纸等民间艺术之精髓，按照生、旦、净、丑的特点进行设计。皮影人物一般高 22～33 cm，由上身、下身、两腿、两上臂、两下臂、两手、头部共 11 部位组合而成，表演者通过控制脖杆和两根手杆使人物进行动作表演（见图 3-28）。表演皮影戏非常看重艺人操耍的技巧及艺人的唱功，戏曲化风格明显。

图 3-28　皮影道具"唐僧"

皮影戏历史悠久，在发展过程中形成了不少流派。据《汉书·外戚传》中记载："上思念李夫人不已，方士齐人少翁言能致其神。乃夜张灯烛，设帷帐，陈酒肉，而令上居他帐，遥望见好女如李夫人之貌，还幄坐而步。"从此，皮影戏开始流传起来。皮影戏在北宋时期成熟，艺人们已经能够表演完整、生动的《三国演义》等剧目，并且艺人雕刻技艺有了很大提高。元代，皮影作为随军的娱乐项目随蒙古大军进行军事远征，先后传入波斯（伊朗）、泰国、日本及其他亚欧各国。明代，由于对戏剧有较严苛的禁令，皮影戏发展缓慢。清朝早中期，皮影戏已经普及，上到宫廷、下到民间都以观赏皮影戏为乐。在这个时期，无论是影人的制作还是剧目的表演都已达到鼎盛时期。清朝末期，有些地方政府怕有人趁皮影戏的黑夜场所聚众闹事而严厉打击皮影艺人，甚至以"玄灯匪"的罪名抓捕艺人。之后，随着日本的入侵，社会更加动乱不安，皮影戏从此走向萧条。抗日战争胜利及至中华人民共和国成立后，皮影戏在党和政府的扶持下得以恢复和发展。2006 年 5 月 20 日，经国务院批准，皮影戏被列入第一批国家级非物质文

图 3-29　皮影戏《西游记》②

化遗产名录。后在 2011 年 11 月 27 日经联合国教科文组织宣布,中国皮影戏列入《人类非物质文化遗产代表作名录》(见图 3-29)①。

(三)　影子表演游戏的类型

根据幼儿的年龄发展特点,适合在幼儿园开展的影子表演游戏类型有如下三种。

1. 手影表演

手影表演即利用手部动作造型所形成的影子进行表演游戏,包括无辅助道具形式和有辅助道具形式。(见图 3-30、图 3-31③)

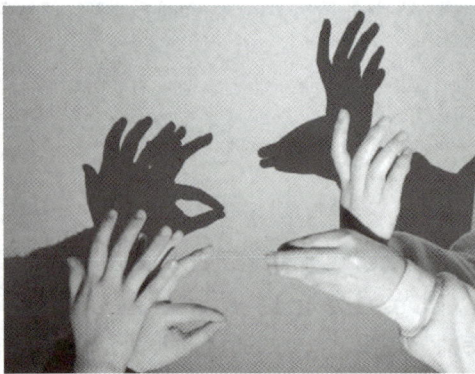

图 3-30　手影表演"小鹿找朋友"(无辅助道具形式)

图 3-31　手影表演"龟兔赛跑"(有辅助道具形式)

2. 剪纸影表演

剪纸影表演有些类似于棒偶表演,表演道具由一根操作杆和相应角色形象的剪纸粘贴而成,幼儿手持操作杆在光源前进行表演,将剪纸影投射到幕布或墙面(见图 3-32④)。这种表演形式最为简单,非常适合低年龄幼儿。

图 3-32　小班剪纸影表演"拔萝卜"

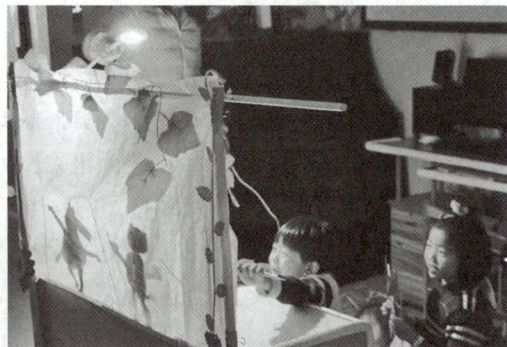

图 3-33　皮影表演"爱打嗝的斑马"

---

① 许丽萍,张致新. 灵动的光影游戏——幼儿皮影戏活动指导[M]. 北京:北京师范大学出版社,2017:4—15.
②③ 图片来源于九江职业大学附属幼儿园。
④ 图片来源于江西省九江市濂溪区第一幼儿园。

3. 皮影表演

幼儿可以使用现成的传统皮影道具进行表演,也可以进行简易皮影表演。但后者不是真正意义上的皮影戏,其皮影道具使用随处可见的纸张画出皮影人物并经过塑封、连接而制成,随后经过彩排、配乐、表演而成为独特的幼儿皮影戏(见图3-33)①。

工作过程

(一)计划制订

计划制订的主要步骤:1. 选择表演内容;2. 确定游戏目标;3. 撰写游戏方案;4. 创设游戏环境。

步骤1.选择表演内容

(1)选择影子类型

从年龄阶段来看,小班幼儿适合进行剪纸影表演,或者对手指灵活度要求不高的手影表演,还可以充分运用手影辅助道具扩展表演内容。中班幼儿适合进行剪纸影表演、难度适中的手影表演以及非常简单的皮影表演。大班幼儿适合进行较为复杂的手影表演和皮影表演。

(2)确定表演剧本

剧本是表演的前提,掌握编写剧本的方法是必要的。编写剧本首先要确定故事内容(可以是自编,也可以使用现成的文学作品),接着就是编写剧本、确认剧本所包含的内容——台词(有对白、独白和旁白)及舞台指示(语气、动作、道具场景变化、上场下场等)。

步骤2.确定游戏目标

教师在制订游戏计划时,应该考虑的普适性问题就是如何确定游戏的教育目标并使之具体化(见表3-10)。游戏目标的确定是游戏计划制订的首要任务,科学的目标是计划可行性的保证。确定游戏目标的基本原则有:第一,考虑小、中、大班幼儿的年龄特点;第二,结合对游戏类型的教育功能特点的分析,确定侧重点不同的游戏目标;第三,要有针对性,切忌泛化和笼统;第四,应体现出渐进发展性,各月各周的游戏目标应逐步提高要求②。

表3-10　影子表演年龄目标

幼儿年龄	影子表演目标
小班 3～4岁	认知目标:理解简单影子戏的故事情节
	能力目标:能安静专注地观看影子表演;观看影子表演后可以随意表达自己的感受;能自言自语摆弄剪纸影道具;掌握简单的剪纸影操作方法,如移动、转身、对话等;能借助道具表现一些简单的手影造型;初步做到表演时语言和动作同步
	情感目标:对影子表演产生浓厚的兴趣
中班 4～5岁	认知目标:理解稍复杂的影子戏故事情节
	能力目标:能听准影子戏对白的字音;能准确说出剧中对白,声音响亮;能进行适当创编,如角色对话、故事结局等;知道自己的出场顺序;基本做到语言和动作同步并吻合角色;熟练操作剪纸影或简单的皮影,能表现一些常见的手影造型,并能根据情节适当发挥;能初步评价自己和别人的表演行为
	情感目标:能表现出故事人物的情感变化
大班 5～6岁	认知目标:理解角色动作、性格、情绪之间的关系;理解影子戏隐含的意义
	能力目标:精确掌握简单皮影操作的方法;能做出一些复杂的手影造型;能与同伴合作完成整台影子戏,秩序井然,语言动作到位;能合作创编影子戏,有丰富的情节和精彩的对白
	情感目标:在表演中感受故事的情节转折和角色的情绪变化

---

① 图片来源于江西省九江市濂溪区第一幼儿园。

② 丁海东. 学前游戏论[M]. 济南:山东人民出版社,2001:155—156.

中班手影表演游戏"手影儿歌"目标

手影造型丰富,可以表现很多动物角色。中班的幼儿第一次接触手影表演,教师选择了一首经典的《手影儿歌》来表现各种动物造型,激发幼儿对手影表演的兴趣,并将游戏目标设计为如下三条。

认知目标:理解儿歌中光与影的关系。

能力目标:能做出三个左右的手影造型。

情感目标:喜欢进行手影表演。

附:手影儿歌①

我在墙壁前,表演一双手:

变小猫爬墙走,变小狗张大口;

变鸭子水里游,变鹦鹉立枝头(见图3-34至图3-37);

太阳公公回家去,喜欢他们全抱走。

我在墙壁前,表演一双手:

变公鸡喔喔叫,变乌龟慢悠悠;

变山羊胡子翘,变黄牛吃青草;

太阳公公看见了,对着我们点头笑。

我在墙壁前,表演一双手:

变老鹰飞飞飞,变小兔跳跳跳;

变螃蟹横着走,变奶牛哞哞哞;

太阳公公真高兴,夸我有双灵巧手。

鹿来了,狼来了,

蜗牛爬上墙来了。

电灯一关都跑了,

电灯一开又来了。

图3-34 手影小猫

图3-35 手影小狗

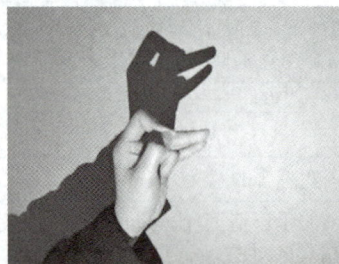

图3-36 手影鸭子

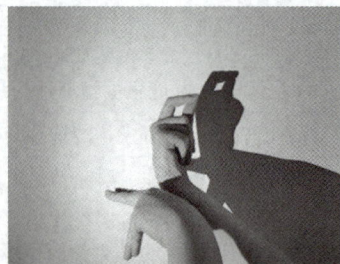

图3-37 手影鹦鹉

---

① 陈勤建,尹笑非.白相喽!老上海经典游戏[M].上海:华东师范大学出版社,2015:115—116.

步骤3.撰写游戏方案

影子表演游戏的游戏方案与其他类型表演游戏方案结构基本相同,由游戏名称、游戏目标、游戏准备和游戏过程组成。

微 课

皮影戏台的
创设

中班皮影表演游戏"猜猜我有多爱你"方案

【游戏目标】

(1) 能够使用两根操作杆操纵皮影道具进行表演。

(2) 表演时语言和动作同步,具有一定的可观赏性。

(3) 体会皮影表演的乐趣。

【游戏准备】

经验准备:已了解皮影表演的相关知识。

物质准备:皮影戏台、带有故事背景的幕布、大兔子和小兔子皮影。

【游戏过程】

(1) 回顾故事情节,出示大兔子和小兔子皮影道具,激发幼儿表演兴趣。

(2) 教师示范,指导幼儿使用两根操作杆进行表演,表演时注意大兔子和小兔子保持面对面,语言和动作基本同步。

(3) 幼儿自主操纵皮影进行表演,教师进行观察和适时指导。

(4) 讨论和总结皮影表演过程中遇到的问题,提出改进方案。

步骤4.创设游戏环境

影子表演游戏的投影形式包括墙面投影和幕布投影,因而在环境创设方面略有不同。手影和剪纸影表演可以采用简单的墙面投影形式,在室外借助太阳光或者在室内利用灯光将影子投射到墙面上,还可以用投影仪投射到大屏幕上,环境要求比较简单。幕布投影则需要搭建表演戏台,包括支架、光源和幕布(见图3-38①)。光源从后方投射到表演道具或者手上,在幕布后方成影,观众在幕前便可观看表演。为了追求最佳成影效果,需要合理选择光源和幕布。面状光源比点状光源效果好,因此可以选择合适的台灯或者是专业的投影灯。透光度好的拷贝纸、宣纸、轻薄的白布作为幕布,成影比较清晰,效果好。幕布固定在支架上,必须保证平整,这样表演时成影更加美观。表演时光源打在幕布后上方,注意调整光源与幕布的距离,使影子达到最清晰的效果。

在道具准备方面,手影表演不需要太多的辅助道具,较为简单。剪纸影道具由相应角色形象粘上操作杆组合而成,可以充分运用剪纸技巧,使之精美(见图3-39)。皮影道具则较为复杂,为了更适合幼儿表演,可以从传统影人的制作工序上寻找灵感,自制符合幼儿能力水平的表演道具。需要注意的是,所有道具需要根据幕布尺寸进行制作,还要注意各个角色的大小比对,比如兔子妈妈应比兔子宝宝型号大。

传统影人的制作工序复杂,主要包括八个步骤。第一,选皮。皮影由兽皮即动物的皮制作而成,制作皮影一般选用牛皮、驴皮、羊皮。第二,制皮。把动物的皮刮毛、刮薄、刮亮,再经过浸泡、阴干。第三,画稿。在纸上画出底稿。第四,过稿。用钢针把画好的图样描在皮子上面。第五,镂刻。用各种刻刀镂刻出皮影造型以及各种花纹。第六,敷彩。给镂刻好的影人上色。第七,发汗熨平。使颜色嵌入皮内,色泽靓丽,使皮影永远不翘边不变形。第八,缀接完成。在皮影的各个部位连接操纵杆。传统影人的制作工序都是纯手工完成,精雕细刻保证了皮影本身的精美,但制作成本也相当高昂。随着现代技术的改进,影人的造价降低

---

① 图片来源于九江职业大学附属幼儿园。

图 3-38　皮影表演戏台

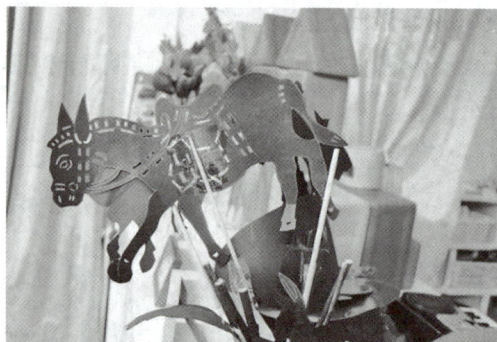

图 3-39　剪纸影表演道具①

了许多,幼儿园开展活动可以购买现成的影人,也可以探索简化工序自制影人。

自制影人主要有五个步骤。第一,选材。选用现有合适的纸张代替兽皮进行制作,如白纸、薄彩纸、拷贝纸、宣纸。第二,画稿。画出的皮影形象最好是侧面的,用水彩笔、水彩颜料或丙烯颜料进行上色,并进行一定的花纹装饰或者镂空剪刻。第三,塑封。用纸做好的影人不能在幕布上进行直立演出,塑封机可以将影人变得更加结实。第四,连接。可以选用钓鱼线、棉线、毛线、订书器、两脚钉等连接各个关节,其中钓鱼线透明且结实,通过打结的方式进行连接,效果较好(见图 3-40、图 3-41)。年龄比较小的幼儿可以将杂志纸(光面纸)卷成细纸筒作为操纵杆,年龄比较大的幼儿可以拿细长的棍子或筷子作为操作杆,但是一定要保证安全。第五,用透明胶、泡沫胶或者热熔胶将操作杆粘贴在合适的位置②。

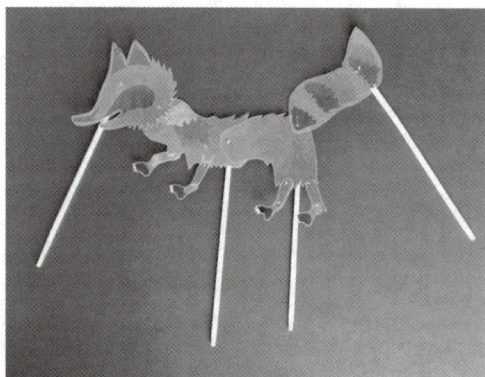

图 3-40　小狐狸皮影

图 3-41　小鸟皮影

为了追求更好的表演效果,还应该营造相应的故事场景内容,比如房屋、流水、桥、树木等,将其粘贴在幕布上(见图 3-42、图 3-43)。

图 3-42　皮影表演"老鼠嫁女"

图 3-43　皮影表演"老鼠偷油"

---

① 图片来源于江西省九江市濂溪区第一幼儿园。
② 许丽萍,张致新.灵动的光影游戏——幼儿皮影戏活动指导[M].北京:北京师范大学出版社,2017:62—64.

（二）现场组织

现场组织的主要步骤：5. 介绍游戏，激发兴趣；6. 科学观察，记录评价；7. 适时介入，有效指导。

步骤5. 介绍游戏，激发兴趣

在正式进行影子表演游戏之前，教师可以采用多种方式激发幼儿的兴趣，甚至可以将"光与影子"形成主题活动。首先，需要结合生活经验，引导幼儿观察光影变化，激发他们对这一自然现象的好奇之心。比如：生活中什么时候可以看到影子？当原型动作发生变化时，影子是不是也跟着变化？为什么不同时段阳光下影子的长短会发生变化？怎么调整光源的角度让影子大小改变？在多个光源照射下，影子是怎样的状态？其次，可以运用绘本教学，让幼儿从阅读中感受影子的奇妙（见图3-44）。再次，通过玩"抓影子""踩影子"游戏，为影子表演游戏做好铺垫。最后，教师直接示范手影表演、剪纸影表演、皮影表演或者播放相应视频，开展专题教学活动，幼儿可直接展开操作，充分激发幼儿对此类表演游戏的兴趣（见图3-45①）。

步骤6. 科学观察，记录评价

类似于其他类型的表演游戏，影子表演游戏的观察指标也主要集中在幼儿游戏兴趣、作品理解、表演技能与合作水平方面，但是幼儿最难掌握的还是表演技能，需要进行重点观察（见表3-11）。

图3-44 绘本《我的影子》

图3-45 幼儿操纵剪纸影道具

表3-11 大班皮影表演"爱打嗝的斑马"观察记录表②

角色	表演过程记录
斑马（主角）	语言表达方面，音量较大，台词比较熟练，有一定的语气语调转变，但是打嗝的声音还可以进一步形象化；动作的生动性还有待加强，很多时候过于注重台词表达，忘了动作表演
虎小弟	后半段的笑声应该表现得再明显一些
猪小妹	溜冰的动作没有体现出来，对话没有完全结束就下场了
小小象	音量偏小，语速过快
大大象	音量偏小，语速过快
鳄鱼哥	投篮的动作没有表现出来
鸭夫人	鸭夫人使用冷水浇斑马的方法没有表现出来，斑马条纹前后变化表现得不够充分，音量偏小

① 图片来源于江西省九江市濂溪区第一幼儿园。
② 案例由江西省九江市濂溪区第一幼儿园夏雨露、郭秀容老师提供。

步骤7.适时介入,有效指导

不同的影子表演游戏类型对操纵技能的要求不同,教师需要重点指导幼儿掌握相应的表演技能。第一,手影表演游戏。不同年龄阶段的幼儿手部精细动作的发展水平不同,在手影造型的选择方面必须符合他们的水平。小班幼儿需要更多的示范和一对一指导,最好采用墙面表演的形式,这样他们可以看到自己的手形和对应的成影,做到尽量生动。小班幼儿也不能固定一个姿势太久,需要注意把握时间,适时休息。中班和大班幼儿可以尝试进行手影幕后表演,但手影造型变化不可太大,注意角色对话时保持面对面。第二,剪纸影表演游戏。这种类型主要适用于小班,小班幼儿手持剪纸影操作杆立于幕布后,表演时注意指导幼儿将所操纵的剪纸影保持在一个水平线上,避免忽高忽低。出现对话场景时,需要转动操作杆,使角色面对面。如果有集体动作,可以通过喊口号的形式保证动作的一致性。第三,皮影表演游戏。中、大班幼儿可以尝试此类表演游戏,平时应该对操作杆的拿法进行充分练习,逐渐探索如何使用杆子让影人动作活灵活现。另外,表演时影人紧贴幕布进行活动,保障良好的成影效果。

大班皮影戏主题活动"操作杆怎样拿"[①]

【活动背景】

经过一次次的表演与改进,《拇指姑娘》这场皮影戏更加成熟、精彩,但幕后还是有些混乱。经过几次的观察发现,幼儿对于操作杆的拿法并不是很清楚,所以设计此次活动。

【活动目标】

1. 知道皮影有头杆、手杆、脚杆,并大概了解它们的拿法。
2. 能够合作完成一些表演动作,如走、跑、跳。

【活动准备】

经验准备:看过皮影戏,知道皮影戏需要操作杆来完成动作。
物质准备:已经做好的带有操作杆的皮影人物。

【活动过程】

1. 讨论:皮影是怎样动起来的

师:小朋友们,我们平时在幕前看到皮影动来动去的,特别好看,那你们知道它们是怎么动起来的吗?

幼:表演的人拿着杆在进行操作。

2. 认识头杆、手杆、脚杆,并了解它们的作用

师:小朋友们说得特别棒,是表演的人手里拿着杆在操作,那你们知道这些杆分别叫什么吗?它们有什么作用呢?下面我们就一起来认识一下吧!

教师出示连接好的皮影杆并一一介绍。

师:我们来看拇指姑娘的操作杆。它有四个杆,头上的这个叫头杆,那手上和脚上的分别就是手杆和脚杆了。

师:因为它的动作比较多,所以需要四个杆。小鱼的动作只是游,所以它只需要一个杆就可以了。

师:我们刚才看了拇指姑娘的四个杆,你们想想,怎么样才能使四个杆同时动起来?

---

① 许丽萍,张致新.灵动的光影游戏——幼儿皮影戏活动指导[M].北京:北京师范大学出版社,2017:204—206.

幼：左手拿两个,右手拿两个。

师：小朋友们提出了解决的办法,那我们来试试。

经过尝试得出：一手拿两个杆不好操作,无法完成需要的动作。

师：我们刚才试了,一个人拿四个杆好像有些难度,那怎么办呢?

幼：那就两个人拿。

师：两个人拿四个杆,我们就可以每人手里拿一个杆,为了方便操作,我们就让一名小朋友拿脚杆,另一名朋友拿头杆和手杆,两个人合作完成一个角色的动作。

经过尝试得出：两个人合作能够更好地完成一个角色的动作。

3. 探索：怎么操作才可以完成走、跑、跳等一系列动作

师：通过我们的讨论与尝试找到了拿操作杆的方法,在故事中有些人物需要进行走、跑、跳的动作,小朋友们想象一下,这些动作该怎么操作呢?

教师请幼儿到前面模仿皮影人(侧面人)走的动作,主要引导幼儿观察他的腿和胳膊的动作。

师：我们来看看在皮影人走的时候胳膊是怎么样的?

幼：胳膊是甩来甩去的。

幼：胳膊一个在前一个在后。

师：经过讨论我们知道走路的时候胳膊要一前一后摆动,因为手杆只有一个,所以我们只要在皮影人走的时候让他前后动动就可以了。接下来我们观察一下腿的动作,看一看腿是怎么动的。

幼：腿也是一前一后动的。

师：走起路来腿也是一前一后的,那我们在操作的时候就要让一条腿先走,另一条腿接着走,走的时候要注意两条腿的距离不能太大。

跑的动作类似于走,只是速度要加快。

跳的动作以同样的方式进行引导,但主要发挥幼儿的主体性,在探索的过程中幼儿自主探索并进行操作练习,教师重点指导幼儿跳的动作主要有：两腿分开跨跳、两腿并拢立定跳以及左右换脚跳等动作。

4. 根据讨论探索的结果大胆尝试并进行练习

师：小朋友们刚才探索了操作杆的拿法,下面就请大家根据自己手里的角色进行尝试,练习一下他们需要完成的动作,尤其是需要两个人合作完成的角色,效果如何这就要看你们的配合喽!

5. 活动结束

【活动延伸】

教师鼓励幼儿在区域活动中进行操纵皮影人的配合。

【案例评析】

本次活动目标完成度好,幼儿在活动中都很专注,能动脑筋想出解决问题的方法并动手尝试,在发现一只手拿四根杆不好操作后又想出了新的方法。在不断的探索、尝试中,幼儿得以发展。在动作表演上还是需要多加摸索练习的,双人配合的角色也是需要两人慢慢磨合的。

（三） 讨论总结

步骤 8.讨论总结

影子表演游戏的讨论总结也主要围绕环境创设和幼儿表现两个方面展开,具体方法与其他表演游戏类型相同。尤其是在环境创设方面,幼儿可以探索如何利用光影关系和相关材料,形成最佳表演效果。

> **大班皮影表演游戏"爱打嗝的斑马"讨论总结①**
>
> 教师用宣纸作为幕布,因其质地轻薄,透光性较好,背后只需使用台灯便可以获得较好的成影效果。同时,使用PVC细水管作为固定支架,用夹子固定幕布。幼儿将皮影道具贴在宣纸上进行表演,幕布非常容易发生褶皱,而且活动过程中幼儿比较好动,宣纸极易破损。幼儿纷纷提出自己的解决办法:有的说使用双面胶将幕布粘贴得更牢固些,使纸张与水管之间不留缝隙;有的说换一块白布就不容易破了。经过实验,白布的牢固性更强,教师便和幼儿一起动手将白布牢牢缝合在支架上,布面非常平整,幼儿都认为表演好看多了。

情景再现

案例:小班剪纸影表演游戏"拔萝卜"②

【游戏缘起】

一日下午,班级正进行体育游戏,有幼儿惊奇地叫道:"老师,有影子!"大家的目光都被吸引了,看到地上一个个黑乎乎的、长长短短的影子,兴奋极了!于是,教师趁机同幼儿一起玩起了踩影子的游戏,大家你追我赶,非常热闹。幼儿很快就发现:人在动影子也在动,于是纷纷借助阳光摆起了"造型秀",有的弯腰,有的抬手,还有的在跳,玩得不亦乐乎。

当大家都有点疲倦时,只见琪琪在娃娃家找来了几面镜子,他说爸爸在家和他玩过照影子的游戏,只见他拿起一枚小小的镜子斜对着太阳光,光线反射在墙面上呈现出镜子形状的光斑。璐璐开心极了,迅速跑到教室追着光斑跑,想要把它抓在手心里,其他幼儿见了赶忙追了上去,一起玩了起来。临近放学的时间,幼儿意犹未尽!于是,教师通过班级交流平台对家长发出倡议:"尊敬的家长们,大家好!今天在幼儿园与孩子们一起开展了影子生成活动,孩子们很有兴致。今天晚上请在睡觉前,将房间灯关上,打开手机电筒,和孩子一起玩玩手影游戏,带领孩子畅游影子的世界吧!"

当天晚上,班里就有许多家长与孩子在睡前开展了这个活动。第二天一大早,洋洋兴高采烈地告诉教师:"老师,昨天我和妈妈一起把手的样子照在了墙上,可有趣了!"晨晨围过来叫道:"我也玩了,我会变小鸟!"小兴、小博也争先恐后地说:"我也会!我也会……"教室里就像炸开了锅一样,大家议论声不断。

见幼儿兴趣如此浓厚,何不让他们来一次影子表演呢?

【游戏准备】

1. 制作剪纸影道具,搭建表演舞台

小班幼儿的手部精细动作水平还比较弱,比较适合操作简单的剪纸影。在材料准备方面,我们发动家长和幼儿制作各种动物的剪纸影,如松鼠、狐狸、袋鼠、大象、牛、恐龙等幼儿喜闻乐见的形象,这些形象在日常区域游戏中使用频率比较高。为了方便幼儿操作,每张剪纸影底部粘贴一根长约30 cm的木棍。后期,教师在剪纸影身上刻画出各种类型的花纹,增强表演的美观性。

在舞台设计上,我们充分考虑小班幼儿的身高情况,加之冬日地面凉,我们将舞台架高,请幼儿站着举起道具进行表演。但小班幼儿合作意识尚在萌芽状态,表演时基本上是各自进行各自的工作,缺乏合作意识,故而排练时先暂时使用一条简易长凳作为舞台,方便幼儿看到彼此的道具表现状态。

---

① 案例由江西省九江市濂溪区第一幼儿园夏雨露、郭秀容老师提供。
② 案例由江西省九江市濂溪区第一幼儿园琚莹、周会兰老师提供。

2. **熟悉故事基本情节,调动表演积极性**

小班幼儿热衷简单的重复性的故事,在开展语言教学活动"拔萝卜"时,幼儿兴趣浓厚,特别是当一次次叫到各种人物、动物帮助拔萝卜时最为兴奋。因此,我们选择了这一经典的故事作为表演剧本。为了调动幼儿的积极性,教师在正式表演前通过尝一尝、试一试、讲一讲、演一演等方式帮助幼儿理解故事内容,感受故事风格,调动幼儿的表演积极性。

3. **尝试操作各种剪纸影道具,初步学习基本技能**

幼儿看到一个个可爱的剪纸影放在区域内,经常会迫不及待地操作,舞台前时常站满了表演者。于是,我们在一次游戏时间采取了自愿报名与择优录取的方式分配角色,要求是表演时观众能听到动物对话的声音。幼儿纷纷举手,比一比谁的声音响亮,谁的声音更符合人物角色,就这样核心演员们就确定了。

【游戏开展】

第一次表演

过程描述:由于幼儿是初次表演,虽然事先熟悉过故事,但对于各角色出场顺序并不太清晰,常常是讲到老奶奶时,小姑娘出场。另外,表演时舞台后的表演者更是挤在一起,丝毫没有秩序,时常会听到:"老师,他压到我了……",但幼儿表演的兴趣依然很高。

问题归纳:故事角色众多,包括萝卜、老爷爷、老奶奶、小姑娘、小狗、小花猫、小老鼠共7个,幼儿虽然提前了解了各角色出场顺序,但由于太兴奋早已将其抛之脑后,表演时秩序混乱。

教师支持与引导:表演前将幼儿出场顺序与候场顺序进行编排,特别是表演时教幼儿学会倾听讲述者的语言,讲到上一个角色,下一个角色即可准备出场。统一使用左手拿剪纸影道具,表演者则侧身,后一位紧贴着前一位。组织幼儿观看一个成品表演作品,讨论面对突发状况时的处理方式,在表演时不进行过多语言的干扰,有需要可以举手告诉后台协助的教师。

第二次表演

过程描述:我们利用集体活动时间排练影子戏,其他幼儿都作为观众进行观看,由于排练未成熟,很难调动观众的兴趣,观众在观看表演时不能保持安静,反过来又影响了演员的表演。各角色在表演时棍子举得忽高忽低,画面动荡。由于小班幼儿语言能力有限,故事情节基本由教师讲述,幼儿无法独立完成。

问题归纳:集体活动时间不适合进行影子戏排练;表演技能需要进一步加强;需将表演的内容全部交还给幼儿。

教师支持与引导:首先在满足所有幼儿表演欲望的基础上,选拔一批特别培养的表演团队,在日常衔接、游戏时间内进行表演练习。在背景布上制作一排小草用来作为各角色的站立水平线,统一表演高度,增强画面美感。故事剧本进行简化与修改,采用幼儿能掌握且记得住的语言进行书写,并一对一进行讲述指导,对幼儿讲述独白的语言不强调字字如剧本,可根据幼儿理解进行些许的修改与再创造。

第三次表演

过程描述:幼儿已经基本能顺利完成表演,但负责故事讲述的幼儿语调比较高,当表演不如意时还会有意加大音量,使得倾听效果不够良好;拔萝卜的方向比较乱;背景灯光时常晃动。

问题归纳:负责讲述故事的幼儿对表演的要求并不十分明确;拔萝卜的方向未进行统一;每次排练时间至少5分钟,举灯的幼儿手无法坚持,会出现晃动的情况。

教师支持与引导:对负责讲述故事的幼儿进行单独辅导,鼓励幼儿用合适的声音进行讲述,以呈现良好的听觉效果;进一步统一拔萝卜的方向,可以"嘿"的时候倒向一边,"哟"的时候倒向另一边,表演者在表演时可一同发出"嘿""哟"的声音加油鼓劲;将灯光进行固定。

第四次表演

过程描述:幼儿表演已经有一定的完整度,但是各角色表演时缺乏互动。

问题归纳:角色之间配合不紧密。

教师支持与引导:针对这种情况,教师组织了一次讨论。

教师:小朋友们,如果有人在和我们讲话时,我们眼睛应该看向哪里?

幼儿:看对方,看对方的眼睛。

教师:是呀,最好的办法是看他的眼睛,那样才能更好地理解他的意思。那表演的时候,老奶奶听到老爷爷叫她,她回答"来喽"时,老爷爷要看哪里呢?

幼儿:看着老奶奶!

教师:是呀,那怎么才可以看老奶奶?

幼儿尝试转身的探索。经过多次练习与举一反三,演员们基本清楚何时转身看向下一个角色,何时转向萝卜。

第五次表演

过程描述:表演已经接近成熟,幼儿能够基本顺利完成表演,但各角色的语言特色并不十分明显,且对话时拖音比较严重。

问题归纳:对角色语言特色不清晰。

教师支持与引导:这一次采用观看视频的方式解决问题。教师提问:"老爷爷的声音是怎么样的? 谁来学学老爷爷的说话声? 老爷爷和老婆婆有什么不一样?"幼儿尝试模仿视频中各角色的声音,教师进行总结归纳与记录(见表3-12)。

表3-12　故事角色的声音特点

角色	声音特点	角色	声音特点
萝卜	无语言	小狗	声音欢快配上"汪汪"
老爷爷	声音粗重厚实、有点低沉,语速稍慢	小花猫	语速适中配上"喵喵"
老奶奶	声音低沉慈祥,语速稍慢	小老鼠	语速较快配上"吱吱"
小姑娘	声音细细尖尖,语速正常		

第六次表演

过程描述:故事表演已经非常完整且较成熟,但幼儿在一次次练习中显得有点疲惫。

问题归纳:降低排练密度。

教师支持与引导:请其他班级幼儿做评委进行观看,给予热烈的掌声与鼓励,增强幼儿的自信心。活动结束后,表演者共同观看表演视频并进行评价与自我评价,再一次点燃了表演激情。

第七次表演

最后一次影子表演非常成功,观看的教师和幼儿都给予了热烈的掌声,演员们自豪感特别强!

【案例分析】

本次影子表演游戏基于幼儿对影子成像的兴趣而展开,充分调动了幼儿、家长和教师共同参与的积极性。游戏开展过程经历了集体——小组——集体的方式,在满足所有幼儿表演欲望的同时,重点挖掘与培育专业型幼儿进行表演,充分提升了幼儿的语言能力、剪纸影操作能力和剧本表演能力。

《拔萝卜》剧本

活动视频

拔萝卜

项目实训

实训项目　影子表演

工作要求:班级分组自主选择文学作品,分配角色,自制背景和相关道具,组织排练影子戏,进行专场表演。表演现场需要一名主持人兼记分员(见表3-13),各小组使用评分表(见表3-14)对他组表演进行评价。可以选择手影表演或者皮影表演。

表3-13 影子表演节目单

	组长(学号)	组员(学号)	节目名称	最终得分
第一组				
第二组				
第三组				
第四组				
第五组				
第六组				
第七组				
第八组				

实训项目单

手影表演

实训项目单

皮影表演

表3-14 影子表演实训评分表(总分100分)

班级＿＿＿＿＿ 组员＿＿＿＿＿ 节目＿＿＿＿＿ 总得分＿＿＿＿＿

项目	表现	分值	得分
作品选择	作品适合幼儿表演(情节清晰、趣味性强、易于表现)	20	
环境创设	光源、幕布设计合理,成影效果清晰	10	
	幕布贴有相应故事场景图	10	
	背景音乐合理	5	
表演技巧	语言符合角色特征(音量、音调、音色、语气、语速等)	20	
	操作技能娴熟,可观看性强	20	
合作水平	表演秩序井然,一气呵成	10	
	表演具有创造性(剧本创作、道具准备、操作动作等方面)	5	

微 课

皮影表演
游戏的配音
与特效

💡 学习拓展

📖 思政拓展

教师对幼儿创意影戏的支持①

创意影戏本身就是一种游戏,我们要像游戏一样打破常规,积极调动幼儿视觉和听觉感官,释放幼儿的原始欲望和表演冲动,使他们畅游洋溢着游戏精神的影戏舞台。

1. 认同幼儿的原生态创作表达

我们要认同幼儿天生就是表演家,摒弃那些传统的、过于关注专业或者完美的演出效果的功利性思想,尊重幼儿原生态的表现表达。幼儿的创意及表演都来源于生活经验,具有稚拙有趣的特点。因此,教师不能用成人的审美标准去评价或者试图影响幼儿的游戏,应接纳他们本真质朴的创意表达,让幼儿充分享受影戏游戏带来的快乐体验,从而更好地保护具有幼儿天性的创意,激发幼儿想象的灵感。例如,在剧本《十二生肖》的创作中,教师尊重幼儿迁移音乐区域游戏"总院好声音"的经验,将才艺比拼作为十二生肖动物排名的新方法的设想。由于幼儿手部力量不足,教师认同幼儿所演影戏与成人成品影

---

① 黄剑峰,阳爱萍.幼儿园创意影戏的实践研究[J].福建教育,2017(Z3):50—51.

戏的差异,如道具易晃动、动作简单等,关注幼儿的快乐感受与体验。

2. 融入幼儿的创意影戏游戏

教师要提升自身的游戏力,改变用嘴说道理、旁观看指导的工作习惯,融入幼儿的创意影戏游戏中,与幼儿建立良好的游戏同伴关系,形成轻松愉快的师幼互动。只有这样,教师才能更懂幼儿影戏游戏中的需要,支持幼儿的大胆想象、自由表达。例如,教师与幼儿共同游戏,讨论分工,最后幼儿将他们认为最难的灯光师工作分配给教师,教师欣然接受,但因为教师关注其他事宜,没有将灯光与演出配合好,受到幼儿的批评,幼儿要求教师工作要专心,当好灯光师。

3. 支持幼儿的创意影戏游戏

教师要在影戏游戏中了解、尊重每个幼儿原有的经验、个性特点和理解水平,鼓励他们以自己的方式大胆尝试和表现;提供符合幼儿特点及能力的内容、组织形式、引导策略,有效促进幼儿发展。因此,教师要不断丰富、完善自身的专业及文化知识结构,从而更加了解幼儿心理,对幼儿进行更有针对性的指导,充分发挥幼儿的潜能。

赛证拓展

试讲题:影子游戏

1. 内容:几个幼儿在室外玩踩影子的游戏,教师看到了,想为幼儿提供一些玩具材料,让他们的游戏更有趣。

2. 基本要求:

(1) 请用考场提供的物品为幼儿玩影子游戏提供 2 种辅助材料。

(2) 模拟演示:①请模拟借助辅助材料指导幼儿玩"影子"游戏;②要求语言清晰、语义明了,能让幼儿理解。

(3) 请在 10 分钟之内完成上述要求。

学习情境四　体育游戏

知识导图

教案

学习目标

1. **素养目标**:树立以儿童为本位的体育游戏指导理念,认识体育游戏与幼儿身心健康的关系。
2. **知识目标**:掌握体育游戏的特点、价值与类型,具备较强的体育游戏的准备和开展能力。
3. **能力目标**:熟悉体育游戏工作过程,在小组合作中具有自主学习能力和反思能力。

游戏认知

幼儿园体育游戏是一种融合运动、游戏以及教育指导的身体练习活动。它以基本动作为主要内容,以游戏活动为形式,以增强幼儿体质为主要目的,往往具备一定的情节和竞赛因素,形式生动活泼,内容丰富多彩,也称作活动性游戏和运动游戏。

(一) 体育游戏的特点

1. 体育游戏是以发展幼儿基本动作为主的体育活动

体育游戏将基本动作技能的锻炼寓于趣味性很强的活动之中,幼儿在游戏中完成走、跑、跳、投、滚、爬、吊、拉、推、追、躲等基本动作。对于幼儿来说,游戏活动本身就是一种有效的基本动作教育,因而,体育游戏对于激发幼儿的体育活动兴趣,促进其以体能为主的各方面的发展具有独特的作用。

2. 体育游戏是一种深受幼儿喜爱的趣味活动

体育游戏是幼儿非常喜爱的游戏活动之一,除了体育活动本身带给人体的运动快感之外,体育游戏的趣味性也深深吸引幼儿。

幼儿体育游戏的趣味性主要体现在情节性和竞赛性两方面。大多数幼儿体育游戏都带有一定的情节和各种不同的角色,这非常符合幼儿爱模仿、好扮演的特点。竞赛,是体育游戏中常见的一种游戏形式,它能充分满足幼儿争强好胜的心理。以"走"为例,如果单纯枯燥地让幼儿练习双脚走,幼儿可能走不了几步就不感兴趣了。可是只要我们把它变成一个"小马过河"的体育游戏,幼儿便会兴趣盎然地走下去;如果再在游戏中加入竞赛性因素——"比比哪匹小马先过河",幼儿则会更加快乐而努力地走。由此可见体育游戏趣味性的魅力。

3. 体育游戏是幼儿园健康教育的重要方式

教育部颁布的《幼儿园教育指导纲要(试行)》(以下简称《纲要》)中提到,"幼儿园健康教育的内容与要求"之一是"开展丰富多彩的户外游戏和体育活动,培养幼儿参加体育活动的兴趣和习惯,增强体质,提高对环境的适应能力"。幼儿园体育工作的任务是通过两条途径来完成的:一是体育活动,包括早操、体育教学活动、户外体育活动等常规锻炼方式;二是体育游戏。

虽然体育活动与体育游戏都是为了发展幼儿的基本动作,引导幼儿掌握各种基本动作的技能、技巧,促进幼儿身体的健康发展,但体育活动在实施中更加侧重锻炼,而体育游戏除了锻炼之外,还兼具趣味性和竞技性。体育游戏比一般体育活动更能全面发展幼儿的身心。正因为如此,体育游戏是实现《纲要》"培养幼儿对体育活动的兴趣"这一目标的重要方式。

4. 体育游戏是一种规则性游戏

体育游戏往往具备一定的动作、情节、竞赛因素,有一定的游戏规则,会受到一定的约束。不同年龄阶段的幼儿对游戏规则的理解程度有很大差异,小班和中班前期的幼儿对体育游戏中的规则理解水平较低,他们更多的是享受游戏的过程,满足于游戏中的动作、角色扮演以及有趣的情节,而不会顾及游戏的结果,更不明白规则在游戏中的意义。进入大班,幼儿游戏的目的性增强,由享受游戏过程转向关注游戏结果,开始理解规则对游戏结果的影响,懂得所有成员必须遵守规则,游戏才能玩起来,玩得愉快。

(二) 体育游戏的价值

体育游戏符合幼儿的身心发展特点,能满足他们的身心发展需求。经常进行体育游戏,对于促进幼儿身体、动作、智力、品德等各方面发展都有积极的作用。

1. 有利于锻炼幼儿身体,发展基本动作,提高运动能力

幼儿在体育游戏中进行奔跑、跳跃、投掷等活动,能加强中枢神经系统的支配性以及心脏、血液循环、呼吸系统的运动。加上运动器官大小肌肉的积极活动,使各器官系统的生理机能都得到了锻炼和改善,更好地促进了新陈代谢,从而达到增强体质的目的。同时,体育游戏多在户外进行,幼儿能充分吸收新鲜空气、接受阳光照射,提高了他们对外界环境变化的适应能力,增强了身体的抵抗力。此外,体育游戏运用游戏的方式使幼儿的基本动作做得正确、运用自如,协调、灵敏的身体活动给他们的实际生活也带来了许多便利。

2. 有利于幼儿智力的发展

幼儿在进行体育游戏时,身体由于承受了一定的运动量,会加快血液循环,从而改善脑的营养供应,促进脑部发育,为幼儿智力的发展提供更好的物质基础。同时,体育游戏可以培养幼儿的思维能力、创造能力和竞争能力。在体育游戏中,一定的游戏任务要求幼儿开动脑筋去想办法。例如"老鹰捉小鸡"游戏,"小鸡"怎样跑、躲才不易被"老鹰"捉到,"老鹰"用什么方法才更容易捉到"小鸡",这本身就是一个体力加智力的竞赛,而且鸡宝宝们与鸡妈妈如何配合默契、提高速度等,都可以激发幼儿积极思考,进行集体智慧的较量。在张弛结合的体育游戏中,幼儿神经系统的灵活性和均衡性都得到了改善,从而使他们在学习和生活中精神饱满、精力充沛、思维灵活。

有心理学家的研究表明,通过形象的体育游戏,练习测定人和物的远近,能发展幼儿目测、空间定位能力,从而大大完善幼儿空间知觉机制以及理解面对面、旁边、中间、跨过、一个接一个等空间定位和起初、而后、同时等概念。例如,体育游戏要求幼儿按指定方向走或跑,就包含了对知识的应用、对概念的理解以及对注意力、观察力、想象力、记忆力和灵敏性的培养。

3. 有利于培养幼儿的意志品质

体育游戏都有一定的任务,要求幼儿机智、勇敢、努力地克服困难去争取胜利,因而有助于培养他们机智灵活、勇敢顽强、不屈不挠等优良品质,增强责任感和互助互爱的精神。体育游戏以它的动作、情节、角色和竞赛的趣味性引人入胜,能激起幼儿良好的情绪,从而培养他们乐观向上的性格。

体育游戏一般都有严格的规则,规则可以培养幼儿的自持力和耐心。同时,教师对游戏规则的认真贯彻和严格要求,可以使幼儿在完成游戏任务时克服自私自利的情感,控制自己的情绪。

4. 有利于培养幼儿的美感

在体育游戏中,整齐划一的体育形式在很大程度上表现了游戏场面的美,这种美好场面是每个参与者都可以感受到的。各种队列——圆形、横队、纵队,都要求幼儿动作准确、姿势优美,从而培养了他们的美感。许多体育游戏,在幼儿获得动作技能的基础上,强调动作的准确性、协调性和灵活性。因此,在进行体育游戏时,切勿忘记动作的美,注意要求幼儿的动作具有表现力,并鼓励他们为表现美好形象做出努力,从而将美育贯穿于整个体育游戏的过程中。

(三) 体育游戏的类型①

体育游戏种类繁多,不同分类法有不同的体育游戏种类。为了便于教师了解各类体育游戏,有针对性地选用合适的体育游戏,下面介绍三种主要的分类法。

1. 按游戏组织形式分类

按游戏的组织形式,幼儿园的体育游戏可分为自主体育游戏和体育教学游戏两种。自主体育游戏是以幼儿为主,幼儿自定运动形式、自选运动器械、自由组合玩伴的自主性游戏活动;体育教学游戏则是以教师为主,为完成一定的教学目标而组织的教学性游戏活动。

2. 按幼儿活动形式分类

体育游戏按其活动的形式可分成接力游戏、追拍游戏、争夺游戏、角力游戏和猜摸游戏。

接力游戏是以接力的活动形式进行的各种走、跑、跳、攀、爬和球类等项目的分组竞赛游戏。追拍游戏是游戏者追拍其他游戏者或球,训练幼儿奔跑及反应力的竞争游戏。追拍游戏常常带有一定的心理紧张因素,有的具有一定的情节和角色,如"狼来了""大渔网"等游戏。争夺游戏是为争夺一定的物品或位置而进行的一种斗智比速游戏,在球类游戏中运用较多。角力游戏是游戏者相互比较力量、斗智斗勇的对抗性游戏,游戏分成双人角力和多人分组角力,如拔河。猜摸游戏是在游戏中蒙住游戏者的眼睛,利用听觉和触觉、平衡觉来进行运动和猜物的游戏。它能发展幼儿的多种感官和身体的协调性,是一种十分有趣的游戏。

3. 按游戏有无情节分类

体育游戏按有无情节之别,分为主题游戏和无主题游戏。主题游戏是以假定的形式反映生活中的一个片段和童话故事中的情节,如"麻雀和汽车""猴子和猎人"等。无主题游戏则没有一定的情节和角色,或是包含了幼儿感兴趣的动作内容,或是包含了竞赛性因素,如接力、捕捉等游戏。

体育游戏还有其他分类法。例如:按其活动的内容还可分为走、跑、跳、投掷、攀爬、平衡游戏等;按其对发展身体素质的作用还可分为发展速度游戏、发展灵敏度游戏、发展力量游戏、发展柔韧性游戏和发展耐力游戏;按其活动场地的不同分为户外游戏和室内游戏;按其使用器材的不同分为徒手游戏和持轻器械游戏;按游戏的人数分为单人游戏、双人游戏和集体游戏等。

微课
体育游戏的种类

工作过程

在幼儿园活动中,教师除了在现有的体育游戏中选用合适的游戏外,还需要根据各年龄段的教育活动目标、幼儿的特点和幼儿园的体育玩具以及活动设施的条件,有针对性地改编、创编和设计体育游戏。在幼儿体育游戏活动中,主要完成计划制订、现场组织、讨论总结三个事项。

(一) 计划制订

计划制订的主要步骤:1. 构思游戏内容;2. 撰写游戏方案;3. 创设游戏环境。

步骤1. 构思游戏内容②

(1) 明确游戏目标

在"动作发展"领域,我国颁布的《3—6岁儿童学习与发展指南》(以下简称《指南》)列出了3条具体目标,分别为"目标1:具有一定的平衡能力,动作协调、灵敏;目标2:具有一定的力量和耐力;目标3:手的动作灵活协调"。

从这三条目标看出,幼儿时期的动作发展包括大肌肉动作(目标1与2)与小肌肉动作(目标3)两个方面。不过,体育游戏主旨在于"锻炼幼儿身体,发展基本动作,提高基本运动的能力"。因此,体育游戏的目标,我们主要参考《指南》中"动作发展"的前两条目标。为了让每条目标更加客观、可行,《指南》根据不同的

---

① 杨枫.学前儿童游戏(第二版)[M].北京:高等教育出版社,2014:116.

② 杨枫.学前儿童游戏(第二版)[M].北京:高等教育出版社,2014:125—126.

年龄段,在每条目标下拟定了年龄阶段的典型目标(见表 4-1、表 4-2)。

表 4-1 《3—6 岁儿童学习与发展指南》"动作发展"目标 1①

3~4 岁	4~5 岁	5~6 岁
1. 能沿地面直线或在较窄的低矮物体上走一段距离 2. 能双脚灵活交替上下楼梯 3. 能身体平稳地双脚连续向前跳 4. 分散跑时能躲避他人的碰撞 5. 能双手向上抛球	1. 能在较窄的低矮物体上平稳地走一段距离 2. 能以匍匐、膝盖悬空等多种方式钻爬 3. 能助跑跨跳过一定距离,或助跑跨跳过一定高度的物体 4. 能与他人玩追逐、躲闪跑的游戏 5. 能连续自抛自接球	1. 能在斜坡、荡桥和有一定间隔的物体上较平稳地行走 2. 能以手脚并用的方式安全地爬攀登架、网格等 3. 能连续跳绳 4. 能躲避他人滚过来的球或扔过来的沙包 5. 能连续拍球

表 4-2 《3—6 岁儿童学习与发展指南》"动作发展"目标 2②

3~4 岁	4~5 岁	5~6 岁
1. 能双手抓杠悬空吊起 10 秒左右 2. 能单脚连续向前跳 2 米左右 3. 能单手将沙包向前投掷 2 米左右 4. 能快跑 15 米左右 5. 能行走 1 公里左右(途中可适当歇歇、停停)	1. 能双手抓杠悬空吊起 15 秒左右 2. 能单手将沙包向前投掷 4 米左右 3. 能单脚连续向前跳 5 米左右 4. 能快跑 20 米左右 5. 能行走 1.5 公里左右(途中可适当停歇)	1. 能双手抓杠悬空吊起 20 秒左右 2. 能单手将沙包向前投掷 5 米左右 3. 能单脚连续向前跳 8 米左右 4. 能快跑 25 米左右 5. 能行走 1.5 公里以上(途中可适当停歇)

明确游戏目标,不仅要确定所创编的游戏要练习哪些动作,还要明确发展哪些活动能力,增强哪些身体素质,这是创编体育游戏的定向阶段。一般是先确定主要目标,然后根据目标设计游戏结构,结构设计完成后再进一步修订游戏目标。确定目标时既要强调贯彻全面教育的原则,又不能追求面面俱到;要根据幼儿年龄特点、运动能力发展水平和体育教学任务,使每个游戏都有锻炼的侧重点,力求切实、具体,同时兼顾德育、智育和美育的教育目的。

(2)选择游戏动作

游戏动作是体育游戏中的主体结构。要根据体育游戏的锻炼目的和幼儿生理、心理特点,选择合适的游戏动作。幼儿在各年龄阶段的身体、智力发展是各不相同的。如三四岁的幼儿对模仿小兔跳、小猫钓鱼等非常感兴趣,而五六岁幼儿则更喜欢玩球、追逐、跳圈等活动。因此,选择游戏动作时必须首先考虑游戏对象的年龄和身心特点。在此基础上考虑让游戏动作具有一定的新颖性和挑战性,从而提高游戏的趣味性。

在选择游戏动作时还可以利用幼儿对玩具和器械的好奇心理,选择适宜的玩具和器械来配合游戏动作。体育玩具和器械的种类有很多,选择合适的玩具进行体育游戏,既能引起幼儿的兴趣,激发幼儿参与游戏的愿望,又能增加一定的运动负荷,加强游戏的趣味性和刺激性。所以,玩具和器械常常成为体育游戏的"最佳伴侣"。一些体育游戏就是根据玩具和器械的特点设计的,如追球跑、滚竹圈、跳轮胎、掷沙包等。

(3)考虑游戏结构

这是创编体育游戏的主要环节,主要是考虑游戏情节和活动方式。体育游戏的构思要从幼儿的兴趣与认知特点出发,使活动方案充分满足体育游戏趣味和锻炼兼重的要求,同时兼顾安全和教育等因素。

情节是构成幼儿体育游戏趣味性的重要因素,创编幼儿体育游戏要多在游戏情节上下功夫。不同年龄段的幼儿有着不同的身体发展水平和兴趣爱好,构思体育游戏情节时,一定要针对幼儿的年龄特点,围绕他们的兴趣点进行设计。

安排活动方式时则既要考虑游戏的趣味性又要满足一定的教育要求。不同的游戏内容和活动方式具有不同的作用,对同一活动内容采用不同的组织方法也可以达到不同的效果。例如,各种以跑跳动作为基

---

① 李季湄,冯晓霞.《3—6 岁儿童学习与发展指南》解读[M].北京:人民教育出版社,2013:293.

② 李季湄,冯晓霞.《3—6 岁儿童学习与发展指南》解读[M].北京:人民教育出版社,2013:294.

本内容的游戏,既可以采用个人的组织方法,比比谁的速度快,也可以采用小组的组织方法,运用集体的力量去取得胜利。这样,同一内容的练习通过不同的游戏方法,收到了不同的效果。因此,要根据幼儿的年龄特点,确定合理的活动方式和运动量,以达到最佳的效果。

(4)设计游戏细节

游戏情节和活动方式等大框架构思之后,接下来要对游戏方案中的细节进行设计。例如,游戏采用何种方法来分队(组)和分配角色,采用何种启动信号等,有些体育游戏还要编配一些合适的儿歌。进行细节设计时一定要有全局观念,不能喧宾夺主、过分追求细节的变化而破坏了游戏的主体结构。

(5)制定游戏规则

规则是游戏顺利进行的必要保证,而规则的恰当性又是游戏者遵守规则的重要前提。因此,制定游戏规则应从不同年龄段幼儿的特点出发,结合在游戏中幼儿身体应达到的运动负荷等因素来综合考虑,从而制定出切实可行的游戏规则。同时,还应在游戏过程中根据幼儿的实际情况及时调整游戏规则。

步骤2.撰写游戏方案

游戏内容构思成熟后,即进入撰写游戏方案的阶段。首先是确定合适的游戏名称。游戏名称既要反映游戏的具体内容,又要简明、有吸引力,便于幼儿理解记忆。给游戏命名的方法有两种:一种是根据游戏动作和活动方式的特点命名,如"圆圈接力跑""听鼓声变速走"等;一种是根据游戏情节或主题特点命名,如"猫捉老鼠""信号灯"等。其实,撰写游戏方案是对整个游戏过程进行计划。自主体育游戏与体育教学游戏的方案也略有不同:自主体育游戏方案主要包括游戏目标、游戏准备、游戏玩法和游戏规则等;体育教学游戏方案主要包括活动目标、活动准备、活动重难点、活动过程等。

小班自主体育游戏"小猫捉鱼"方案①

【游戏目标】

1. 喜欢参加体育活动,并感受游戏的快乐。
2. 能较熟练地进行"手—膝爬"。

【游戏准备】

1. 把幼儿分成四至五组,每组五人左右。
2. 花棍四组,每组按纵向摆放三列;爬垫四组,每组一个大垫;拱形门四个,每组一个。
3. 小猫头饰若干(与幼儿人数相等),猫妈妈头饰一个。
4. 鱼形卡片若干(可比幼儿人数多些)。
5. 熟悉儿歌。

【游戏玩法与规则】

游戏第一遍:幼儿说儿歌后跳过三组花棍,跑到鱼池捉一条鱼回家。游戏后,教师对幼儿动作、规则进行简单评价。

游戏第二遍:出示爬垫,幼儿说儿歌后跳过花棍,手膝爬过垫子(可请能力强的幼儿做示范),跑到鱼池再捉一条鱼回家。游戏后,教师对爬的动作重点评价,表扬爬得又稳又快的幼儿。

游戏第三遍:出示拱形门,幼儿说儿歌后跳过花棍,爬过垫子,正面钻过拱形门,可捉多条鱼回家。

附儿歌:

小猫小猫做游戏,轻轻走到外面去。又是跳、又是跑,看谁捉鱼快又快。小猫小猫做游戏,轻轻走到外面去。又是跳、又是跑,看谁捉鱼多又多。

---

① 王玉菊.幼儿园趣味性体育活动案例及论文精选[M].北京:中国农业出版社,2016.

中班体育教学游戏"神奇的大口袋"方案①

【活动目标】

1. 尝试用大口袋玩跳和滚的游戏,增强身体的协调性和灵活性。
2. 体验大口袋游戏带来的乐趣,感受集体游戏的快乐。

【活动准备】

大箱子、大口袋每人一个,水瓶树、垫子多个,怪兽头饰两个,自制龙头一个,铃鼓一个。

【活动过程】

1. 开始部分

(1)准备活动:听音乐做准备活动

动动头、动动肩、肩绕环、胳膊绕环、胳膊伸展、体侧、膝绕环、蹲—起、跳压腿、手脚腕活动、跳跃、整理踏步。

(2)导入活动

教师用神秘的口吻出示材料——大口袋,并发给每名幼儿一个。大家尝试像小袋鼠一样跳一跳。

2. 基本部分

(1)小袋鼠过树林

① 教师带领幼儿一起模仿小袋鼠到树林里玩。

② 集合,让幼儿想一想、说一说在树林里遇到大灰狼时,有什么好办法保护自己。

③ 听铃鼓声辨认大灰狼是否出现,并练习用大口袋保护自己,将自己的身体藏在大口袋里。

(2)游戏:打怪兽

① 接到任务。

大口袋现在变成了护身服,在不远处有两只怪兽,你们敢不敢接受任务去打败它?

② 交代任务要求:士兵演习(试一试怎样才能保护好自己安全穿过阵地)。

师:一定要把自己的身体隐藏起来,不能让任何人看见,到达阵地对面以后,赶快脱下护身服回来找我啊!

③ 打怪兽。

师:每人将一个炸弹装在自己的护身服里,安全穿过阵地后,要站在封锁线后打怪兽,这样才安全。如果打不到怪兽,可将炸弹装得多一些,打的时候要用力一些!

师:怪兽被打倒在地,取得胜利,大家一起欢呼!给自己鼓掌吧!

④ 小结:感谢我们的大口袋护身服保护了我们的身体。小士兵们个个都很棒,圆满地完成了任务,快给自己鼓鼓掌吧!

3. 结束部分:放松游戏"舞龙"

(1)提问:怎样才能让龙身子紧紧地连在一起呢?(举过头顶、上下左右、转圈走。)

(2)要求龙的身体要一一连接起来,中间不能断开。

(3)舞龙往前走,活动自然结束。

---

① 王岚.让孩子动起来——幼儿园体育活动全课程[M].北京:农村读物出版社,2010.

步骤 3. 创设游戏环境[①]

充足的时间、多样化的场地和适宜的运动设备等资源是丰富学前儿童体育游戏活动的基本前提。

（1）保证学前儿童开展体育游戏活动的时间

我国《幼儿园工作规程》中规定，正常情况下，幼儿户外活动时间每天不得少于 2 小时。雾霾或者雨天等不适合开展户外体育活动时，应该设计室内体育活动的课程，保证幼儿开展体育活动的时间。鼓励学前儿童上学（回家）多采用步行等出行方式，增加在社区或者其他户外环境的运动项目，增加体育活动的时间。

（2）合理、巧妙地利用场地资源

为了促进学前儿童广泛开展体育活动，幼儿园首先需要因地制宜、合理规划场地功能，将场地、设施等园内资源与促进幼儿发展相互结合，为幼儿提供不同的运动经验。

① 园内资源

a. 园内户外资源

幼儿园体育活动户外区域的设置通常会考虑幼儿园户外场地的大小、场地特点及大型运动器械的占用面积。园内的户外活动场地中常见的有走跑区、跳跃区、钻爬区和攀爬区，以下分别对这些区域进行论述。

走跑区可以利用幼儿园狭长空间和不同场地进行走跑活动，例如走廊、石子路、小桥、草地、水泥场地、石阶、路沿、树林、山坡等。也可以对闲置空间进行改造，例如在树林之间设计路线或者迷宫进行走跑活动（见图 4-1）。

跳跃区的场地要求柔软、平整、宽阔，考虑到幼儿期在跳跃时身体控制能力较弱，骨盆尚未发育完善，脚趾比较柔软、较弱，易受伤，因此跳跃区域场地的弹性非常重要。跳跃场地的优劣排序（由最佳到最差）依次是：橡胶或塑胶场地、铺

图 4-1　走跑区

有地毯的平整场地、草地、木地板场地、水泥或者地砖场地。另外，如果游戏可能导致严重后果，但教师又批准可用来进行刺激性的、大活动量的游戏场所都必须设有足够的防跌区。在决定防跌区是否需要铺软垫地面时需要考虑坠下的高度和速度（见图 4-2）。

钻爬区设在塑胶场地、地板、草地等不同场地，利用大型攀爬器械、楼梯以及供幼儿建造建筑物的大型积木（例如梯子、木板等）进行钻爬活动。可以在平坦的草地、地毯、地板上爬，也可以在平衡木、攀爬架和平梯上爬，爬行的道可直、可曲、可圆、可宽、可窄（见图 4-3）。

图 4-2　跳跃区

图 4-3　钻爬区

---

① 柳倩，周念丽，张晔. 学前儿童健康学习与发展核心经验[M]. 南京：南京师范大学出版社，2016：113—119.（有所改动）

攀爬场地要有弹性、柔软平整,以保护幼儿缓冲落地。根据攀爬类型,可以分为斜面攀爬和垂直攀爬。攀爬难度与斜角、支撑面等有关,斜角越大,攀爬难度越大;支撑面越小(滑),攀爬难度越大(见图4-4)。

无论何种类型的户外体育活动区域,良好运动场地基本特征是安全。例如,动态性的器材(如秋千等)应在其进出活动方向保留适当的安全距离以避免危险;静态性的器材(如滑梯、云梯、爬竿等)可在其下设置沙坑、草坪或者塑胶软垫等(见图4-5)。

图4-4　攀爬场地

图4-5　沙坑缓冲

图4-6　屋顶操场①

b. 园内室内资源

因天气恶劣或者活动场地被占,只能在教室、走廊或其他较小的空间进行体育游戏活动时,可以采用以下两种方法。一是可以将桌椅和其他物品移开,在活动室中间开辟出空间。将活动室打扫干净,将桌子摆成一排或摆放在活动室四周或楼道内,也可以在中间空地利用桌子、椅子等进行走、跑、跳、钻爬的活动。利用室内场地运动时,强调安全提示,注意周围有没有尖角和易碎物品、地面是否湿滑等。二是利用屋顶、走廊和楼梯等作为活动场所。例如,可以利用楼梯进行上下楼梯的走、跑游戏,利用屋顶的操场进行多项体育游戏(见图4-6)。

② 园外资源

可以利用附近公园、社区等场所开展体育游戏活动。丰富的运动场景对于幼儿是重要的且有意义的。因为,只有在相关体验基础上的活动才能促进幼儿的发展。如台阶、楼梯、鹅卵石小路、路沿、草坪、大树等,这些可以让幼儿练习跳、双脚攀登、赤足走、平衡、摸高、绕障碍物跑等,宽阔的空间也适合幼儿自由探索拍球、操作器械。这些隐性的体育资源可以说无处不有。

(3) 提供适宜、丰富、安全又具有挑战的体育材料

幼儿园体育材料按形态分,一般包括大型体育材料和中小型体育材料两种。大型体育材料现在越来越多地走向功能复合一体化,在功能上表现出多样性,在场地上减少了对空间的需求,促使幼儿通过操作来练习多种能力,但也有一些以独立的形式存在。从其功能来分,大型体育材料主要包括旋转类、摇摆类、平衡

_____

① 图片来源于江西省九江市中心幼儿园。

类等多种类型。中小型体育材料主要起到辅助及操作的作用,主要包括成品体育材料、创造性体育材料及组合式体育材料等。

成品体育材料从其性质来看,包括专属性体育材料和非专属性体育材料。专属性体育材料主要是指由厂家专为幼儿身体的发展而生产的体育器材(见图4-7①);非专属性体育材料主要是指由教师挖掘出的不属于体育指向,但可以直接用于开展幼儿体育活动的材料。非专属性体育材料来源极其广泛,包括生活及生产中的各种材料。如,生活类:桌椅、长凳、纸箱、包装盒、罐子、瓶子、塑料杯、扫帚、拖把、鞋带、拉链、床单、报纸、大的纯净水桶、吸管、扇子、毛线、书本、海绵等。生产类:轮胎、人字梯、扁担、簸箕、木桩、网兜、石磨盘等(见图4-8②)。

图4-7 专属性体育材料

图4-8 非专属性体育材料

在幼儿园中,创造性体育材料分为不同的类型,一种是教师在成品的专属性体育材料基础上自我创造再加工而成的运动材料,也称为半成品体育材料。在幼儿园,常用来被改造的专属性体育材料主要有:大小不同的呼啦圈、各种拖拉玩具、各种类型的高跷、长短不一的绳子、降落伞、各种型号及形状的沙包、各种大小的套环、弹力绳、皮球等。半成品体育材料的形成反映了教师对于成品体育材料的理解及对幼儿运动需求的了解。幼儿园体育活动中出现的"一物多玩"也是半成品体育材料的实际运用。半成品体育材料既是对成品体育材料功能的一种扩展,又进一步丰富了幼儿园体育活动的内容、形式。由教师运用生活、生产中的非专属性体育材料、废旧材料或一些低价格的材料等,按照幼儿的某些运动需求自制而成的具有一定功能取向的体育材料,也称为自制体育材料(见图4-9③)。

图4-9 自制纸球和布绳

组合式体育材料,是指把相同或不同的材料合理搭配以形成更多的功能,是对原有材料功能的进一步延伸和拓展。体育材料的组合不是材料毫无关系的堆积,而是材料间形成内在的互补关系,共同服务于幼儿某种能力的发展。比如,不同形态的棒和球可形成棒球、高尔夫球、曲棍球、台球等运动项目。

面对来源如此多元的体育材料,幼儿园教师开展体育游戏活动时,应该如何选取体育材料?其实,提供体育材料,目的是激发学前儿童体育游戏兴趣,适合各层次的幼儿使用,安全且富有一定的挑战性,最终锻炼幼儿身体、发展幼儿基本运动能力,实现设定的教育目标。因此,幼儿园教师提供材料时需要针对幼儿兴趣,为幼儿提供既适宜、丰富、安全,又能发展幼儿运动能力的材料。

---

① ③ 图片来源于江西省南昌市八一保育院。
② 图片来源于江西省九江市濂溪区第一幼儿园。

(二) 现场组织

现场组织的主要步骤: 4. 介绍游戏, 激发兴趣; 5. 科学观察, 记录评价; 6. 适时介入, 有效指导。

步骤4. 介绍游戏, 激发兴趣

在日常生活中我们常常看到, 幼儿在自己感兴趣的活动中, 往往会积极投入并表现出格外的专注, 这就是兴趣带来的效应。由此, 我们发现幼儿进行体育游戏时也会有活动兴趣带来的效应。因此, 体育游戏开始时, 教师首先要激发幼儿参与体育活动的兴趣。我们可以从以下两个方面来尝试。

第一, 提供良好的游戏条件、角色扮演, 增加幼儿对体育游戏的兴趣。如体育游戏"龟兔赛跑", 在活动前特别注意幼儿的准备活动, 然后要给他们化妆、戴上可爱的头饰, 另外给"兔子"戴上白手套, 给"乌龟"背上贴一个塑料袋当"龟背"。"终点"和"领奖台"用小椅子摆成, 途中用拱门设两个"门", 让"乌龟"练习钻的动作。设置两个路障, 让"兔子"练习跳的动作。把幼儿分成四组, 缩短等待的时间。看到这些游戏准备, 幼儿很感兴趣, 都争抢着交换角色比赛, 连平时体弱的幼儿也不甘示弱。活动中, 教师要根据幼儿发展与动静交替的特点, 控制和调节活动量。活动量较大时, 教师穿插分发奖牌, 让幼儿休息一会儿。整个游戏中, 幼儿对活动形式、过程都很感兴趣。通过游戏有助于幼儿形成顽强、自信的品质, 能团结友爱和产生集体荣誉感。

第二, 利用音乐渲染创设体育游戏情境。音乐可以陶冶性情、鼓舞精神、渲染气氛。从音乐中我们可以感受到各种情绪、情感, 选择不同节奏、不同类型的音乐融入户外体育游戏, 可以营造出不同的游戏情境。幼儿可以通过音乐自然地融入角色, 伴随音乐所表达的意义进行各种动作的练习。如"小小侦察兵"中, 幼儿头戴柳条帽扮演小兵, 随着欢快的《士兵进行曲》威武雄壮地踏步走, 然后跟着一曲《红心照我去战斗》做热身操, 情绪逐渐高涨; 接到任务时小兵们听到集合号声很快集合, 在侦察敌情时听着紧张的音乐片段, 小侦察兵们鸦雀无声; 在战斗环节, 耳边传来真实的"机枪声""大炮声", 幼儿犹如亲临战场, 个个注意力非常集中, 时刻处于作战状态。打完胜仗后幼儿听着胜利的号声欢呼雀跃, 整个活动让幼儿身临其境, 每个幼儿都在积极地游戏, 扮演角色, 执行角色应该完成的任务。

体育游戏活动开始阶段, 除了需要幼儿园教师激发幼儿的兴趣、吸引幼儿的注意力之外, 还需要教师完成一项任务——介绍游戏的玩法与规则。在介绍体育游戏的玩法时, 需要注意: 一, 游戏开始时的空间准备。介绍体育游戏前, 教师可以把幼儿组织起来, 排成游戏所需的队形, 幼儿最好不要迎风或面向太阳站立, 教师应站在幼儿都能看得见的位置。二, 教师讲解时, 语言简明扼要、生动形象。对小班幼儿最好用游戏口吻, 边讲边示范。对中、大班幼儿, 较简单的游戏, 一般先讲解后示范; 较复杂的游戏, 要边讲边示范。教师一人示范有困难, 可以请能力较强的幼儿参加, 有的动作如钻、爬, 请幼儿示范效果更好。复习旧的游戏, 应根据幼儿掌握的情况, 有重点地提示。讲解和示范游戏玩法还要突出游戏规则, 使幼儿有深刻的印象, 这是顺利进行体育游戏、完成动作和品德教育的保证。

如何引导幼儿理解规则? 我们可以从以下三个方面着手。

第一, 选择有趣的体育游戏, 激发幼儿内在的规则意识。游戏前可组织幼儿自己讨论应遵守的规则, 使他们明白没有这些规则会影响游戏活动, 甚至会对身体造成伤害。如游戏"抬小猪", 要求两人合作, 各拿棍子的两端, 把"小猪"(皮球)放在两根棍子的中间抬到对面, 比一比哪一组抬得又快又好。游戏进行前, 教师引导幼儿讨论规则, 要把"小猪"抬得又快又好, 两人必须友好合作, 行走的速度一样才行, 否则就抬不好。游戏进行时, 幼儿为了给本组争光就会学着控制自己, 连平时十分调皮的幼儿也会控制好自己的情绪, 全神贯注地盯着"小猪", 并与小伙伴协调好动作, 遵守游戏规则, 把"小猪"抬到对面。

第二, 发挥幼儿的自主性, 引导幼儿自觉遵守规则。对幼儿来说, 由自己制定的游戏规则更容易理解和认可。同时, 让师幼共同解决问题的过程变为修订规则的过程, 规则会更完善、合理, 也会让幼儿更自觉地遵守。

第三, 教师正确评价体育游戏, 强化幼儿的规则意识。在体育游戏中, 教师的正确评价有助于强化幼儿的规则意识。一方面, 教师应注重发挥评价的激励作用, 激发幼儿进行规则游戏的兴趣和热情。另一方面,评价以幼儿为主体,教师应引导幼儿就遵守游戏规则以及游戏过程和结果展开讨论,帮助幼儿理解游戏规则,知道遵守规则能使游戏顺利进行,体验游戏的成功与快乐,从而强化幼儿的规则意识。

步骤5.科学观察,记录评价

观察法是幼儿园体育游戏活动评价的有效方法之一。体育游戏活动中,教师的观察评价会因评价目的不同而呈现不同种类。具体来说,有随机观察评价、目标观察评价、事件取样观察评价等。"随机观察评价"能帮助教师随时了解幼儿运动的动态,针对运动现场灵活采取措施,支持幼儿有效运动;"目标观察评价"能确保活动有效;"事件取样观察评价"主要针对运动项目、运动技能、身体素质等方面进行取样评价(见表4-3)。

表4-3 幼儿园体育游戏活动中常用的观察法类型

类型	适用范围
随机观察评价	主要用来观察与评价幼儿的运动情况、参与运动的主动性、运动中的规则行为、运动中的安全、运动中的意志品质等
目标观察评价	主要观察运动内容与目标,最终评价活动是否有效
事件取样观察评价	主要观察幼儿运动姿势、操作运动器械能力等身体素质检测

在记录方式上,可以是以文字形式呈现的叙事性观察记录,也可以是以表格形式(如表4-4、表4-5)呈现的结构化观察记录。

目标观察评价(采用结构式观察记录)

表4-4 体育运动区域使用情况观察表

游戏区	材料	参与人数	使用材料	持续时间	备注
跳跃区					
钻爬区					
攀爬区					
……					

表4-5 幼儿体育游戏活动观察表

时间_____ 班级_____ 姓名_____ 年龄_____ 观察者_____

项目	表现	非常符合	一般	不太符合
游戏兴趣	主动积极地参与游戏			
	克服困难、坚持锻炼			
动作认知	知道走、跑、跳、钻爬、攀登动作都能锻炼身体,是身体健康的重要标志			
	认识各种体育器械、设备的名称以及玩法			
	了解一些常见的体育活动的测试内容及规则			
动作技能	会协调地进行走、跑、跳、钻爬等各种形式的基本动作,能完成不同类型的体育游戏、体育活动			
	能遵守游戏规则且具有一定的自我管理能力及相应的帮助能力			
	积极参与整理运动器械和用具,能在活动结束后,将物品和器械放回原处			

续　表

项目	表　　现	非常符合	一般	不太符合
合作水平	在游戏中能等待			
	与同伴可以互助、协商,并且能与同伴一起完成某项体育任务			

另外,幼儿运动需要承受一定的生理和心理负荷,负荷过小效果差,过大则超过身体承受极限。因此,合理安排生理负荷和心理负荷等运动量,是评价运动效果的一项重要指标。教师要观察体育游戏中的幼儿的生理和心理负荷,我们可以采用结构式观察记录。

一般来说,教师在作为主班的时间段里进行有目的、系统的观察,要求教师事先确定好观察对象,尽量采用记录表,即结构化的形式进行观察、记录。当然,也可以用手机拍录,之后再抽时间整理一下,这样更为有效便捷。

拓展阅读

"生理负荷评价参考表"和"心理负荷评价参考表"

步骤6.适时介入,有效指导①

在体育游戏活动中,教师的指导起着关键的作用,它直接影响体育游戏活动的质量。在体育游戏过程中,教师是引导者、促进者,教师不断在各个区来回观察,或参与游戏,或通过提问、提建议,根据情境增加或删去材料,鼓励幼儿积极参与活动及使用材料……这样做的目的是使幼儿积极、轻松愉快地投入到活动中去,促进幼儿在原有水平上提高,实现体育游戏的教育目的。那么,教师应该如何具体指导幼儿的体育游戏呢?

(1)直接介入

教师直接参与到体育游戏中去,提出具体明确的要求,这个方法适用于那些做事没有耐心以及需要个别教育和指导的幼儿。

幼儿在户外玩秋千游戏时,突然,又来了5个幼儿加入这个游戏,大家玩得热火朝天。唯一的女孩竹子悄悄地对教师说:"董老师,我刚才踢到禾禾的'小鸡鸡'了。"还没等教师去查看禾禾的情况,他就已经过来告状了:"董老师,竹子踢到我的'小鸡鸡'了。""疼吗?"教师问道。"不是很疼。"禾禾说。

教师查看了一下禾禾的情况,确认没有什么大碍,这才放下心来。接下来,教师叫停幼儿的游戏,向他们提出一个问题:"如何保证在玩得开心的同时,不伤害到别人?"熙熙说:"不能踢别人的腿。"凡凡说:"不能踢别人的腰。"禾禾说:"不能踢男孩子的'小鸡鸡'。""哈哈哈……"大家听到禾禾这么说都笑起来。教师说:"我们两个小朋友面对面荡秋千的时候,容易不小心踢到别人,所以腿不能翘得很高。我们再制定一条规则,只能轻轻地和对方碰脚心,不能踢到其他部位,否则就算犯规。你们同意吗?""同意!"幼儿异口同声地回答。

应该值得注意的是,这样的介入方式要针对特殊情况或者个别幼儿,而且介入必须适时、适度。

(2)记者采访

教师通过扮演记者的角色,以采访的形式指导体育游戏,记录幼儿的活动过程,再以新闻发布的方式进行评价。

在球类区里,幼儿在拍皮球。教师拿着话筒、纸和笔对他们说:"我是九江电视台的记者彤彤,今天来采访小朋友的拍球活动。请问你现在拍了多少下?你用了什么方式拍球?请给我们慢动作展示一下。"接着,教师把话筒交给幼儿,让他们轮流讲讲不同的拍皮球方法并一一展示。"记者"一边记录

---

① 郑健成.学前教育学(第二版)[M].上海:复旦大学出版社,2014:152—153.(有所改动)

幼儿的拍皮球方法,一边不停地鼓励他们。"采访"结束,教师接过话筒说:"采访结束了,你们的表现真不错,我写了一篇报道,现在要进行新闻发布了。"然后,就将刚才记录的过程用生动的语言讲述了一遍。幼儿很认真地听着,当听到自己的采访片段时,还会偷偷地笑。在播放新闻的环节中,教师先评价幼儿表现好的地方,再根据幼儿拍球的情况,加上一两句建议,幼儿会欣然接受,并在接下来的环节中玩得更好。

显然,这位教师的指导和介入是很巧妙的,她将观察记录、引导帮助和评价巧妙地融合在"电视采访"和"新闻播报"中,形式新颖,易被幼儿接受。

（3）改变场地材料

教师可以经常有意识地创设变化、新颖的环境,在游戏场地置放一些新材料、新设备,引发幼儿动手操作、想象创造的欲望,引起幼儿开展某方面游戏的意愿,以此驱使他们主动投入到游戏中。

秋千长廊是幼儿特别喜欢的活动区域,这里设置了秋千、攀登架、吊环,幼儿可以坐在秋千上悠闲地荡呀荡,还可以手脚并用地爬到绳子上或攀登架高处,"挂"在那里聊天。至于那几个从木梁上垂下来的吊环似乎只是一种过渡性的玩具,虽然每次都会有个别幼儿抓住吊环垂吊几下,但他们马上就会跑去玩其他游戏。

今天的自主活动中,教师有意识地搬来了两条长凳和一架人字梯,想看一看幼儿能玩出什么新花样。

月月和熙熙最先发现了这两条长凳,他们将其拖到秋千长廊的一边,坐在上面玩了一会儿,说了一会儿话,似乎觉得没什么意思,就起身离开了。教师想起上次组织活动时,自己把长凳放在吊环下面,有的幼儿就曾抓住吊环在长凳上走,玩得很开心。于是,把长凳挪动了一下位置,把它们放到了长廊中间的吊环下面。刚刚离去的熙熙发现了长凳位置的变化,马上喊他好朋友来玩。瑞瑞第一个响应,他和熙熙分别从两条长凳的两头走过去,走到吊环处时,双手抓住吊环,让身体悬空、摆动,在摆动过程中,两人的双脚碰到了一起,他们看着对方哈哈大笑起来。

熙熙说:"瑞瑞,太好玩了,咱们再来一遍,看谁坚持的时间长。"瑞瑞说:"要不咱们看谁把对方踢下去吧?"熙熙说:"好,谁坚持的时间长谁就得100分。"瑞瑞毫不犹豫地答应了。

两人双手紧紧地抓住吊环,身体悬空的同时用双脚去踢对方的脚。几次以后,两人都没有被对方踢下去,但是在双方身体接触的一瞬间,他们开心得哈哈大笑。

熙熙和瑞瑞的笑声吸引了其他幼儿,更多的男孩子加入了这个游戏,竹子作为唯一的女孩子也跃跃欲试。

于是,两条长凳上站满了等待"互踢"的幼儿。

体育游戏的指导方法没有统一固定的模式,有待于我们在实际中进一步探索、积累。要真正实现有效指导幼儿体育游戏,还需要注意以下四点。

第一,注意体育动作和姿势的正确性。

虽然是游戏,但体育活动还是要注重动作和姿势,只有正确的姿势,才能提高动作的质量,达到锻炼的目的。在体育游戏中,幼儿往往由于过于兴奋,尤其是竞赛性游戏,忽略了体育动作本身所要求的准确。教师讲解和示范时应强调动作的规范,加深幼儿对动作的印象。例如,在做"老猫醒不了"游戏时,幼儿不习惯轻轻走,教师强调:"我的小猫们,你们要轻轻地走,才不会把我惊醒呢!"在评定胜负时,姿势的正确与否也应考虑在内。

第二,帮助幼儿建立规则意识,提醒幼儿遵守游戏规则,鼓励幼儿自己建构规则。

规则是游戏顺利进行的保证,体育游戏也不例外,无论是自主的体育游戏还是体育教学游戏。在自主的体育游戏中,教师虽不对幼儿作过多的限制,但要帮助幼儿建立规则意识,并在游戏中自觉遵守规则。例如,玩大型运动器械时,应按秩序轮流进行,不能插队;玩玩具不能争抢,要和别人商量;踢足球时要轮流守门和踢球等。

大多数幼儿在游戏中都非常投入,这时他们往往不能把握游戏的分寸。例如,玩"抓坏蛋"游戏时,常常容易出现动作过大、打架,甚至弄伤同伴等问题。这时,教师应帮助幼儿分好角色,告知幼儿"坏蛋"要轮流当,让每一个幼儿都尝试一下当"坏蛋"被人追逐的滋味,使他们真正明白"坏蛋"也是同伴扮演的,这样玩游戏时才会小心,避免抓伤小伙伴。

在体育教学游戏中,教师介绍游戏的玩法时,应强调游戏的规则,并将遵守游戏规则作为评定胜负的重要条件。在游戏不熟练的情况下,教师特别要注意提醒幼儿遵守规则。当发现大多数幼儿不能很好地遵守游戏规则时,首先要分析造成这种现象的原因。如果不是因为幼儿主观因素,而是由于规则不合理造成的,要立即停止游戏,修改规则;如果是由于幼儿对规则没有完全理解,或是对规则不够重视造成的,则可以暂停游戏,重申规则,或在第二次游戏开始前,进一步明确规则并提出要求。

值得注意的是,规则是为游戏服务的,是可以根据情况变通的。有时候只要我们稍稍把规则改变一点,不仅可以维护正常的秩序,保证活动的顺利进行,还可以提高学习效率,促进幼儿的自主发展。因此,教师要鼓励幼儿在游戏中自己建构规则。在不影响幼儿自主游戏的前提下,选择恰当的时机,以游戏参与者的身份介入幼儿的活动,适时提出问题,激活幼儿的思维,促使他们自己去分析和解决问题,提高自我决策的能力和解决问题的能力。

第三,分队、分角色。

做分队竞赛游戏时,各队的人数应合理,力量搭配要相当。由于幼儿运动能力的性别差异不大,故分队时可不作考虑。

合理地分配角色,能充分发挥幼儿的积极性和主动性,有利于游戏的顺利进行。玩新游戏时,一般多用指定法分配角色。在小班,一般是教师担任主要角色,以利于掌握游戏的时间和情节的发展,同时教师还可以起到教育和示范的作用。待幼儿熟悉游戏后,可请能力强的幼儿担任主要角色。在中、大班,教师应根据具体情况,针对幼儿某方面的特点,有目的地分配角色。如,让体质好、反应快、奔跑能力强的幼儿担当主要追捉者,可使全体幼儿积极奔跑起来。又如,适当让个别不好动的幼儿担当主要角色,给其一定的任务,以培养其活泼好动的性格。

对于复习游戏,教师可灵活地采用民主法、随机法、猜拳法和轮流法来确定游戏角色,以激发幼儿的兴趣,调动其游戏的积极性。需要注意的是,不论用什么方法选择游戏角色,教师都应注意不要只让少数能力强的幼儿担任主要角色或组织者。

第四,注意安全、防止跌伤事故。

体育游戏中的安全隐患是教师要重点关注与指导的。活动前,教师应该认真检查物品的摆放、活动安排和幼儿身心准备是否完成。活动开始后,幼儿容易将注意力集中在活动中,教师也应该针对幼儿状态、活动强度、密度、物理环境等因素进行检查,这样才能有效避免意外伤害的发生。

总之,体育游戏中,教师的介入与指导是必需的。一般来说,教师在介入幼儿体育游戏时可以先问自己几个问题:幼儿需要怎样的帮助才能克服当前的困难?幼儿更容易接受哪种帮助?我怎样介入才不会影响幼儿的兴趣?我采用的干预方法会引起幼儿哪些可能的反应?我提供帮助之后幼儿还有没有独立思考的空间?我撤出干预之后幼儿能不能继续独立地完成操作任务?这是最合适的干预时机吗?等一等会如何?通常,我们会认为以下几个时机是教师介入幼儿体育游戏的最佳时机:当幼儿进入体育游戏出现困难时;当必要的体育游戏秩序受到威胁时;当幼儿对体育游戏失去兴趣或准备放弃时;在体育游戏内容发展或游戏技能方面发生困难时。不过,要弄清楚介入时机,观察尤为重要。观察体育游戏中幼儿的兴趣、情绪、动作发展水平与社会技能,都会成为教师指导的切入点。

(三) 讨论总结

步骤7.讨论总结

讨论总结是组织指导体育游戏的第三个环节,也是体育游戏活动的结束环节,这一环节的目的在于引导幼儿自发自愿地进行交流、讨论,积极表达情感,共享快乐、共解难题、提升经验,同时激发幼儿再次活动

拓展阅读

体育游戏安全检查要点

的欲望。因总结的结果往往会影响到幼儿以后的活动,教师的总结要注意幼儿创造性的发展。

总结可以从多角度进行。一是从幼儿的活动方面进行总结,教师要以鼓励性语言来引导幼儿评价,如:"你接球接得真准,可以向大家介绍一下你的接球经验吗?""你游戏玩得很开心,把你游戏中最快乐、最有趣的事情讲给大家听好吗?"这样既能增强幼儿的自信心,又能激起他们想说的愿望,以便更好地向同伴介绍或展示各种成功的经验。二是从体育游戏活动规则方面进行讨论总结。"今天谁玩体育游戏时没有争抢玩具? 哪一组小朋友收拾材料最快?""我发现有的小朋友更换场地的时候,没有将原来的玩具收拾好再到另一个场地去,下次活动中不能再出现这种情况了。"通过集体和个人、自评和他评的形式,让幼儿清楚了解自己和同伴遵守规则和活动能力的情况,互相交流好在哪里,还有哪些不足,使幼儿在总结环节中得到共同进步。除此之外,教师在游戏活动过程中的反思也是非常重要的。

情景再现

混龄体育游戏"疯狂的世界"①

【设计意图】

山坡是我们幼儿园独特的活动资源,我们也在充分利用山坡开展户外活动。大班幼儿已会固定投掷击准物体,但击准正在移动的物体还是一个难点,因此,我们选取户外山坡开展投掷活动。为了增加活动的难度,我们创设了混龄游戏,让幼儿以大带小,体验相互合作、相互帮助的快乐。

【活动目标】

1. 学习投掷击准正在移动的物体,发展手眼协调能力。
2. 在游戏情境中,能与同伴分工合作完成任务。
3. 通过"大带小"的合作形式,体验相互合作、相互帮助的快乐。

【活动准备】

僵尸背景板 3 块,砖块若干,攻战工具(报纸球、注水气球、水枪等),大班幼儿 16 人,小班幼儿 8 人。

【活动过程】

1. 情景导入

师:今天我们来玩个游戏"疯狂的世界"。假设你们是村民,需要用僵尸身上的砖块搭建房屋保护自己,只有打败了僵尸怪兽,它们的身上才会掉下砖块。

僵尸:想获得砖块吗? 来呀,挑战我吧!

2. 选择路线

师:我们要想获得砖块,就必须到达山顶与僵尸对战。但现在我们面前有很多条路线,选哪一条呢? (选既安全又快速的路线)因为我们队伍中有弟弟妹妹,所以要考虑他们的能力。

3. 选择工具、对战

僵尸:哈哈哈哈,你们终于来了! 我要吃掉你们的弟弟妹妹,增加我的能量,变得更强大。

师:想获取砖块,只有把僵尸打倒。但是,如果僵尸抓走弟弟妹妹使自己的能量变大,那么它就更难攻打。当成功打败僵尸,大孩子不能靠近拾得砖块,僵尸会吸取你们的能量从而复活,所以捡砖块要请弟弟妹妹。

师:这里有很多作战工具,你们可以进行挑选,但是现在出现了很多僵尸,我们一起商量一下作战计划。

---

① 案例由江西省九江市濂溪区第一幼儿园杨丽君、彭文丽、孙佳甜、吴凡、夏妮等老师提供,执教教师为彭文丽、孙佳甜、张雅芳、王旭坤。

师幼共同商量作战计划,进行作战。

4. 获取砖块

幼儿一起搬走砖块。

师:我们胜利了,快把砖块搬走吧,建造属于我们的房子。

5. 师幼总结

探讨一:你们在游戏中是如何保护弟弟妹妹的?

探讨二:你们使用了什么方法打败僵尸?

【教学反思】

1. 情境贯穿更待深入

本次活动贯彻了"利用情境贯穿游戏活动,引领幼儿体验体育游戏之快乐"。虽然游戏氛围很浓郁,幼儿积极性也很高,但教师还可以再深刻地思考如何把情境更深入地贯穿于教学环节中。譬如,在僵尸身上贴个标志,再给僵尸手上拿个盾,这样,游戏就更加有趣生动。还有,僵尸能量耗尽后依然躺在地上,导致很多幼儿仍对着死去的僵尸再次攻击。因此,我们思考:没有能量的僵尸该如何消失,使游戏情节更为合理,又能促使游戏有效开展?

2. 要充分考虑到幼儿的年龄特点及个体差异

固定投掷击准物体,小班幼儿其实已在学习。但本游戏主要是大班幼儿完成投掷任务,因此,我们要充分考虑大班幼儿在投掷中的发展水平,可以增加投掷难度。比如,僵尸处于跑动状态,而且要求击中固定的部位,或增加障碍墙等,使游戏体现出难度差异。

3. 注重活动细节

游戏活动的细节也很重要,教师要关注每一个幼儿、每一个细节。在第四个环节,获取砖块建造我们自己的房子时,一个幼儿拿着砖块在一块平地上搭建,但教师说要到亭子里搭,恰好亭子边上的地面不平整,反而不宜搭建房子。可是,因为教师发号了施令,这名幼儿也就只好跟随教师前往亭子搭建。此外,活动中,教师应该始终保持面对幼儿,关注幼儿情况,不要背对幼儿,以免做出错误的引导。

活动视频
疯狂的世界
(混龄游戏)

项目实训

实训项目单
体育教学
游戏设计
与组织

实训项目1　体育教学游戏设计

工作要求:小组合作,选择某个具体年龄段设计体育游戏。撰写详细的体育教学游戏设计方案,包括游戏目标、游戏准备(场地与材料)、游戏玩法和规则、游戏过程。

实训视频
体育教学游
戏设计参考
样例

实训项目2　民间体育游戏改编

工作要求:小组合作,确定民间体育游戏主题进行改编。撰写详细的民间体育游戏方案,包括民间体育游戏原始方案、民间体育游戏改编方法(包括内容和形式)、民间体育游戏改编方案。

实训项目单
民间体育
游戏改编

学习拓展

思政拓展

实训视频
民间体育游
戏改编参考
样例

民间体育游戏在幼儿园体育活动中的开发和利用①

民间传统体育游戏传承了中国几千年来劳动人民的智慧,一直以来都是深受人民群众喜爱的体育

---

① 王义青.民间体育游戏在幼儿园体育活动中的开发和利用[J].儿童绘本(阅读与美育),2023(20):81—83.

活动。在现代化经济条件的发展下,幼儿园的体育活动较为单一,运动量较少,制约着幼儿的健康发展。传统的民间体育游戏以趣味性、技巧性为特点,在幼儿园体育活动中可以获得较好的应用。本文从幼儿园体育活动与民间体育游戏融合发展的角度出发,分析融合优势,并根据当前幼儿园体育活动中存在的问题,对二者的融合开发原则与利用策略提供合理化建议,以期为增强幼儿身体素质、促进幼儿体育教育创新提供帮助。

（一）体育锻炼融合游戏元素,能提升幼儿运动兴趣

幼儿园体育活动中融入民间体育游戏可以让幼儿通过各种游戏活动,逐渐爱上体育运动。幼儿玩游戏时,感知能力和敏捷度都会得到提升。传统的民间体育游戏打破了幼儿园游戏形式单一问题,能成功引起幼儿的兴趣。目前许多幼儿园都把民间体育游戏的内容纳入教学之中,把幼儿的游戏与体育课程结合起来,让学校的体育教学变得更加有趣,带给幼儿更好的未来。

（二）民间体育游戏简单易懂,能提高幼儿身体素质

幼儿园在体育课程中加入了民俗游戏元素,可以提升幼儿对各种不同运动的兴趣。同时,民间体育游戏简单易懂的特点也促使幼儿更容易理解规则,幼儿可利用课间、课后等时间进行玩耍,增加运动量。在提升幼儿对民间体育游戏兴趣的前提下,通过对简单易懂的游戏规则的传播,可以促进更多幼儿加入体育运动。这样,更多幼儿就能在生理和心理上获得全面成长,为个人未来的发展打下良好的身心基础。

（三）民族文化元素融入游戏,能培养幼儿综合能力

不同的民间体育游戏是不同的文明和习俗的体现,有着自己的特点,将这些文化融入幼儿园的体育活动,可以增强幼儿的文化意识,拓宽幼儿的视野,从而让文化和传承的种子种在幼儿的心里,促进幼儿知识文化综合素养的提升。与此同时,通过将民间体育游戏融入体育活动中,让幼儿对有关文化产生更多认识和理解,感受祖国各地的不同文化特色,更能培养他们的爱国情怀,让幼儿园的教育方式具有浓厚的人文色彩,提升幼儿全面发展的质量。

赛证拓展

试讲题

1. 题目:体育游戏"城门城门几丈高"

2. 内容:

（1）模拟游戏情境,组织幼儿进行体育游戏。

（2）口令:"城门城门几丈高,城门三十六丈高,骑大马,挎大刀,从你门口抄一抄,问你吃土豆,还是吃辣椒。"

3. 基本要求:

（1）模拟面向中班幼儿组织游戏活动。

（2）将游戏规则详细介绍给幼儿。

（3）请在10分钟内完成上述任务。

学习情境五　智力游戏

智力游戏是幼儿园普遍存在的一种游戏形式,也是幼儿非常喜爱和应用广泛的一种游戏形式。智力游戏属于规则游戏的一种,是把智力因素和游戏形式结合起来,以生动有趣的形式使幼儿在自由自在、愉快的活动中增进知识,发展智力。一般来说,智力游戏由游戏任务、游戏玩法与规则、游戏结果三部分组成①。幼儿园中的智力游戏形式多样,本单元将介绍四种类型,分别是感官游戏、语言游戏、数学游戏和棋类游戏。

子情境一　感官游戏

学习目标

1. 素养目标:树立以儿童为本位的感官游戏指导理念,认识感官游戏与智力发展的关系。
2. 知识目标:掌握感官游戏的内涵、历史发展、类型。
3. 能力目标:具备较强的感官游戏准备、组织与评价能力,具有自主学习、小组合作和一定的创新能力。

游戏认知

(一) 感官游戏的内涵

感官游戏是以感知觉训练为基本内容的,包括视觉、听觉、触觉、嗅觉与味觉等多个感官的训练②。一般以"寻找""发现""比较"等为主要玩法,通过看看、听听、摸摸、尝尝等外感受器的反复活动,对事物典型的、细微的特征进行观察,从而帮助幼儿加强观察的目的性、计划性,扩大观察的范围、广度和深度。感官游戏对幼儿认识物性、发展感官知觉、帮助概念形成、建立逻辑思考能力有非常重要的作用。

(二) 感官游戏的历史

意大利著名幼儿教育家蒙台梭利对感官教育非常重视。她认为:"感觉训练应该在婴儿时期就开始,并且贯穿到整个教育阶段中,而这一教育阶段就是为了使个体能够适应社会生活。"③"蒙台梭利教育法"的主要特色就是利用多种手段进行感官或称感觉训练,发展幼儿的智力。她设计的一系列操作材料,其目的在

---

① 邱学青.幼儿园游戏指导[M].北京:人民教育出版社,2015:227.
② 杨枫.学前儿童游戏[M].北京:高等教育出版社,2014:148.
③ 玛利亚·蒙台梭利.蒙台梭利早期教育法[M].蒙台梭利丛书编委会,译.北京:中国妇女出版社,2012:128.

于让幼儿对物体的形状、颜色、大小、质地等特征进行感知,促进幼儿感官的发展,提高幼儿手眼协调能力和小肌肉动作的灵活性,促进幼儿认知及思维的发展。其中,视觉练习的材料有"插座圆柱体""棕色梯""粉红塔""色板""几何图形嵌板橱"等;触觉练习材料有"触觉板""布盒""重量板""温觉瓶"等;听觉材料有"音筒""音感钟";嗅觉与味觉材料有"味觉瓶""嗅觉筒"[①]。

（三）感官游戏的类型

1. 视觉游戏

视觉游戏着重发展幼儿的颜色视觉和空间概念,提高视觉辨别度量能力,培养观察的准确性和敏锐性。

（1）颜色视觉游戏

视觉游戏初始阶段着重发展幼儿对颜色的分辨能力,使其学会辨认物体的各种颜色。游戏应从静态物的基本色入手,逐渐增加颜色的种类。如视觉游戏——颜色匹配,教师给每名幼儿发一块颜色色板,幼儿到室内外寻找与色板颜色最接近的物体,色板游戏能让幼儿学会命名颜色,提高颜色的识别和分辨能力(见图5-1[②])。

视觉游戏提高阶段可以逐步扩大到一些中间色,如天蓝、橙黄、橘红等,还可就一些颜色的深浅浓淡进行比较。为了增加游戏的趣味性,这类游戏可设计成与幼儿喜爱的其他游戏相结合的综合游戏,如幼儿利用色彩与树枝结合制作园厅的"视觉墙"(见图5-2[③])。

图5-1　颜色色板

图5-2　视觉墙

视觉游戏成熟阶段应向动态辨色游戏发展。这类游戏设计有三种思路:第一,利用色的合成原理。如,把蓝色和黄色的颜料水混合变成绿色水;把红色和白色的橡皮泥糅合变成粉色。第二,利用色的叠加原理。如,提供一些透明彩色玻璃纸,幼儿把彩色玻璃纸叠加戴在镜架上,观察不同颜色的眼镜产生的视觉体验。第三,利用视觉暂留现象,通过快速运动,使色彩发生变化。例如,用厚纸板做一个大转盘,在转盘上涂上各种颜色,幼儿转动转盘,观察原来涂的颜色与转动后颜色的变化。

（2）空间视觉游戏

① 分辨图形游戏

图形分辨能力对观察力的意义十分重大,一般可将这类游戏分为数图形、找图形、找相同、找不同和找错误等五种类型。

a. 数图形游戏

数图形游戏有两种设计思路:一种设计成几何图形,一种设计成美术图形。如,请幼儿数一数图中有几件乐器,图中的美术图形生动有趣,能更好地吸引幼儿投入游戏(见图5-3[④])。

---

① 梁士杰. 幼稚园教材研究[M]. 北京:海豚出版社,2012.

② 图片来源于北京市蒙台梭利国际学校。

③ 图片来源于江西省九江市艾美国际幼儿园。

④ 图5-3至图5-7来源于杨枫主编《学前儿童游戏(第二版)》所附光盘。

幼儿园游戏活动实践指导(第二版)

图5-3 数乐器

图5-4 找图形"假面具"

b. 找图形游戏

找图形游戏要求幼儿在观察中准确把握图形的典型特征,找出隐藏其中的指定图形。找图形游戏有五种设计思路:第一种,把一组物品画成重叠的图,请游戏者来分辨;第二种,给出一些局部的线索,要求游戏者根据观察推知隐藏事物的整体;第三种,将某一图形隐藏在纷杂的干扰图案中,请游戏者分辨和寻找;第四种,要求游戏者找出指定图形的位置;第五种,把图形与数形结合起来,要求游戏者找到隐藏的图形并数出来(见图5-4)。

c. 找相同游戏

找相同游戏是一种要求寻找图形相同特征的观察游戏。找相同游戏有四种设计思路:第一种,给出一个指定的图例,要求游戏者在一组相似图形中寻找与之相同的;第二种,在一幅图案中设计出几个相同的局部,要求游戏者在一定时间内找出相同处;第三种,选取一幅图中的若干局部,将这些局部进行一定的翻转作为指定图例,请游戏者于一定时间内在原图中找出它们的位置;第四种,在两幅截然不同的图案中设计出若干相同或相似的局部,要求游戏者在一定时间内找出来(见图5-5)。

d. 找不同游戏

找不同游戏要求幼儿区分两幅图案的微小差异,迅速找出其中的不同之处。在游戏中,教师应指导幼儿进行有序的观察,即从左到右,或从上到下,用"逐行扫描法"依次进行对比观察。找不同游戏有两种设计思路:第一种,在两幅基本一致的图中安排若干处不同,请游戏者在一定时间内找出;第二种,将一幅图分成若干块,即在每个分块上安排与原图不同的内容,又将每个分块进行位置移动处理,或者翻转处理,从而增加游戏难度(见图5-6)。

图5-5 找相同的鱼

图5-6 缺少了什么

图5-7 瞧这一家子

e. 找错误游戏

找错误游戏要求幼儿根据对客观事物的正确印象,找出图形的错误。找错误游戏有两种设计思路:第一种,设计各种美术错误,如牛长着象牙,鸡长着鸭脚,左右两个裤腿不同颜色等;第二种,设计各种逻辑错误,如公鸡在水里游,鸭子爬上树,旗帜飘向西而炊烟吹向东,太阳当头照而星星眨眼睛等(见图5-7)。

② 分辨空间的游戏

这类游戏主要训练幼儿的目测力,形成准确的空间概念。游戏可就大小、远近、粗细、前后等单项概念进行识别,也可综合起来分辨。如在地面设置一幅长度不同、宽窄不一的迷宫图,幼儿用合适的步幅行走,看谁在规定的时间内走完且不移动栏线(见图5-8①)。

2. 听觉游戏

听觉游戏有两方面的训练任务,一是分辨声音特征,二是判定声源、声向。

(1)分辨声音特征的游戏

分辨声音特征的游戏主要是训练幼儿分辨各种声音,区别声音的性质(如音高、音强、音长、音色等),以及从物体的音响特征来识别物体的能力。如,请幼儿闭眼静坐,仔细倾听和分辨发生在周围的各种声音,如说话声、咳嗽声、汽车声等。游戏时,教师应注意在声音内容上有所变化,如可找一些壶、勺、碗等幼儿熟悉的物品,提供不同材质(铁制、木质、塑料等)的工具去敲击,请幼儿辨别不同的发声物(见图5-9②)。

图5-8　蒙氏走线

分辨声音特征的游戏可采用蒙上游戏者眼睛的方式或采用遮住分辨物的方式。如教师躲在幕布后演奏各种乐器,如钢琴、小提琴、笛子等,请幼儿分辨乐器的类型。

(2)判定声源方位和声向的游戏

判定声源声向的游戏有两种设计思路。第一种,发生源是固定的。可与辨别声音特征的游戏混合进行,如设计数个发生源,每个发生源发出的声音各有其特征。第二种,发声源是移动的。如,蒙上幼儿眼睛,将他们排成一路纵队,教师手持一只小铃,在幼儿的前、后、左、右方向摇动,要求幼儿根据铃声的方位改变行走的方向,或跟着铃声走。

3. 触觉游戏

触觉是我们感知事物的一大途径。对物体的软硬、冷热、光滑及粗糙等质地的认识,主要通过触觉完成。

(1)触摸辨物游戏

触摸辨物游戏以"摸一摸"为主要构思。通过游戏丰富幼儿的触觉经验,加深

图5-9　器物发声

幼儿对物体的大与小、长与短、圆与方、光滑与粗糙、软与硬、冷与热等性质的触觉认识,提高幼儿通过这些性质特征来识别物体的能力。这类游戏常用道具有两种:一种是内装触摸物并开有取物洞口的纸箱(见图5-10);一种是内装触摸物能收紧袋口的布口袋,称之为"百宝箱"或"百宝袋"。

设计触摸辨物游戏应把握三个难度层次:层次一,从物体的相对特性入手。如,在百宝箱里放两个大小不等的球,两根长短不一的尺子,两个软硬不同的娃娃等,要求幼儿两手到箱中摸取具有相对特性的物品,如左手摸塑胶娃娃,右手摸木质娃娃,两手同时摸出即为正确。层次二,围绕物体的相同特征进行设计。例如,在两只百宝袋中分别装入同样的物品,如棉花球、鞋带、尼龙

图5-10　单面可视触摸箱

① 图片来源于北京市蒙台梭利国际学校。
② 图片来源于江西省九江市艾美国际幼儿园。

布等,请幼儿两手分别从两只口袋中摸出相同的物品。层次三,以分辨物体的相似特征为主,有时还可以结合语言训练一起进行。如,在百宝箱中放入一些十分相似的物品,如纽扣、棋子、瓶盖等。

（2）触摸分类游戏

触摸分类游戏建立在触摸辨物游戏基础上,它要求游戏者首先对物体的差别与近似之处进行触摸辨别,然后再对物体进行分类。

触摸分类游戏有两种。一种是给出分类依据,要求类分物体,这类游戏适合小年龄段幼儿。如分类游戏"看谁摸得对",游戏时发给幼儿一个贴有类别标志(如△○□)的小纸盒,让幼儿轮流从装满各类物品的大盒子中拿一件,进行触摸辨别,放进贴有相应标志的小盒中。另一种是没有分类依据,要求自定分类依据并类分物体,这类游戏适合中、大班幼儿。如分类游戏"触觉大搜罗",在大纸盒中装入纽扣、积木、弹珠、各种球等,请幼儿根据触觉进行分类,幼儿必须自行确定一个分类依据,然后再进行分类。若要继续增加游戏难度,还可设置分类维度,如形状、材质、大小等。

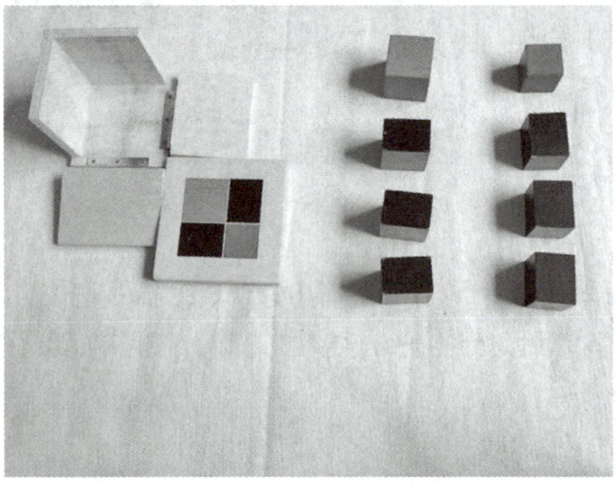

图5-11　触摸排列游戏

（3）触摸造型游戏

触摸造型游戏重点是分辨各种造型的特征,发展幼儿的图形认知能力。一种是通过触摸辨别图形及图形边框的特征进行镶嵌的游戏。小年龄段幼儿适合几何图形嵌板,中、大班幼儿适合难度较大的美术图形嵌板。另一种是通过触摸图形及其相互关系特征进行排列的游戏。如触摸排序游戏,触摸箱子里物体的形状和排列次序,然后在箱外排列出与箱内相同的形状物(见图5-11①)。

（4）触摸动作游戏

触摸动作游戏主要是感知他人身体姿态和动作,通过触摸动作的游戏来达到触觉与身体动作的协同。如游戏"盲人摄像师",一名幼儿当盲人摄像师并蒙上自己的眼睛,一名幼儿当模特任意摆一个动作保持不动,盲人摄像师触摸模特的动作,再将素材摆出和模特同样的动作。

4. 嗅觉与味觉游戏

通过"尝一尝"可以让幼儿区别出物质的甜、酸、苦、咸等味道;通过"闻一闻"可让幼儿从不同的物体散发出的特殊气味中识别物体。

嗅味觉游戏的分辨物可以是食物,也可以是非食物;可以是固态的,也可以是液态、气态的。游戏设计有两种:一种是单就一种感觉进行训练。如,在同样的瓶子里装入酒、醋、橘子水、汽油等液体,请幼儿通过闻来区分和识别这些液体,以训练幼儿的嗅觉。又如,在同样的杯子里装入不同浓度的糖水,请幼儿通过尝一尝排出糖水甜度的次序,以提高幼儿味觉的灵敏度。另一种是把两种感觉综合起来训练。如,将苹果、梨、香蕉等水果切成同样大小的块,让幼儿先闻闻、再尝尝进行辨别,就是一种嗅味觉综合训练的游戏。

工作过程

（一）计划制订

计划制订的主要步骤:1. 选择感官类型;2. 确定游戏材料;3. 确定游戏目标;4. 撰写游戏方案;5. 创设游戏环境。

选编的感官游戏内容首先需要符合幼儿的年龄特征,与幼儿已有的认知结构一致,再确定游戏材料。

---

① 图片来源于北京市蒙台梭利国际学校。

步骤 1.选择感官类型

感官游戏依不同类型而呈现目的、玩法与规则、内容、难度等不同特点。从年龄阶段看,小班幼儿感官游戏多是利用玩具材料进行,宜选择颜色鲜明的视觉游戏,材质简单的触觉游戏,已知经验丰富的听觉游戏等。中班幼儿可以尝试选择有一定趣味性和挑战性的视、听、触、嗅味觉游戏,鼓励幼儿探索其他玩法。大班幼儿可以选择集嗅味觉、视触觉等综合训练于一体的游戏,游戏任务和要求较高,可根据游戏内容创编多种新玩法。

步骤 2.确定游戏材料

材料是感官练习的载体。感官游戏材料首先应具备直观性,其颜色、形状、质地、声音等外部特征比较显著,能给予幼儿直观的感官刺激,从而促进幼儿视觉、听觉、触觉、嗅味觉等感官能力的发展。其次,感官游戏材料应具备操作性,幼儿需要在实际操作、摆弄中自然锻炼和发展感知觉。最后,感官游戏材料应具有显著的目的性和任务性,目的和任务是直接蕴含在材料和玩法中的,能够支持幼儿在游戏过程中自主发现问题、解决问题。

小班触觉游戏"奇妙的感觉"材料①

触摸墙是发展幼儿触觉感官非常实用的设备,幼儿在触摸和观察的过程中体验物体,逐步建立起柔软、坚硬、光滑、粗糙、大小、形状、颜色等概念。

【游戏玩法】

① 在触摸墙上投放不同材质的材料,幼儿在上面感受不同触感。

② 尽可能让幼儿参与制作,启发他们对选择的物体分类,鼓励他们描述所观察和触摸到的物体特点。

③ 探索新的玩法,如可将几种材料混合,感受不同触觉;尝试用手夹起材料;幼儿蒙上眼睛,采用比赛的形式,猜测摸到的物体。

【游戏材料】

塑料类:提供吸管、乒乓球、塑料瓶盖、积木等,幼儿观察材料的色彩和排列方式,感知其光滑、粗细等特征。

贝壳类:幼儿观察贝壳天然的花纹与色彩之美,感受它们的凹凸不平。

布类:幼儿观察麻布、绒布、毛巾布、厚呢布等的不同,在触摸中感受布的厚薄与柔软度。

地毯类:幼儿触摸感受地毯绒毛的长度、密度与柔软度等特征。

金属类:提供金属垫片、螺帽等金属材料,幼儿感受金属光滑的物理特性。

毛刷类:提供板刷、毛刷、牙刷等材料,幼儿在触摸中感受不同的毛糙感觉。

泡沫类:幼儿观察泡沫的色彩,感受泡沫的厚实度与柔软度。

绳草类:提供草绳、毛根、席子以及棉线等材料,幼儿在触摸的同时观察它们的摆放和造型,感受它们的不同。

竹木类:提供竹子、木头等材料,幼儿触摸木头与竹子的天然肌理,了解它们在日常生活中的作用。

综合类:提供沙、土、水、种子、麦秆、毛线、布料、瓶盖、纽扣、笔盖、吸管等材料,幼儿利用材料不同的色彩、质感、形状等进行构图与排列(见图5-12)。

图 5-12　触摸墙

① 案例由江西省九江市怡嘉苑小金星幼儿园徐晓娥园长提供。

步骤3.确定游戏目标

幼儿感官游戏的发展路径为:观察目的性加强,从不能接受任务到根据任务有目的观察再到细致观察;观察方法形成,从跳跃式、无序的观察逐渐向有顺序、有比较的观察发展;观察力提高,从认识个别对象到把握事物、现象间的内在联系。在游戏设计阶段,应充分考虑不同年龄段幼儿的感知能力特点(见表5-1),在此基础上拟定合理的游戏目标。

表5-1 感官游戏年龄目标

幼儿年龄	感官游戏目标
小班 3~4岁	认知目标:学习运用多感官感知事物明显的外部特征
	能力目标:能用简单语言描述事物和现象发生的变化;在动作的尝试中进行探究并关注动作产生的结果,如意识到撕纸会发出声音等;通过观察和触摸,使用简单工具收集信息
	情感目标:喜欢各种材料;愿意运用多感官游戏;有主动探索的欲望
中班 4~5岁	认知目标:学习有顺序感知事物的特征
	能力目标:能运用完整语言大胆表述自己感知到的发现;能对事物和现象进行比较和概括;能用图画或其他符号进行记录;能遵守游戏玩法和规则;能大胆地探索出游戏材料的其他玩法
	情感目标:对完成游戏任务表现出喜悦感和进一步游戏的愿望
大班 5~6岁	认知目标:学习感知事物的运动和变化
	能力目标:用准确、有效的语言表达和交流自己的做法、想法与发现;在感知中发现事物和现象之间的内在联系;能根据过去的经验或逻辑推断,对现象进行解释和预测;用数字、图画、图表或其他符号记录;在探究中学习与他人合作与交流;用游戏材料创编多种新玩法
	情感目标:体验与同伴游戏的快乐;愿意展示自己的游戏成果

教师明晰了年龄特点和游戏材料后,应结合表5-1所述的不同年龄阶段特点确定具体的感官游戏目标。

感官游戏"奇妙的感觉"(目标)①

小班幼儿在入园前已有过对不同材料触感的经验,在材料的投放上,教师应选择材质多样、触感鲜明的材料激发幼儿的游戏兴趣,同一类可以投放品种不同的若干个,便于幼儿在触摸中感受细微差别。教师可以设置如下游戏目标。

认知目标:体验在不同材质上的触觉感受;

能力目标:能描述物体明显的外部特征,如软硬、光滑与粗糙、冷热和各种形状等;

情感目标:具有主动参与游戏的愿望。

中、大班幼儿对各类触感材料更加熟悉,教师可以发动他们收集身边各种各样的材料,鼓励其对材料的形状、软硬、粗细等进行分类。幼儿可以通过自由选择物体,自己决定物体的摆放位置来锻炼主动性和想象力。因此设定了如下目标。

认知目标:感知同一材质的触觉差异;

能力目标:能对同一材质的触觉差异进行排序;

情感目标:对完成游戏任务表现出喜悦感和进一步游戏的愿望。

① 案例由江西省九江市怡嘉苑小金星幼儿园徐晓娥园长提供。

步骤 4. 撰写游戏方案

感官游戏方案设计包括设计游戏名称、明确游戏目标、构思游戏玩法与规则、添加游戏因素、提出游戏建议。

（1）明确游戏目标

游戏目标即在游戏中要求幼儿认识的内容和感官训练的任务，同时要考虑本班幼儿的实际发展水平，根据目标设计游戏结构。如"听听谁在叫"游戏，其教育任务是训练听觉的准确性，让幼儿利用听觉来辨别各种物体的音响。

（2）构思游戏玩法

游戏玩法是根据游戏目标和特点设计的，主要是选择与游戏目标相吻合的游戏内容和动作。游戏的玩法包括如何开始游戏、游戏中间过程以及游戏结束环节。游戏不同，玩法不同，但玩法要紧密围绕游戏的目标，并且要具有一定的趣味性和吸引力，以引起幼儿的兴趣，调动幼儿参与的积极性。

（3）拟定游戏规则

游戏规则是游戏者在游戏中必须遵守的规定。它规定了游戏动作的方式、顺序，游戏中被允许和被禁止的活动，参加游戏的幼儿在游戏中的相互关系。游戏规则会影响幼儿参与活动的积极性和主动性，教师在拟定规则时需注意以下问题。

第一，规则要合理，符合幼儿的身心发展水平。规则如果过难，超过幼儿身心发展水平，就会出现屡屡违规的现象；而教师一再提醒幼儿遵守规则，则易导致游戏停滞。

第二，规则应明确严谨。如"听听谁在叫"游戏中，教师给幼儿戴上某动物头饰，戴头饰的幼儿不得看头饰，其他幼儿只能发出动物的叫声，不能说出动物的名称，否则游戏就会失去秩序。

第三，尽量不使用制约幼儿行为的纪律性规则，如"保持安静""不许说话""不许离开座位"等。这种纪律性规则过于强硬，会破坏游戏的气氛，削弱幼儿对活动所产生的游戏性体验。

第四，不宜设立物质奖励或指定性规则，幼儿容易因担心和害怕而产生心理压力，降低对活动本身的兴趣。

第五，规则不能过于繁杂，一般以 2～3 条为宜。

（4）添加游戏因素

单纯的感官训练相对简单乏味，为了幼儿游戏的持续开展，可适当添加游戏因素增加游戏的趣味性。表 5-2 是一些常用的添加游戏因素的方法。

表 5-2　常用的添加游戏因素的方法

游戏因素	幼儿心理特点	游戏案例
角色扮演	虚构性、想象性	"谷物感官盒"：提供各类玩偶
添加动作	好奇心	"旋转的彩带"：添加舞蹈动作
竞赛	好胜心	"沙滩藏宝"：提供藏宝图
幽默娱乐	幽默感	"我的身体会制造声音"：鼓励不同部位发声
探究	变化多	"纹理卡片"：提供各种纹理材料
表演	模仿	"玩水"：提供纸船、塑料桥、动物玩偶等

（5）提出游戏建议

要考虑游戏过程中可能出现的问题，针对问题提出注意事项，也可提出其他玩法。为了便于对游戏的理解，不仅要有关于游戏玩法的文字说明，最好还要配上简单的说明图。游戏建议还应包括对游戏的环境或场地、所需材料等的建议。

中班感官游戏"嗅觉小侦探"方案[①]

游戏目标：发展嗅觉辨物能力。

适合年龄：4岁及以上。

游戏准备：卡纸，铅笔，剪刀，胶水，棉纸片，不同的纯天然香精油（如薰衣草香精油、橙子香精油、肉桂香精油、柠檬香精油）。

【游戏玩法】

1. 幼儿在卡纸上画一朵花，将它剪下，然后用胶水将棉纸片粘在花心处。教师将不同的香精油滴在棉纸片上，但只有一朵花上滴的是柠檬香精油，再将所有的花朵分置于教室各处或户外。

2. 幼儿变身为"嗅觉小侦探"，从气味各异的众多花朵中找出散发柠檬香味的那一朵。

小班感官游戏"可爱水精灵"方案

游戏目标：发展幼儿的视觉和触觉能力。

图5-13 可爱水精灵

适合年龄：3岁及以上幼儿。

游戏准备：各色水精灵原液、透明箱子、海洋生物3D模具、乳酸钙、搅拌棒、量杯、捞鱼网、一次性手套、珠光闪粉。

【游戏玩法】

在透明箱子中倒入乳酸钙，加入温开水，搅拌均匀，形成乳酸钙液。选择喜欢的模具，用乳酸钙液刷一刷，放入箱子浸泡一会儿。拿出来，在模具中倒入喜欢的水精灵原液，用手抖一抖，在乳酸钙液中脱模。脱模后的成品浸泡五分钟左右，可以根据自己的喜好掺进珠光闪粉。做好后可以轻轻捏一捏，放在水中养起来，玩捞鱼的游戏（见图5-13）。

步骤5. 创设游戏环境

感官游戏的场地比较灵活，可以布置在班级科学区或益智区，或者专门设置一个感官游戏区，常见的感官游戏场地形式有感官游戏区、感官桌、感官箱或感官盒。第一种是感官游戏区，即在相应区域内设置感官游戏操作柜，柜台内投放视、听、触、嗅味等多感官材料。由于幼儿需在台面操作，柜台设计应符合幼儿身高，便于幼儿拿取材料；材料应根据幼儿感官训练的任务分类或归类投放，便于幼儿按需取放。这种设计形式较为正式，也最具综合感官教育的价值。第二种是感官桌，即为幼儿提供一个身高适宜的桌面（圆形、方形、多边形均可），以某一主题感官材料为主，如水桌、沙桌、种子桌等，辅以桌面操作玩具，幼儿可以进行感官探索和操作场景（见图5-14[②]）。第三种是感官箱或感官盒，即利用废旧的箱子或盒子制作一个小型的操作空间。有的依据感官训练任务设计，如视觉感官盒、听觉感

图5-14 感官桌

---

① （德）瑞吉娜·贝斯勒-库夫,安娜玛丽·斯杜勒维克. 幼儿园感知觉游戏[M]. 尹倩,译. 北京：中国农业出版社,2017：128.

② 图片来源于2016年北京AMI年会模拟教室。

官盒等；有的依据主题设计，如昆虫感官游戏盒、荷塘感官游戏盒、人造雪感官箱、星球探索感官箱等；有的依据季节设计，如秋季应景感官盒、圣诞元素感官箱、春季播种感官箱等。

　　除了提供感官材料之外，还需要准备一些辅助道具，既可增加乐趣，又可发展幼儿的智力和创造精神。比如"谷物感官盒"游戏中，教师除了在操作盘中盛上适量各类谷物，还投放了勺子、石头、小铲、透明容器以及各类玩偶，详见如下案例。

感官游戏"谷物感官盒"

　　游戏材料：类似小米的谷物、勺子、石头、小铲、透明容器以及各类玩偶，玉米粒、豆子、麦粒、红豆等谷物，塑料盘、纸盘等扁平广口容器，动物模型。

　　适合年龄：3～6岁。

　　知识技能：触摸不同质地的谷物促进感官的发育；发展精细动作；通过造型丰富想象力（见图5-15）。

图5-15　谷物感官盒

　　幼儿感官游戏环境的创设还可与其他区角进行融合，鼓励幼儿对感官材料进行多元探索。比如，感官游戏和创意美工的结合，开展"奶油刷画""冰块印画""剃须泡沫画""面粉画""滚珠画"等游戏，通过一些特殊材料的投放，让幼儿在感官体验中自发探索多种艺术表现的方式。除此以外，感官游戏还可与科学区、数学区、阅读区、自然角、建构区、音乐区等相结合。例如，在绘本活动"小蓝和小黄"中，鼓励幼儿用蓝色面团和黄色面团混合以此表现故事内容；在室内自然角创设中，教师提供面团、松果、各种果实、各类树枝、石头等，即可呈现丛林的视觉感；在数学活动"面团果子"中，幼儿可学习颜色分类、10以内点数、数的分解与合成、加减法等。

感官游戏与创意美工

　　游戏目标：幼儿操作特殊材料，在感官体验中进行美术创作。

　　适合年龄：3～6岁。

【游戏玩法】

1. 剃须泡沫画

材料：剃须泡沫、水彩或食用色素、透明胶水、容器（如塑料碗等）。

玩法：将剃须泡沫挤入容器，滴入水彩或食用色素，可适当加入透明胶水增加黏性，调和均匀后作画。

---

2. 冰块印画

材料：淀粉、清水、水彩或食用色素、冷冻盒、雪糕棍等。

玩法：将清水和淀粉按照1：1的比例调和，滴入水彩或食用色素，把调好的材料倒入冷冻盒，盒中放入一支雪糕棍，放入冰箱冰冻一晚即可进行美术创作。

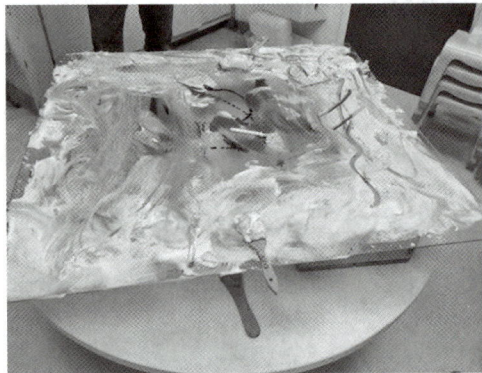
图 5-16 奶油刷画

3. 奶油刷画

材料：奶油、浅口容器、透明玻璃板、刷子、食用色素、各类自然物。

玩法：将奶油倒进容器，滴入水彩或食用色素，用刷子在透明玻璃板上自由创作；也可添入自然材料进行情境创设（见图5-16）。

4. 水晶滚珠画

材料：纸盒、画纸、颜料、水晶珠等。

玩法：把纸盒的盖子去掉，在盒底铺一层画纸，在画纸上喷一些颜料。在颜料呈液态的时候倒入水晶珠，把盒子端在手中摇动，使颜料滑到画纸的各个区域，观察滚珠在画纸上留下的痕迹。

感官游戏与科学探索

科学主题：星球探索。

游戏目标：操作视、触觉材料，直观体验、探索星球。

适合年龄：5～6岁。

【游戏玩法】

1. 银河系感官箱

玩法：将黑色的水彩颜料溶于水，把它和面粉、各色亮片一起倒在容器里搅拌、揉搓，直到揉成韧度适宜的面团，加入剪纸小星星、玩具天体、玩具宇航员等，给幼儿带来直观的银河系体验。除面团外，还可做成淀粉银河系感官箱、水油银河系感官箱、黑豆银河系感官箱等。

科学探索内容：摆放太阳系八大行星的顺序，模拟星球运转的轨道，或者创编宇航员星球探索的故事等。

2. 月球感官箱

玩法：把盐和胡椒粉或黑色的食用色素倒进容器，混合、搅拌做出月球尘埃，用银色的颜料给石头上色做出月岩，用锡箔纸包裹黏液做出陨石坑。把尘埃铺在箱底，放上岩石、陨石坑和各类星球玩具。

科学探索内容：讨论行星的名称，讨论月球尘埃和月岩的分布位置。

3. 星云感官瓶

玩法：先在玻璃瓶中倒入1/3的水，滴入2～4滴颜料，装入一些亮片，晃动瓶子使它们混合，把棉花抻开按在瓶底，重复以上步骤即可做成。

科学探索内容：观察星云的颜色；收集星云形状图（如蟹状星云）；创编故事——星云宝宝的摇篮。

（二）现场组织

现场组织的主要步骤：6. 介绍游戏，激发兴趣；7. 科学观察，记录评价；8. 适时介入，有效指导。

步骤6.介绍游戏,激发兴趣

对于接触过不同类型感官材料的幼儿,教师可以在相应的教学过程中利用感官材料配合教学,引起幼儿对探索材料新玩法的兴趣。比如在大班科学活动"星球探索"中,教师使用了面团银河系感官盘,极大地激发了幼儿的兴趣。教学结束后,教师将这套感官材料投放到了科学区,发现幼儿喜欢拿着自制的各色面团在星球板上摆放太阳系八大行星的顺序,模拟星球运转的轨道,或者创编宇航员星球探索的故事等,使手部精细动作、语言发展和科学探索融为一体。对大年龄幼儿而言,感官游戏的科学探索成分逐步增加。

另外,教师还可以设置游戏任务和投放其他辅助道具,以丰富幼儿生活经验、创设支持性心理环境、提出启发性任务等形式激发幼儿对感官材料的探索兴趣。

> **玩沙游戏①**
>
> 丰富幼儿生活经验:游戏前教师在图书馆借了一些关于考古学的书籍供幼儿翻阅,让幼儿知道人类如何在土壤中发现动物遗体,以及这些动物遗体可以为科学家提供信息,让他们了解不同历史时期地球上的生命。
>
> 创设支持性心理环境:教师将小动物和小恐龙玩具埋在沙里,鼓励幼儿将它们挖出来,就像考古学家一样;将玩沙用的工具、铲子、容器换成小刷子和勺子,这样可以让幼儿更仔细地挖沙。每天都有一名教师在幼儿"挖掘地"附近,协助幼儿进行分类和记录。
>
> 提出启发性任务:建议幼儿将沙里发现的玩具按照动物的类型、体格大小、生活的年代分类,制作表格进行记录。

步骤7.科学观察,记录评价

从幼儿的能力发展来看,各年龄段幼儿在感官游戏方面的表现是不同的,因此在观察时也要各有重点(见表5-3、表5-4)。

表5-3　小班感官游戏观察评价表

幼儿园_____　班级_____　姓名_____　年龄_____　观察者_____

游戏内容	观察指标	幼儿发展情况		
		非常符合	一般	不太符合
感官智力游戏	1. 愿意用看、听、摸、尝等方式进行感官游戏			
	2. 喜欢用感官来做小实验			
	3. 运用各种感官判断事物的大小、冷热、变化等			
	4. 能运用感官比较物体间的显著差异			

表5-4　中、大班感官游戏观察评价表

幼儿园_____　班级_____　姓名_____　年龄_____　观察者_____

游戏内容	观察指标	幼儿发展情况		
		非常符合	一般	不太符合
感官智力游戏	1. 运用视觉、听觉、触觉和嗅觉等感官进行游戏			
	2. 主动运用感官感知事物现象,能发现事物变化的原因			
	3. 能辨别面貌、物体、形态、颜色、细节和景物			
	4. 能运用已有经验尝试解决新问题			

---

① (美)盖伊·格朗兰德. 发展适宜性游戏:引导幼儿向更高水平发展[M].严冷,译.北京:北京师范大学出版社,2014:23—24.

根据幼儿智力发展的特点进行观察评价,以保证幼儿智力游戏的顺利展开与价值发挥。在感官游戏中,教师还应从以下三方面进行观察:第一,在日常生活中敏锐地发现幼儿的学习兴趣和需求,以此为依据及时组织幼儿开展相应的感官训练;第二,在游戏过程中,观察幼儿的游戏主题、游戏环境、游戏内容、游戏需求、游戏材料以及游戏的行为表现;第三,使用多种方式辅助记录游戏现场,如用录音、录像、照片等手段。

步骤8.适时介入,有效指导

对于有效的指导而言,感官游戏的介入与指导应注意以下两方面①。

第一,介入和退出游戏的时机。何时介入游戏,有赖于教师在观察理解幼儿所提供的线索和信号时的经验。看到如下情形可能有助于教师把握介入游戏的时机:幼儿一次次地重复某些行为;幼儿在遇到困难时变得沮丧起来;幼儿陆续离开当前的区域,越来越少的幼儿留下来继续游戏。何时退出游戏,同样也很重要。成人在游戏中逗留时间过久,幼儿就会依赖教师的建议、想法或外部控制,幼儿的游戏水平就可能会由高水平回落到简单游戏水平。看到如下信号教师可以考虑退出游戏:在创造游戏情境时,幼儿表现得消极被动,而不是积极主动;幼儿的声音变大,要求变多;幼儿忽视教师的建议,继续按照自己的想法操作。

第二,通过及时干预来维持游戏。适时提问或评论可以鼓励幼儿去思考、解决问题、尝试其他办法、运用象征性材料或者发展出新的游戏主题。判断提问或评论的时机有:一种是安静地站在游戏区附近,观察和倾听游戏的过程,评论的内容是认可或鼓励幼儿正在进行的内容;一种是幼儿邀请教师欣赏游戏作品,意味着幼儿愿意接受教师的点评和提问。

下面的案例呈现了教师通过逐层增加游戏难度有效地指导幼儿持续游戏。

感官游戏"清理石块"

游戏材料:石头、各类刷子、海绵、布料、剃须泡沫、喷壶、大塑料箱、其他自然材料(松果、豆荚、树枝、贝壳等)。

适合年龄:3~6岁。

【游戏过程】

① 用刷子把石块清洗干净,幼儿最初的兴趣很快消退,处于简单游戏水平。

② 为了维持幼儿的游戏兴趣,教师继续提供多种游戏材料,如各种各样的刷子、金属球、洗碗布、海绵,幼儿比较这些材料的清洗速度和洁净性。

③ 为了增加游戏难度,教师添加其他需清洗的物品,如松果、豆荚、贝壳、树枝等,幼儿比较哪种工具适合清洗哪种物品,还可讨论沉浮问题。

④ 教师添加一些小鹅卵石,鼓励幼儿发展精细动作。

⑤ 幼儿观察清洗前和清洗后水的颜色变化,留意需要用多大力气才能将石块刷洗干净,以及要刷洗多久才能把颜料清洗掉。

(三) 讨论总结

步骤9.讨论总结

要提高讨论总结的有效性,需注意:一是讨论前做好充分的准备,确立一个适宜的讨论话题。每次游戏后都会有一二十个甚至更多的内容供师幼讨论,但具体操作时,教师应合理选择。一般来说,选择的题点应是游戏中教师重点观察的内容、观察中发现的显性问题等,围绕一个中心话题或开放性问题展开师幼互动、同伴互动的多边讨论。二是围绕话题或主线来讨论,不要偏离讨论目标。学前儿童容易将讨论话题转到其

---

① (美)盖伊·格朗兰德.发展适宜性游戏:引导幼儿向更高水平发展[M].严冷,译.北京:北京师范大学出版社,2014:63—72.

他无关内容上来,教师要做好讨论的引导工作,提升讨论的有效性。三是讨论注意激发大多数幼儿的参与,避免出现一言堂。教师要适时提醒或点名,让更多幼儿参与讨论。四是当讨论难以进行或讨论中出现争执,教师要及时对讨论话题进行挖掘或引导。在出现争执时,教师只对讨论的话题作出判断,不对幼儿本人或争执事件进行评判。

大班感官游戏"带着五官去散步"(圆桌讨论)

大班幼儿听说要开展一周的特殊旅行,为此兴奋了许久。每一天教师都交代了一个小小的任务。如周一出发前,教师让幼儿先"唤醒"自己的小鼻子:首先轻轻地拉一拉鼻子,然后稍微捏一捏鼻子,再用手指轻轻抚摸鼻翼,准备活动做好后就可以出发啦。

教师带领幼儿穿过居民区,沿着小路走,穿过游戏场,经过商店,走过青草地,穿过小树林等再回到教室。大家围坐在椅子边,讲述着自己刚才看到、闻到了什么,尝试用合适的语句或方式描述自己在散步过程中的见闻,如闻到了花香味、青草味、臭水沟味道等。

之后的每一天分别是看到了什么、听到了什么、嗅到了什么。经过了一周的散步旅行,幼儿所见、所闻太多了,当回到教室后,如果不能准确地将所见所闻完整地说出,他们会觉得甚是可惜。所以教师组织幼儿进行讨论:有什么办法可以将所有见闻保存起来?

幼儿1:"出发前我们应该带上画笔、纸,还可以带照相机拍下来。而且我们应该分工,每一个地点有一个人专门做记录,还要给每一个人分一个重点,比方说有人专门记录动物,有人专门记录植物。"

幼儿2:"在散步时,有些东西我看不清楚,有的也听不清楚,我建议大家可以带一些观察的工具,比方说放大镜、手电筒,还可以带个袋子把东西装进去,做个标本。"

幼儿3:"散步以后,每个人都拍了自己喜欢的动植物、建筑、风景,我们可以把照片洗出来,做成一个展板,让其他班级的朋友也可以分享我们的旅行见闻。"

幼儿4:"我们还可以在不同的季节进行这一游戏,体验春天花朵的香味;炎热的夏天,雷雨过后能闻到什么;秋天风吹过树木是什么味道;冬天的雪地里又能闻到什么。"

幼儿针对散步旅行从旅行前、旅行过程中、旅行后以及活动延伸拓展都发表了自己的意见。我们根据幼儿的建议,再次开展了一次"带着五官走一天"散步活动,并且将见闻制作成简报张贴在班级中。

情景再现

案例：小班主题感官游戏"水的秘密"①

【游戏缘起】

玩水是幼儿的天性,他们在玩水的时候总是变换花样,能玩出情节、玩出道理、玩出无限的创意。玩水可以促进幼儿多感官的发育,使其在体验、动脑、创造中,获得不少关于水的感性知识。

活动视频

小班感官游戏
"水的秘密"

【游戏准备】

1. 直接感知,参与收集材料

教师与幼儿共同进行游戏的准备。教师布置了安全宽敞的玩水区域,幼儿带来了各类玩水工具,有漏斗、卫生纸、海绵、废旧布料、注射器、洒水壶、吸管、大小不一的盛水容器、不同容量的杯子、勺子、塑料玩偶、

---

① 案例由江西省九江市小金星怡嘉苑幼儿园代红英老师提供。

食用色素等。

2. 亲身体验,乐于丰实玩法

游戏前教师要求幼儿与家长共同收集水的不同玩法,教师安排了"水的一百种语言"时间,提供了充足的时间和机会让幼儿讲述自己家庭准备的最具创意的玩法。师幼共同决定把具有可行性且最受幼儿欢迎的玩法纳入"水的秘密"主题游戏中,教师对每一个幼儿的想法给予接纳,鼓励每一个幼儿积极参与,展示自己对水的了解。

【游戏过程】

1. 游戏初始阶段

(1)第一次游戏

教师角色:游戏开始前,教师为幼儿提供游戏时间、安全场地和基本材料,未对幼儿提出任何游戏要求,仅邀请一组幼儿来到水桌前。在游戏过程中,教师作为观察者,用书写、录像、照片、录音等方式记录幼儿的真实表现。

过程描述:水桌上布置了丰富的玩水材料:有的幼儿试图用注射器转移杯中的水;有的用漏斗灌满大容器,水溢满桌面,又试图用毛巾擦拭;有的用玩偶挤压海绵上的水;有的拿着心仪的材料跑到一边独自玩去了;有的玩了一会儿失去兴趣了,出现争抢他人玩具的情况。

问题归纳:场面混乱,游戏目的性弱。

教师支持与引导①:重新布置游戏场地。

教师:为什么会出现混乱?

幼儿:桌子太小了,我们想要大一点的地方。

幼儿:东西放在一起,大家都想玩好玩的。

教师:大家出现了争抢怎么办呢?

幼儿:我们分组玩。

幼儿:我们把东西分一分。

幼儿积极发表自己的建议,教师决定依据不同幼儿对材料的使用兴趣,在水桌旁新增四张感官桌,并把对同一类型材料感兴趣的幼儿进行组合,鼓励幼儿与同伴交流经验与发现。

教师支持与引导②:增加游戏材料并分类。

场地的拓增导致每组游戏材料的缩减,教师发现后问幼儿:"有什么办法获得更多玩水材料呢?"幼儿立即表示:"我们可以到教室里找。""可以找别的班借。"还有一个幼儿建议:"我们可以换着玩。"这个建议得到了大部分小组的赞同。游戏材料收集完后,幼儿又积极地投入到玩水中。游戏持续了40分钟。

(2)第二次游戏

教师角色:经过场地和材料的调整后,游戏步入正轨,教师巡回观察,记录每组幼儿游戏的内容,并列表记录每组游戏内容的共同点和不同点。游戏结束后,教师抓住关键问题引导幼儿分析讨论。

过程描述:活动中每组幼儿都乐此不疲地重复着把水从一个容器转移到另一个容器,他们的专注性和动作的协调性令人印象深刻。幼儿会在游戏中探索宽窄、挤压、滴、倒、吸收、溢满、飞溅等,然而大部分幼儿并没有充分利用教师提供的其他材料,游戏内容简单,同伴间交流甚少。

问题归纳:游戏内容和形式单一。

教师支持与引导①:进一步熟悉游戏材料。

教师把幼儿冷落一旁的材料拎出来,如7个大小一致的玻璃瓶。

教师:这些瓶子可以用来做什么?

幼儿:可以装水。

教师:可以用一些什么方式把水运到另一个瓶子?

幼儿:用注射器。

幼儿:用漏斗。

幼儿:用滴管,用海绵。

……

通过对游戏材料的进一步熟悉,幼儿增进了玩水的乐趣,"水宝宝搬家"游戏由此丰富起来。教师进而鼓励幼儿:用各种大小、形状不同的器具盛水,直观感受水的特性(如水是可以流动的、不会定形的,盛到各种容器里就变得和容器一样了);把各种质地的物体放在水里,直观认识水的浮力;把水分别倒在各种器皿里,敲击器皿,听声音的变化,探索水量与声音、器皿的关系;给水调颜色,调出猕猴桃汁、橙汁、葡萄汁、番茄汁的颜色,用五彩缤纷的水增加玩水的乐趣。

教师支持与引导②:讨论游戏内容。

经过两次游戏后,幼儿更多地集中在对水的触觉感受,为了拓宽水对幼儿各方面感官的刺激,教师对材料进行调整和归类,设计出以下感官游戏:视觉游戏——视觉瓶;触觉游戏——水宝宝搬家;视触觉游戏——水塔、水底藏宝;听觉游戏——水瓶琴;味觉游戏——各种各样的味道;嗅觉游戏——森林香水。

通过持续一周与水的多元互动,幼儿的玩水热情持续高涨,突破了原来单一的游戏玩法,教师支持幼儿互相交流多种游戏方式,挖掘新的游戏材料,使游戏逐步深入。

2. 游戏发展阶段

(1) 第三次游戏

教师角色:教师观察幼儿在游戏中遇到的问题以及幼儿是如何解决的,灵活调整游戏计划。

过程描述:幼儿玩水游戏主要集中在室内,受室内空间、场地、材料交互使用不便等因素影响,有的幼儿开始随意摆弄玩具材料,还有的在室内肆意跑动。

问题归纳:环境和材料没有突破,游戏兴趣渐失。

教师支持与引导:"我们还可以到哪玩水呢?"幼儿:"我们想到外面玩水!""水区那边有石头、有荷花,里面还有小金鱼呢。"这些提议引起全班幼儿跃跃欲试。考虑到幼儿能直接与水接触,拥有一次多感官的体验,教师调整了原来的计划,引导幼儿在园外收集各种自然材料,进行场景布置,共同设计了户外感官箱"水与植物:拥有自己的江河湖海",其中包括池塘美景、模拟运河、原始沼泽地等子游戏。

(2) 第四次游戏

过程描述:幼儿在园的玩水体验引起了家长的极大关注,有家长把幼儿在家玩水的游戏录成视频发给教师。家长的参与把此次主题活动推向了高潮,他们设计出了不少优秀的作品:桌面主题玩水游戏、秋叶汤、竹篮打水装置、天气瓶、谁吸得快、水的张力、水笛。

教师支持与引导:发挥家庭游戏中现成的游戏材料,教师组织了"水的秘密"主题亲子活动展,在园外廊布置了大型玩水桌,全园幼儿可以根据自己的意愿选择材料,有的幼儿还从家里带来了操作材料,丰富了活动展览。

3. 游戏创新阶段

过程描述:游戏过程中,一名幼儿突然提出一个问题——"老师,我发现冰可以化成水。"另一名幼儿也说:"是呀,冬天房顶上挂着一条一条的冰棱子,还往下滴水呢!"幼儿对水的探索有了很大的飞跃,有些幼儿开始自发地挖掘水的另一种形态。"冰化成水"的创意打开了全班幼儿的思路。

问题归纳:幼儿的思维局限于水,可创新水的特殊形态。

教师支持与引导①:组织幼儿讨论,丰富幼儿的经验。

教师:除了冰,你们发现水还有哪些特殊的样子?

幼儿:我看见老师用胶水粘画。

幼儿:我们喝的牛奶也是水做的。

幼儿:爸爸写字用的墨水。

幼儿:还有洗发水、泡泡水、颜料水……

幼儿:我们喝的饮料,也是五颜六色的水。

这个话题引发了全班幼儿的热烈参与,他们绞尽脑汁想出各种各样特殊的水。经过讨论,大家一致认为可以把这些特殊的"水"纳入我们的主题中。于是,幼儿通过各种渠道收集材料,了解其特点、用途,并且与成人一起查阅图书、图片，观看视频等。

教师支持与引导②：引导幼儿合作设计游戏玩法。

教师：我们可以用收集的材料做什么呢？

幼儿：我们可以自己做雪花。

幼儿：洗发水稠稠的，我们可以在里面滚弹珠。

幼儿：把牛奶倒进大盘子里，往里面添加树叶、花朵。

……

在家长、教师和幼儿的共同努力下，我们在主题中呈现了以下游戏：水和油的"烟火"、鲜花冰碗、泡泡雨云、创意水美工、自制饮料。

在这次游戏中出现的一大特色是：幼儿能分组游戏，相互评价与学习，借鉴其他组设计的创意，改进本组的不足。正是这些在游戏中不断延伸出的支点，使得游戏材料和内容不断完善与更新，幼儿也能更多地体验和享受水带来的感官乐趣。

项目实训

实训项目　感官游戏设计

工作要求：小组合作，选择某个具体年龄段设计感官游戏。撰写详细的感官游戏设计方案，包括游戏目标、游戏环境（场地与材料）、游戏规则、游戏内容。小组准备感官游戏材料，请一名成员介绍本组感官游戏内容，其他成员体验游戏并进行评价。

学习拓展

思政拓展

多感官游戏治疗对脑瘫患儿的疗效观察①

众所周知，运动疗法治疗脑性瘫痪是常规、有效的方法，尤其是神经生理学疗法（如 Bobath、Rood、Vojta 等）能较好地促进脑瘫患儿运动发育。但在对较严重的弱视、情绪障碍、感知觉障碍的处理方法上有所不足，不能很好地诱发重度脑瘫患儿主动参与，尤其是严重的感知觉障碍患儿。鲁利群、赵聪敏研究认为，神经系统的发育是遗传因素和环境因素共同作用的结果，丰富环境对脑发育和脑损伤修复具有显著的促进作用。本次疗效观察发现，多感官治疗可以较好地诱发患儿的主动参与，可充分地刺激感知觉及调整情绪，填补了 PT 治疗的不足，在促进脑瘫患儿运动功能的同时，增强患儿感知觉的发展。

巴洛伽发现，视觉刺激训练能提高严重弱视儿童的视力活动，越早训练效果越显著。在多感官治疗过程中，灯光、影像、幻影色彩的转变、移动能较好地刺激患儿的视觉，促进感光细胞的发育；随着视力的增强，能逐渐诱发患儿追视，使眼肌得到协调发展。同时能吸引患儿的注意力，使头颈跟随视觉追踪而紧张，促进颈部肌肉的发展，最终促进患儿抬头。另外，由于脑瘫患儿可能存在着感觉统合失调，尤其是触觉失调可导致情绪的障碍，使其不能接触人、物，或咬手指、物，或哭叫不安等行为问题，要么是感觉逃避，要么是寻求刺激。在多感官治疗中，运用波波球、毛刷等对患儿皮肤的刺激，能较好地促进触觉的调整，从而改善情绪障碍问题。游戏治疗充分体现儿童的自主性，儿童在经过精心设计的、安全愉快的游戏环境中，通过游戏达到治疗目的。游戏治疗脑瘫，能很好地诱发患儿主动参与，特别是对有一定

---

① 陈灵光.多感官游戏治疗对脑瘫患儿的疗效观察[C].第三届全国儿童康复学术会会议论文集,2008:100—103.

认知能力、自主运动较多且具有一定平衡发展能力的患儿。通过治疗师设计的"打老舅""接水果""抓小鸟"等游戏,使视觉、前庭平衡觉、本体感觉及大脑高级中枢参与整合,能诱发出患儿的平衡反应,增强髋、膝、踝关节的协同运动及增加稳定极限范围。疗效观察结果表明,治疗后的 Berg 平衡量表评分平均为 37 分,比治疗前的平均 10 分明显增加,大多数患儿能够独自站立,且患儿在动作协调、认知、社会交往等方面上得到较好的训练。治疗师利用多感官资源,通过游戏活动的方法,针对站立平衡功能来设立治疗计划,结果表明游戏治疗在训练患儿平衡能力方面具有较好的治疗作用,可作为一种治疗方法。

赛证拓展

一、单选题

1. 在科学活动"奇妙的气味"中,教师准备了分别装有水、食醋、酱油等液体的瓶子,请幼儿看一看,闻一闻。幼儿在活动中使用了什么方法?(　　)
　　A. 实验　　　　　　　　B. 参观　　　　　　　　C. 观察　　　　　　　　D. 讲述

2. 教师在区角中投放了多种发声玩具,小班幼儿在摆弄这些玩具时(　　)。
　　A. 能概括不同声音产生的条件　　　　　　B. 对声音产生兴趣,感受不同的声音
　　C. 能描述出玩具是怎么发声的　　　　　　D. 能描述出不同玩具发声的特点

3. 下面几种新生儿的感觉中,发展相对最不成熟的是(　　)。
　　A. 视觉　　　　　　　　B. 听觉　　　　　　　　C. 嗅觉　　　　　　　　D. 味觉

二、论述题

　　为什么要让幼儿通过直接感知、实际操作和亲身体验的方式进行学习?请结合实例分别说明。

三、试讲题

　　游戏:玩水

　　内容:小班玩水游戏

　　基本要求:

　　(1) 提供玩具:①请用现场提供的物品,为小班幼儿玩水提供至少 2 组玩具材料;②展示材料并说明选取材料的理由。

　　(2) 模拟演示:①模拟演示教师利用其中一组材料,组织幼儿开始玩水游戏;②要求语言讲解生动浅显,有条理,易于幼儿理解。

　　(3) 请在 10 分钟之内完成上述要求。

子情境二　语言游戏

学习目标

　　1. 素养目标:树立以儿童为本位的语言游戏指导理念,认识语言游戏与传统民俗文化的关系。

　　2. 知识目标:掌握语言游戏的内涵、特点与类型,具备较强的语言游戏的准备和开展能力。

　　3. 能力目标:熟悉语言游戏工作过程,在小组合作中具有自主学习能力和反思能力。

游戏认知

(一) 语言游戏的内涵

作为人类社会中特有的客观现象,语言可以说是人类异于其他动物的复杂又精确的交际工具。借助于语言,人类可以传递信息,交流思想,表达情感。

幼儿期是语言发展的最佳时期,幼儿教育应重视发展幼儿的语言表达能力。著名教育家陈鹤琴先生曾说过:"游戏是幼儿的生命,游戏也是幼儿获取知识的基本活动。幼儿的主要生活就是游戏,寓教育于游戏是教育好幼儿的基本途径。"可见,游戏是幼儿学习语言的一种有效方法。而语言游戏是一种特殊的语言教育活动,是以训练幼儿语言为目的的一种智力游戏,也是在教师组织指导下,以发展语言为主要目的的一种规则游戏。它以生动有趣的游戏形式,让幼儿在自愿的、愉快的情绪中,丰富词汇量,增长语言运用能力,如儿歌、绕口令、猜谜语、讲故事等,使幼儿能有更多的机会运用语言。

值得一提的是,由于幼儿的言语发展处于由情境性言语向连贯性言语过渡阶段,思维以具体形象思维为主,这就决定了教师对语言游戏指导的必要性。因此,语言游戏不是幼儿自发组织的游戏,而是由教师设计组织的,幼儿有兴趣自愿参加的游戏。它强调"游戏性"而不是"训练性"。同时,语言游戏有明确的语言学习指向目标,有明确的语义内容,主要教育目标以培养幼儿倾听和表述能力为主,活动内容主要集中在幼儿听和说的理解与表达方面,因此又名"听说游戏"。

(二) 语言游戏的特点

1. 有明确的语言教育任务,且目标内隐于游戏之中

幼儿语言游戏包含的语言教育目标具有具体、练习、含蓄三个特点①。具体是指游戏对幼儿提出的语言学习要求非常具体,给人单一和细微的感觉。练习是教师根据近阶段幼儿语言学习的重点需求设计游戏活动,让幼儿在游戏中复习巩固已学的语言内容,掌握一定的语言知识,真正获得这一方面的语言内容。含蓄指的是将教育目标贯彻在游戏活动中,让幼儿边玩边学,不知不觉地完成学习任务。

2. 语言游戏有一定的规则

游戏规则可以提高游戏的趣味性,促使游戏者在游戏中付出一定的努力。比如大班游戏"上汽车",扮演乘客的幼儿必须用"因为……所以……"的句型,完整地和司机对话才能上车,否则就不能上车。

游戏规则可以是竞赛性质的,也可以是非竞赛性质的。竞赛性的游戏有挑战性,一般是比比谁的速度快,谁听得多,谁说得准,达到了要求就算是成功了,否则要有惩罚措施。这种游戏规则在语言游戏中能产生激励机制的效应,可以促使幼儿积极参与到游戏中来。非竞赛性质的游戏同样能产生激励机制的效应。如中班语言游戏"找朋友",幼儿通过准确说出一双(袜子)、一幅(画)等量词,既锻炼了词汇能力,又积累了生活经验。

3. 游戏的成分在活动过程中逐步扩大

语言游戏活动兼有游戏和活动的双重性质。从活动的组织形式上看,具有从活动入手,逐步扩大游戏成分的特征。由于语言游戏活动带有明确的学习目的和任务,活动开始时教师先要帮助幼儿理解活动内容,交代游戏规则,示范游戏玩法,然后带领幼儿开展游戏。在幼儿熟悉游戏规则、初步掌握游戏玩法后,再放手让幼儿独立游戏。因此,语言游戏是以活动的方式开始,以游戏的方式结束。教师的主导作用在开始时非常明显,后来随着幼儿游戏水平的提高而逐渐减少,直至幼儿能完全自主游戏。

(三) 语言游戏的类型

1. 语音游戏

语音游戏是以提高辨音能力和练习正确发音为目的的游戏。语音游戏有两种形式:听音辨音游戏和发

---

① 王萍.幼儿园语言教育活动与设计[M].长春:东北师范大学出版社,2012:122.

音游戏。听音辨音游戏能帮助幼儿准确区分语音的细微差别,尤其区分相似、相近的语音,听懂普通话,发展言语听觉能力。发音游戏则是帮助幼儿清楚准确地发音,尤其要关注幼儿发音的四种特别需要,即难发音的练习、方言干扰音的练习、声调的练习、发声用气的练习,为运用口语交际打下基础。

小班听音游戏"贴图片"

【游戏目标】

分辨 z、c、s 和 zh、ch、sh。

【游戏准备】

"棋子""卷纸""刺猬""尺子""司机""老师"图卡,小黑板,磁石。

【游戏规则和玩法】

教师说出一个词,比如"棋子",请幼儿把相应的图卡贴在小黑板上。当幼儿熟悉规则后,请他们担任说词者,考验其他幼儿。

---

2. 词汇游戏

词汇游戏是以丰富词汇和正确运用词汇为目的的游戏。这类游戏不仅可以教给幼儿新词,而且可以帮助幼儿进一步理解已学过的词的意义,知道如何运用它们,从而使幼儿语言发展中的消极词汇变成积极词汇。词汇游戏种类丰富,一般而言包括正确运用名词、动词、形容词、数量词、代词、连词、同义词和反义词的游戏,词语接龙游戏以及正确使用礼貌用语的游戏。

中班词汇游戏"色彩词语自由配"①

【游戏目标】

合理使用词汇体现相应颜色特征。

【游戏规则和玩法】

教师说出两种颜色,如"红""绿",幼儿在规定时间内(例如10秒钟)必须说出对应这两种颜色的事物,如辣椒、草原。游戏进行3~4个回合,即可换下一个颜色组合。待幼儿熟悉此游戏后,可以将组合内容增加到3种、4种或5种颜色。

---

3. 句子游戏

句子游戏是以学习按照语法规则正确组词成句,并运用各种句式、句型为目的的游戏。可使幼儿通过专门、集中的学习掌握某一句法的特点、规律,并在尝试运用过程中提高使用水平。

中班句子游戏"表情猜一猜"②

【游戏目标】

学习用完整的句子表达心情。

---

① 王派人,何美雪.语言可以这样玩[M].济南:山东人民出版社,2012:36.
② 王派人,何美雪.语言可以这样玩[M].济南:山东人民出版社,2012:56.

123

【游戏准备】

不同表情的脸谱。

【游戏规则和玩法】

将脸谱面朝下,幼儿抽签,抽到一个脸谱,就要用完整的语法(包含人、事、时、地与心情)说出可能是发生什么事了。例如:"昨天晚上(时)小英(人)到公园(地)去,玩(事)得很高兴(心情)。"

4. 描述游戏

描述游戏主要是以训练用简单、生动、形象的语言描述事物的特征,发展连贯性语言为目的的游戏。这类游戏一般在幼儿具有了一定的语音、词汇、句子的基础上进行,要求幼儿的语言完整、连贯,有一定的描述能力,是一种比较综合的、较高级的语言训练游戏,一般在中、大班进行。

中班描述性游戏"神奇的口袋"

【游戏目标】

能从多角度描述水果的特征。

【游戏准备】

不透明的布袋子一个,里面放入5~6种幼儿常见的水果。

【游戏规则和玩法】

一名幼儿到前面来,手伸到布袋子里摸一种水果,然后尽可能从多角度(形状、大小、软硬、光滑或粗糙等)描述这个水果的特征,其他幼儿根据描述来猜这是什么水果。

5. 文字游戏

文字游戏是以识字为目的的游戏,这类游戏可以激发幼儿识字兴趣,培养前阅读能力,尤其适用于需要进行幼小衔接的大班幼儿。

大班文字游戏"动物大接龙"

【游戏目标】

巩固认识"猫""狗""狼""狐狸""狮子"等带有反犬旁的常见字;感受汉字的偏旁部首规律。

【游戏准备】

经验准备:幼儿认识部分字卡上的字。
物质准备:识字卡片和相应动物图卡、场景图卡皇冠一顶。

【游戏规则和玩法】

1. 介绍字卡:教师出示游戏中需要使用的识字卡片,并与动物图卡一一对应,教幼儿先认识字卡上的字,并观察这些字的共同特征。

2. 卡片大集合：每人手中随机分配一张字卡和一张场景图卡。

3. 故事接龙：游戏参与者围坐一圈，教师示范游戏规则。亮出自己的字卡和场景图卡，如，亮出"狮子"和大树场景，便说"狮子在一棵大树下美美地睡觉"。下一名幼儿按此方式，必须先辨认出字卡上的字，才能完成造句接龙。

4. 一轮游戏结束后，打乱所有卡片，重新分配，再次接龙。如果遇到幼儿不认识字，可以有一次提示机会，机会用完则淘汰出局。

5. 最终留下来的幼儿获得"识字大王"皇冠。

工作过程

（一）计划制订

计划制订的主要步骤：1. 选择游戏内容；2. 确定游戏目标；3. 撰写游戏方案；4. 创设游戏情境。

步骤1.选择游戏内容

游戏内容的选择应根据不同年龄阶段幼儿的语言发展水平而有所不同（见表5-5）。教师应从本班幼儿的实际水平出发，通过仔细观察、分析，找到大部分幼儿语言发展的最近发展区，让游戏略高于幼儿的现有水平，使幼儿"跳一跳"就可以完成。

表5-5 各年龄阶段幼儿语言游戏内容选择

	小班	中班	大班
游戏特点	语言游戏比较简单，游戏的任务比较容易理解，游戏的玩法具体且简单。游戏规则一般很少，而且在开始时对全体幼儿几乎是同一个规则要求，难度不高	游戏任务要比小班幼儿复杂多样，玩法也逐渐多样化。游戏规则具有更多的约束和控制性。在游戏中不仅要运用具体实物和教具，而且开始加入一些竞赛的元素	游戏任务和内容都比较复杂，要求幼儿进行较多的语言表达，过程要求较复杂并相互联系。游戏规则的要求也相应提高，幼儿不仅要严格控制自己遵守游戏规则，而且要迅速、准确地进行语言表达，完成游戏任务
游戏类型	语音游戏、简单词汇游戏、基本句型游戏	较复杂的词汇游戏、句型游戏、简单描述游戏	较复杂的句型游戏、较复杂的描述游戏、文字游戏
案例	如"是什么在响"游戏，教师请一名幼儿面对大家闭上眼睛，然后敲响各种乐器，请幼儿仔细分辨是哪个乐器发出的声音	如组词造句游戏"拍、打、吹、爬"中，教师可请幼儿看动作，听词说句子。先让幼儿联想"拍什么"，想到拍皮球、拍照、拍手……然后进一步联想"谁在拍"。最后，可以找出相似动作的图片，让幼儿分辨并看图造句	如"说话接龙"游戏，除了要求图片更加丰富和多样外，对幼儿的要求也相应提高，如引导幼儿根据图片内容合理想象，把四幅连环画组成一个完整的故事讲述出来

总之，教师可以依据不同年龄段的游戏发展特点，有目的、有意识地去选择高质量的语言游戏，设计成语言教育活动方案；也可以根据本园或者本班幼儿的语言发展水平，自己创编语言游戏。

步骤2.确定游戏目标

根据不同年龄阶段幼儿语言发展的需要，可以参照表5-6确定语言游戏目标。

表 5-6　不同年龄阶段语言游戏目标①

小班	中班	大班
● 听懂并理解简单游戏规则 ● 乐于参加游戏，敢于表达 ● 能够辨析并发准一些难度较大的语音 ● 理解并掌握一些常用词，以名词、动词为主，还包括部分易于理解的形容词、代词和数量词 ● 尝试运用简单句进行语言交往	● 听懂并理解多重游戏规则 ● 进一步巩固发音，纠正少量错误发音 ● 大幅增加词汇量，包括带有一定抽象意义的常用实词和少量虚词 ● 能说少量简单的复合句	● 听懂并理解较为复杂的游戏规则 ● 不断提高辨音精确度，掌握细微差别，继续纠正个别错误发音 ● 继续增加词汇量，正确运用同义词和反义词、表示事物内在关联的虚词 ● 能说更多常用的复合句 ● 有一定的文字意识

步骤 3. 撰写游戏方案

幼儿园语言游戏活动由于具有游戏和教学的双重性质，所以它的设计、组织与实施具有独特的规律。游戏过程一般包括以下四个环节：①创设游戏情景，引发幼儿兴趣；②交代游戏规则，明确游戏玩法；③教师引导幼儿游戏；④幼儿自主游戏。

小班语言游戏"看图说句子"②

【活动目标】

1. 能根据图片说一个完整的简单句。
2. 愿意参与看图说句子活动。

【活动准备】

1. 绘有图案的卡片若干张，如动物卡片、日用品卡片或其他东西的卡片。
2. 材料来源：除买成品卡片外，可让幼儿动手自制，从旧的小画书、旧挂历上选自己喜欢的内容剪下来，贴在卡片上。

【活动过程】

1. 创设游戏情景，引发幼儿兴趣

师：老师今天带来了好多有趣的卡片，大家都认识图片上画的是什么吗？

发给每个幼儿 5 张甚至更多游戏卡片。

2. 交代游戏规则，明确游戏玩法

游戏开始，两个幼儿为一组。幼儿甲把自己的卡片背向幼儿乙，乙任意抽出一张，用抽出卡片上的图案完整地说一句话（见图 5-17、图 5-18）。比如，抽出的一张卡片图案是房子，幼儿需要用"房子"说一句话。如：我喜欢漂亮的房子。乙如果能按要求完整地说出一句话，甲就拿一张卡片给乙；乙如回答不出，则不能拿甲的卡片。

3. 教师引导幼儿游戏

教师与一名能力强的幼儿合作示范游戏。

4. 幼儿自主游戏

(1) 幼儿自主结对子，按照游戏规则游戏。

(2) 幼儿互换角色，游戏反复进行，直至一方手中的卡片用完为止。卡片多者获胜。

---

① 廖贵英. 学前儿童语言教育活动指导[M]. 南昌：江西高校出版社，2015：64.
② 案例由江西省九江市中心幼儿园陈晶晶老师提供。

图 5-17　看图说句子①　　　　　　　　　　图 5-18　游戏图示②

步骤 4. 创设游戏情境

创设游戏情境的目的是使幼儿在宽松愉快的氛围中愿意参与到语言游戏中来。引发幼儿兴趣的方式是多种多样的,一般可以采用以下四种方式。

（1）用实物创设情境

教师可以使用一些与游戏有关的物品或者玩具、日用品等布置游戏的情境,创设游戏氛围,也可以利用活动区的布置、墙饰、桌面玩具、实物、图片等向幼儿提供与游戏有关的形象,引发其参与游戏的兴趣。

（2）用动作创设情境

教师可以在语言游戏中通过自己形象的动作表演,让幼儿想象游戏的角色或者游戏的场所,进而产生游戏情境的氛围。比如,练习句型"××跳呀跳"的游戏中,教师模仿兔子、袋鼠、青蛙等动物的动作。这些都有助于让幼儿形成最直接的印象,积极参与到语言游戏中。

（3）用语言创设情境

用生动的语言创设游戏情境是幼儿教师用得比较多的一种创设情境的方法。游戏开始时,教师可以通过有趣的语言、短小的儿歌或故事设置提问,或指出游戏中的角色以及所处的环境,渲染游戏氛围,引导幼儿进入游戏角色。比如,语言游戏"改错"中,教师一开始就"说错话":"今天早上,我吃完汤,喝完饭,出门看见太阳落山了。"幼儿听后哈哈大笑。教师趁机提问:"你们为什么笑?我什么地方说错了?应该怎么说?"从而引起幼儿改错的兴趣。

（4）多种方法创设情境

一般来说,教师在开展语言游戏时会综合运用各种方法,以形象的实物、逼真的动作和生动的语言充分调动幼儿的多重感官,迅速集中幼儿的注意力。此外,教师还可以考虑使用音乐、绘画、播放课件等手段来丰富游戏情境。需要注意的是,创设语言游戏时要避免时间过长而导致喧宾夺主,过于花哨而导致幼儿注意力分散。

总之,创设游戏情境应适时、适度。时间不宜过长,否则会使整个活动主次不分,重点不突出,幼儿的注意力也容易分散,进而影响后面游戏规则掌握的积极性和稳定性。一般来说,时间不超过 3 分钟为佳。另外,游戏情境的创设也并非越新奇越好,应该结合幼儿的年龄特点和本班幼儿的实际水平来设计。

（二）现场组织

现场组织的主要步骤:5. 讲解规则,示范玩法;6. 细心观察,适时指导;7. 面向全体,注重个别差异。

①② 图片来源于江西省九江市中心幼儿园。

步骤5.讲解规则,示范玩法

教师在讲解游戏规则时应注意:一是语言简明生动,切忌啰嗦、重复,以免幼儿抓不住游戏规则的要领,影响游戏的开展。二是要讲清规则的要点和展开的顺序,如果是比较复杂的游戏,规则讲完之后还要做示范,可以选择部分能力强的幼儿和教师一起玩一遍。

步骤6.细心观察,适时指导

游戏过程中,教师应该是游戏的观察者。观察的目的有两个:一是了解幼儿对游戏的玩法、规则的掌握和游戏目标的达成情况,督促幼儿遵守游戏规则;二是及时发现问题,提供适时帮助和教育。作为观察者,教师不要过多限制和束缚幼儿,要相信幼儿有能力面对游戏中的各种问题,从而更加准确地运用语言。

步骤7.面向全体,注重个别差异

教师在指导幼儿游戏中,既要照顾到全体幼儿的兴趣、爱好和现有水平,又要根据每个幼儿的游戏行为和语言运用情况,了解其语言发展水平和存在问题,提出切实、有针对性的教育措施。

(三) 讨论总结

步骤8.讨论总结

游戏后的评价是语言游戏活动的一个重要组成部分,其目的是促进幼儿语言的进一步发展。评价方式上,可以是教师评价,也可以是幼儿自评或者互评。对于小班幼儿,教师可以用游戏的口吻、游戏者的身份来评价;中、大班的幼儿具有初步评价能力,因此以自评或者互评为主。

表5-7 大班语言游戏"种花生"活动分析[1]

环节	活动设计内容	活动设计指导与分析
活动目标	1. 遵守游戏规则,尝试从多角度、用完整句式描述同伴特征 2. 愿意参与游戏活动,体验合作的乐趣	活动目标明确具体,有一定的针对性,指明了期望幼儿能够达到的水平
活动准备	1. 花生一颗 2. 儿歌《种花生》	—
活动过程	1. 创设游戏情境,引发幼儿兴趣 师:我们曾经学过一首儿歌叫《种花生》,小朋友们一起来念一遍。落花生,花生落,大家一起来种花生。送给你,送给我,花生落在谁手中。 师:我们今天就来玩一个"种花生"游戏,看看花生种在谁家了。	通过儿歌创设游戏情境,引发幼儿兴趣。儿歌本身简短、生动、形象,儿歌内容和后面的游戏过程结合得非常好,为游戏的顺利开展奠定了基础
	2. 交代游戏规则,明确游戏玩法 (1) 全班幼儿围成大圆圈,请一名幼儿来当种花生的人,其他幼儿扮演泥土 (2) 游戏开始后,扮演泥土的幼儿手心朝上,闭上眼睛不能偷看,种花生的幼儿边念儿歌边从每一名幼儿身后走过,儿歌结束前,将花生种在其中一名幼儿手上 (3) 种好花生的幼儿最后走到场地中间,用完整语句描述此幼儿的外貌、服饰或者性格特征。比如:"我把花生种在了一个女孩子手中,她扎着马尾辫,穿着粉红色棉袄和黄色裤子。" (4) 如果幼儿猜出来了,被猜中的幼儿就成为下一个种花生的人,如果没猜中,可再描述一遍,使游戏顺利进行	教师从游戏角色的任务、语言要求以及游戏奖惩等方面介绍了游戏规则,语言简明生动,重点部分用举例的方式,交代比较详细,也很到位。要求幼儿用完整语句描述,充分体现了语言练习的要求,紧扣活动目标
	3. 引导幼儿游戏 教师先扮演种花生的人,绕场地两周后走到场地中间,描述被种花生的幼儿的性格特点后,请大家猜猜是谁家种了花生。被猜中的幼儿继续扮演种花生的人	幼儿基本了解游戏规则后,教师要示范一遍,这个环节非常重要。它将抽象的语言讲解变成具体形象的游戏过程,可以帮助幼儿尽快进入游戏状态,并充分体验游戏的快乐
	4. 幼儿自主游戏 幼儿按照刚才的程序自主游戏(见图5-19)。如果幼儿不能完整地描述,教师可以提醒其从相貌、服饰或者性格特点来描述	在幼儿自主游戏的过程中,教师处于旁观者的地位,观察幼儿游戏的情况,发现问题并及时给予帮助和指导

---

[1] 案例由江西省九江市中心幼儿园吴丽娜老师提供。

续　表

环节	活动设计内容	活动设计指导与分析
活动反思	在"种花生"游戏中,幼儿兴趣浓厚,都特别想当种花生的人。通过游戏,大班幼儿合作意识增强,语言表达能力获得发展 不足之处: 1. 在说说被种花生的幼儿特征时,前面一个幼儿说了穿着特征,后面幼儿全部跟风说穿着特征,思维方面有些局限 2. 游戏中幼儿都想当种花生的人,有些幼儿甚至悄悄地把眼睛睁开一点点,下次可以用红布蒙上眼睛 3. 有些幼儿还不能用一段话流畅地描述同伴特征,只能用一句话描述,语言表达能力还有待提高 以后将会根据上述问题,有针对性地设计一些语言活动,进一步提高幼儿的语言运用能力	从游戏活动的效果来看,幼儿表现出了很高的参与性和积极性,对规则的理解和执行也比较到位。游戏过程中,教师能根据幼儿的表现及时帮助和指导,整个活动过程完成得比较顺利,游戏设计较为成功 游戏过程中幼儿的表现存在一些不足,教师能及时发现并反思,有效促进了自身的专业成长

活动视频

种花生

图 5-19 "种花生"游戏现场①

🧠 情景再现

❖❖❖❖❖❖❖❖❖ 案例：中班语言游戏"逛集市"② ❖❖❖❖❖❖❖❖❖

【游戏缘起】

从小班升入中班,幼儿的语言能力得到了很大的发展,但往往存在语音不清的情况,如:"老师(lǎosī)帮我拿(lá)一下那(là)个东西吧!""今天早上我喝了牛(líu)奶(lǎi)"……当这些话经常出现在耳边时,教师觉得有必要针对幼儿容易发错的音,设计一个语言游戏活动,帮助幼儿纠正错音。

【游戏准备】

经过反复思考,教师选择了"逛集市"这个内容。集市里有多种多样的商品,选择的余地比较大,幼儿必须发准音,才能买卖商品。教师首先引导幼儿对集市里的食物进行讨论,了解食物的外观及正确发音。一开始,幼儿的兴趣主要集中在集市里的新鲜食物上,后来在讨论的过程中,幼儿开始逐渐关注集市里的其他食物,如糯米丸子等半加工食品,这样可以选择的商品种类就更多了。教师有针对性地选择了一些幼儿经常或者容易发错音的商品,据此展开语言游戏"逛集市"。

---

① 图片来源于江西省九江市中心幼儿园。
② 案例由江西省九江市中心幼儿园叶若男老师提供。

【游戏过程】

第一次游戏

过程描述: 游戏开始后,幼儿没有分清楚游戏中逛集市的秩序,总会在别人说的时候自己也跟着说,不按照顺序说。

问题归纳: 幼儿秩序感较弱,对于依次排队说出食物的规则还不能很好地掌握。

教师支持与指导: 呀,我怎么听到这么多声音呀,这是抢答游戏吗?

幼儿: 不是啊!别人说完我就说啊!

教师: 游戏规则中说的,依次轮流说出食物的正确发音大家搞清楚了吗?

幼儿: 好像有点不清楚。

教师: 那我们按游戏规则里的"依次排队",也就是第一个人说完第二个人接着说,第三个人跟在第二个人后面说出正确发音,大家来模拟一次可以吗?

幼儿在听清楚、搞清楚"依次排队""轮流说出来"的游戏规则后,再次尝试游戏,这一次不再有闹哄哄的情况发生,幼儿投入状态了。

第二次游戏

过程描述: 幼儿在弄清楚游戏规则之后进入比赛,可他们非常热心,在同伴不能正确说出食物发音时,会"偷偷地"帮助别人。这样的情况导致游戏的得分非常接近,失去了竞赛的意义。

问题归纳: 中班幼儿对于"竞赛"的概念比较模糊,在他们心中自己能够得到很多分就够了,尚不知对手的分高会影响自己的排名,所以会非常热心地帮助对手。

教师支持与引导: 教师反思出现上述问题是由于没有制定相应的游戏规则,于是组织幼儿进行游戏规则的讨论。

教师: 大家怎样才能做到不违反游戏规则,不偷偷告诉别人答案呢?

通过与幼儿进行讨论,引导他们发现游戏的竞赛性,他人的分数排名会影响自己的分数排名,这样自己的获胜率就会很低,这也是竞赛的本质所在。了解了什么是"竞赛"后,幼儿再没有出现过"热心助人"的现象了。

第三次游戏

过程描述: 前几次游戏都是教师当裁判员、发牌员与统分员,当幼儿非常熟悉游戏规则之后,教师尝试请两名幼儿分别当裁判员与发牌员。

问题归纳: 幼儿不太懂得裁判与发牌员的职责所在。裁判员不知道怎么判断别人是对还是错,在别人说错的时候不能及时指出来,表现出很扭捏的样子;发牌员的速度跟不上,当最后一个人说完的时候不会及时补牌。

教师支持与引导: 针对这一问题,教师把前几次的游戏视频与幼儿分享,让幼儿观察教师是如何扮演这两个角色的。紧接着大家一起来讨论,说一说裁判员与发牌员应该干什么,而且要特别强调裁判员需要咬文嚼字,对集市里食物的发音要正确,这样才能做到公平公正。

第四次游戏

过程描述: 这一次的问题出现在裁判员身上。裁判员虽然自己能清楚地说出所有食物的正确发音,但是对于其他幼儿说出来的音还不能准确地判断,所以对于能否给分非常犹豫不决。

问题归纳: 裁判员对于评分犹豫不决。

教师支持与引导: 通过提问,丰富幼儿的裁判经验。

教师: 为什么你会很紧张呢?

裁判: 因为我不知道该怎么给他们算分。

教师: 他们有没有说对呢?

裁判: 我觉得他们有些说对了,有些我也搞不清到底对没对,不好判断!

教师: 如果你觉得他们的发音跟你一样是正确的,你就给分!如果是没听清楚就再听一次。如果他们的发音跟你的不一样,那就是发错了,你不能给他们分哦!用心仔细听一听,不要太慌张了。

第五次游戏

这一次游戏比较成功。幼儿对于游戏规则已经烂熟于心,发牌员和裁判员也能较好地履行自己的职责。看得出来,幼儿很喜欢玩这个游戏,有的幼儿因为分数低还哭鼻子,要求再玩一次。

【案例分析】

在这个案例中,教师从幼儿平时经常发错的音和容易发错的音入手,设计了一个语音游戏活动,内容贴近本班幼儿语言发展的实际水平,将语言教育的目标巧妙地渗透到游戏中,让幼儿在游戏的情境中反复发音,不断练习。游戏过程中,教师能及时发现幼儿出现的问题,引导幼儿讨论发现问题的根源是什么,从而提出解决办法,保证了游戏的顺利进行。

中班语言游戏"逛集市"方案

【活动目标】

1. 正确发出山(shān)、牛(niú)、榴(liú)、糯(nuò)、奶(nǎi)等易混淆的字音。
2. 愿意和同伴一起游戏,体验竞赛性规则游戏的乐趣。

【活动准备】

牛奶、牛油果、榴莲、糯米圆子等集市食物的图片。

【活动过程】

1. 创设游戏情境,引发幼儿兴趣

师:小朋友们有没有和爸爸妈妈一起逛过集市啊?

师:爸爸妈妈买东西时要怎么说才能买到东西呢?

师:今天我们就来玩一个有趣的游戏,名字就叫"逛集市"。

幼儿排好队一个接着一个进入"市场"。儿歌接龙:今天的天气真呀真正好,我和大家逛呀逛集市。

2. 交代游戏规则,明确游戏玩法

幼儿在玩游戏时,如果正确说出食物名称则加一分,如果发音错误则不加分。

发牌员出示图片"牛奶",幼儿说出正确的音,裁判员要做出判断,正确加一分,错误不加分。接着发牌员加入图片"牛油果",幼儿依次说出"牛奶""牛油果"两种食物的发音,正确加一分,错误不加分。发牌员又加入图片"糯米圆子",幼儿依次说出"牛奶""牛油果""糯米圆子"三种食物的发音……食物依次递增,最后看在加入六种食物的情况下,幼儿能否全部发音正确。游戏结束后,裁判员统计所有幼儿最终得分情况,最高分者闯关成功获精美奖品一份,最低分者表演原地转5圈(见图5-20)。

图 5-20　逛集市①

3. 教师引导游戏

教师先扮演发牌员,和幼儿玩一遍;再扮演裁判员,和幼儿再玩一遍。

4. 幼儿自主游戏

当幼儿熟悉游戏流程后,可以让两名幼儿分别担任发牌员和裁判员,幼儿开始自主游戏。

活动视频

逛集市

---

① 图片来源于江西省九江市中心幼儿园。

项目实训

实训项目单

语言游戏设计

实训视频

语言游戏设计参考样例

实训项目　语言游戏设计

工作要求:小组合作,选择某个具体年龄段设计语言游戏,游戏种类自定。撰写详细的语言游戏设计方案,包括游戏目标、游戏准备、游戏玩法和规则、游戏过程。

学习拓展

思政拓展

将民间故事融入幼儿园语言游戏活动的思考与实践①

幼儿园语言游戏是发展幼儿语言能力的重要活动,主要包含语音游戏、词汇游戏、句式游戏、描述性游戏、识字阅读训练游戏和表演游戏。针对幼儿的语言教学应遵循从口头语言向书面语言过渡的原则。而民间故事作为人民群众口头创作的文学,具有口语化的特点,大部分内容与日常生活息息相关,容易被幼儿理解和接纳。因此,充分挖掘民间故事资源,并将其融入幼儿园语言游戏活动中,借此发展幼儿的倾听与表达、阅读与书写能力,既符合幼儿园园本课程建设的主要方向,又顺应了国家弘扬中华传统文化、树立文化自信的政策要求。

民间故事种类繁多,但并不是所有的民间故事都适合在幼儿园传播、讲述,这就需要教师具备遴选民间故事的能力。

《3—6岁儿童学习与发展指南》中指出,幼儿的语言学习需要相应的社会经验支持,应通过多种活动扩展幼儿的生活经验,丰富语言的内容,增强幼儿的理解和表达能力。因此,教师选择的民间故事应符合幼儿的学习特点和接受能力。在内容上要浅显、易懂,在对话语言上要简洁、精练、具有重复性,在故事情节上要生动、富有童趣,在人物角色方面要鲜明、有特色。

教师应基于幼儿的最近发展区,从幼儿的身心发展特征出发,以幼儿的兴趣为切入口,选择幼儿所喜爱的民间故事。

民间故事的情感导向要贴近社会主义核心价值观,弘扬社会正能量,能够帮助幼儿明辨是非,养成乐于助人、诚实守信等道德品格,促进幼儿的社会性发展。

民间故事具有较强的地域性,除传播较广、全国知名的民间故事外,每个地域都有自己特有的民间故事。地方民间故事与当地人民的生活、文化、风俗习惯等联系更为紧密,更容易引发幼儿的共鸣,有助于幼儿从中获得深刻的感悟,萌发家乡认同感。

赛证拓展

考题解析

幼儿园教育活动设计②

根据主题素材与年龄段,设计一课时(30分钟左右)集体教学活动的教案。教案格式完整规范,语言清晰、简洁、明了,目标设计、内容选择、方法运用等符合幼儿年龄特征和领域特点。

附件:

主题活动——中班"小小一粒米"

---

① 金川. 将民间故事融入幼儿园语言游戏活动的思考与实践[J]. 教育界,2023(31):89—91.
② 2020年全国职业院校技能大赛(高职组)"学前教育专业教育技能"赛项赛卷。

1. 主题背景介绍

米是幼儿日常生活中常吃的食物,但对于幼儿来说,他们并不知道米来自哪里。在他们的日常三餐中,浪费米粒的现象随处可见。因此,本主题的设计,不仅可以让幼儿认识米及米制品,知道米是农民辛苦劳动种出来的,养成爱惜每一粒米的良好习惯,而且对于培养幼儿热爱劳动人民的情感以及发展幼儿的语言表达能力和动手操作能力都有积极的意义。

2. 主题素材

游戏:小米粒,找朋友

玩法:幼儿分别扮演小米粒和米制品。在"找朋友"的歌曲中,边唱歌边相互找朋友。"找呀找呀找呀找,找到一个好朋友,敬个礼,握握手,你是我的好朋友。"小米粒一边唱歌一边跳进米缸去找朋友,他碰到了爆米花问:"咦,你是谁? 和我长得很像,个子却比我大得多?""我就是你的好朋友爆米花呀!"小米粒一听,高兴地说:"好,好,好,你和我一起找朋友吧。"他们唱着歌,拉着手,一起去找朋友。

子情境三　**数学游戏**

学习目标

1. 素养目标:树立以儿童为本位的数学游戏指导理念,认识数学游戏与智力发展的关系。
2. 知识目标:掌握数学游戏的内涵和类型。
3. 能力目标:具备较强的数学游戏准备、组织与评价能力,具有自主学习、小组合作和一定的创新能力。

游戏认知

(一) 数学游戏的内涵

数学游戏是以数学启蒙为主要任务,主要是幼儿通过由教师指导的趣味性活动,对常见事物的数量关系、空间关系进行感知、观察、操作、发现并主动探索的过程[①]。数学知识具有高度抽象性、逻辑性的特点,数学知识反映的不是客观事物本身所具有的特征或者属性,而是事物之间的关系,因此,对数学知识的掌握绝不止于对知识的机械记忆,而是对于事物之间各种关系的理解,这实际上是一种逻辑知识的获得[②]。幼儿数学教育须让幼儿"在生活中学""在做中学""在玩中学"。"生活"为幼儿提供了丰富的建构数学概念的经验,提供了大量用数学解决问题的机会,而"做""玩"则让幼儿在实际操作、亲身体验、游戏等过程中不断去积累经验,逐步建构自己对抽象数学知识的理解,内化抽象的数学概念。而其中,"做中学""玩中学"即游戏化的教学,是指将抽象的数学知识融入幼儿感兴趣的游戏中,让他们在愉快的游戏中体验数学。

(二) 数学游戏的类型

1. 按数学基本内容划分

根据《纲要》及《指南》的要求,幼儿数学教育的主要内容包括集合、模式、数、量、图形、空间关系等。因

---

① 杨枫.学前儿童游戏(第二版)[M].北京:高等教育出版社,2014:195.
② 张俊.幼儿园数学领域教育精要——关键经验与活动指导[M].北京:教育科学出版社,2015:1.

图 5-21　量的比较游戏

此按照数学基本内容划分,可分为集合类游戏、模式类游戏、数类游戏、量类游戏、图形类游戏、空间关系类游戏等。集合类游戏包括分类游戏、匹配游戏等;模式游戏包括延伸模式游戏、拓展模式游戏等;数类游戏包括计数游戏、数概念游戏、数的分合游戏、数运算游戏等;量类游戏包括量的比较游戏(见图 5-21①)、测量游戏等;图形类游戏包括辨识图形游戏、图形分解与组合游戏;空间类游戏包括空间方位游戏、辨别时间游戏等。

2. 按游戏功能划分

按照数学游戏具体承担的功能,可划分为数学教学游戏、数学区域游戏和日常数学游戏。

(1) 数学教学游戏

这类游戏主要是为教学活动服务,教师有目的、有计划地将数学内容融入游戏中,帮助幼儿系统、有条理地学习抽象的数学知识。比如大班数学活动"有趣的形状",活动目标定位为了解常见图形可以通过折叠变成其他形状,教师组织了相应的教学游戏,通过启发、示范的方式引导幼儿自主操作游戏材料,达到数学学习的目标(见图 5-22②、图 5-23③)。

图 5-22　幼儿自主折叠图形

图 5-23　游戏成果展示

(2) 数学区域游戏

数学区域游戏是教师根据幼儿的年龄特点、能力等在益智区或数学区内给幼儿提供合适的操作材料,幼儿通过自主操作游戏材料掌握数学知识的游戏(见图 5-24④)。例如,在小班数学区创设"大纸盒里的保龄球馆"游戏情境,幼儿在一次次打球捡球中点数自己打倒的保龄球数,比较谁打倒的球多。

(3) 日常数学游戏

日常数学游戏是在一日生活中随时能够开展,不需要教师做太多准备的游戏。教师借助日常生活契机,引导幼儿获得一些相关数学经验。如户外活动排队进教室时,教师每次给出不同的指令让幼儿排队,如"男孩站一排,女孩站一排""男孩女孩、男孩女孩这样排成一排""长头发的站一排,不是长头发的站一排",让幼儿在游戏中感知可以按照不同的属性对物品分类。

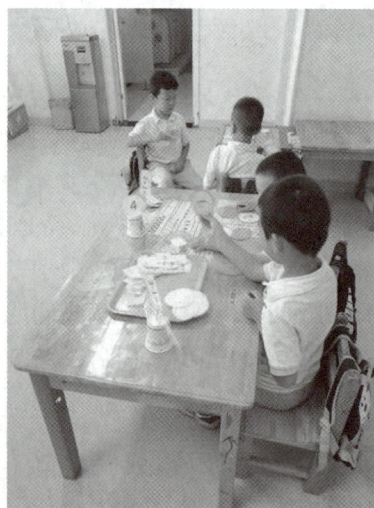

图 5-24　数学区域游戏

----

① 图片来源于江西省九江市柴桑区中心幼儿园。
②③ 图片来源于江西省九江市柴桑区中心幼儿园。
④ 图片来源于江西省九江市濂溪区第一幼儿园。

工作过程

（一）计划制订

计划制订的主要步骤：1. 确定游戏目标；2. 撰写游戏方案；3. 创设游戏环境。

步骤1.确定游戏目标

幼儿对数学概念的理解及掌握与幼儿的思维能力发展密切相关,在编排数学游戏时要充分考虑该年龄段幼儿的数学概念发展特点及水平,充分遵循幼儿数学概念形成和发展的规律。在设计具体的数学游戏时,应结合表5-8中各年龄阶段不同数学内容的发展情况设计合适的游戏目标,并从认知、能力、情感三个维度思考、写出具体的游戏目标。

表5-8　幼儿数学游戏内容及各年龄阶段目标[①]

内容		幼儿数学能力各年龄阶段目标		
		小班(3~4岁)	中班(4~5岁)	大班(5~6岁)
集合与模式	匹配	1. 学会以一一对应的方法来比较两组物体的多少和一样多(物体个数在5以内) 2. 根据物体的特点、关系寻找相关物体,将相关的物体相匹配	进一步以对应方法比较不同类物体或圆点的多少和一样多(物体个数在10以内)	—
	分类	1. 根据范例、标记和口头指示将相同的物体集中在一起,进行简单的归类 2. 按物体的某一特征进行分类(颜色、形状、大小、高矮、长短等) 3. 理解与分类有关的词语,如"相同""不同""把相同的东西放一起""找出一个和某某一样的东西"等	1. 能从一堆物体中把不属于这一集合的元素找出来 2. 按物体的内部特征进行分类(性质、功能、材料等) 3. 按物体的数量进行分类 4. 概括物体的两个特征 5. 掌握与分类有关的词语,如"分成""分开""合起来"等	1. 按物体两种(或两种以上)特征进行分类 2. 学习层级分类和多角度分类 3. 学习自由分类 4. 学习按某一特征的肯定和否定进行分类
	模式	能够识别和复制模式	能够进行模式的复制和拓展	能够创造模式
数概念与运算	数的含义	1. 感知5以内的数量,学习给5以内的圆点卡片匹配等量的实物 2. 按实物范例的数目或指定数目取出5以内相应数量的物体 3. 根据数量属性将数量为5以内的集合分类 4. 用圆点等非正式方法表示5以内的数量	1. 感知10以内的数量,发现物体的数量不会因其排列方式的改变而改变 2. 根据数量属性将数量为10以内的集合分类 3. 学习10以内的序数,能从不同的方向正确指出某一物体在序列中的位置 4. 将数字与相应数量的集合匹配 5. 认读10以内的数字并理解数字的抽象意义,会用数字表示物体的数量	1. 区分基数与序数 2. 正确书写10以内的阿拉伯数字

[①] 表格内容由下列文献整理而来:

张俊.幼儿园数学领域教育精要——关键经验与活动指导[M].北京:教育科学出版社,2015:40—44.

王燕.学前儿童数学教育与活动指导[M].南京:南京大学出版社,2015:34—36.

内容		幼儿数学能力各年龄阶段目标		
		小班(3~4岁)	中班(4~5岁)	大班(5~6岁)
数概念与运算	感数与计数	1. 手口一致点数5以内物体的数量,并说出总数 2. 通过直接感知说出3以内物体的数量 3. 按数取物(5以内) 3. 进行20以内的唱数	1. 用点数的方法对数量在10以内的物体进行准确计数 2. 按数取物(10以内) 2. 进行50以内的唱数 4. 10以内数的顺着数和倒着数	学习运用接数、按群计数(2个2个数,5个5个数)、目测数群等多种计数方法计数
	数量关系	1. 用一一对应的方法比较5以内数量的多少 2. 在感知的基础上将数量为5以内的集合按多少排序	1. 用计数的方法比较10以内数量的多少 2. 在数量比较的基础上将数量为7以内的集合按多少排序 3. 认识10以内的数序,感知10以内相邻数的等差关系	1. 比较不相邻的2个数或3个数的大小关系 2. 理解10以内数与数之间的数差关系、可逆性、传递性
	数运算	—	1. 5以内数量的分解与组合 2. 借助实物或情境理解10以内集合的数量的变化	1. 10以内数的分解与组合 2. 体验数量的多种分合方法 3. 能对一定数量的物体进行等分,如二等分、四等分 4. 借助动作、表象进行10以内的加减运算,理解加减的实际意义 5. 认识"+""-""="和加减算式,初步了解算式表示的意义
量	量的比较	1. 比较物体的大小和长短 2. 从5个以内物体中找出并说出最大的和最小的物体 3. 按物体的外部特征(颜色、形状等)或量的差异特征(大小、长短等)进行5以内物体的正排序 4. 能按照一定规则指示排序(序列数量在5以内)	1. 比较粗细、厚薄、高矮、轻重不同的两个物体 2. 从几个物体中找出等量的物体 3. 按物体量的差异(粗细、厚薄、高矮等)和数量不同进行7以内物体的正、逆排序 4. 按照一定规则指示排序(序列数量在7以内)	1. 比较远近、宽窄、体积不同的两个物体 2. 初步学习量的守恒 3. 按一定规则自由排序,并初步理解序列之间的传递性和双重性关系 4. 按大小、长短、高矮、粗细、厚薄、宽窄差异对10以内物体进行正向排序和逆向排序
	测量	—	—	学习自然测量
几何图形	几何图形特征	1. 认识圆形、正方形、三角形、长方形,并能说出名称 2. 在教师引导下,能注意周围环境中物体的形状和数量 3. 探索物体较明显的形状特征,并用自己的语言描述	1. 认识椭圆形和梯形 2. 能按平面图形角和边的数量正确区分、辨认不同的图形	1. 认识、区分球体、正方体、长方体、圆柱体 2. 寻找、区分、理解平面图形和立体图形间的关系
	几何图形分解与组合	1. 能用圆形、正方形、三角形进行组合拼搭 2. 借助割裂线的提示进行简单的图形组合	1. 不用借助分割线的提示,进行简单的几何图形组合与分解 2. 初步理解平面图形间的简单关系 3. 用6种平面图形进行组合拼搭	1. 用图形及图形组合进行较为复杂的组合与分解,理解其中的组合替代关系 2. 学会几何图形二等分、四等分,知道整体和部分间的分合关系
空间与时间	空间方位	1. 以自身为中心区分上、下的空间方位;学习判断两个物体之间明显的上下关系,说出什么在什么的上面,什么在什么的下面 2. 用上下、前后、里外等方位词描述物体的位置	1. 以自身为中心区分前后、里外的空间方位,逐步学习以客体为中心区分前后、里外的方位 2. 会按指定的方向(向上、向下或向前、向后)运动 3. 用上下、前后、里外、中间、旁边等方位词描述物体的位置和运动方向	1. 以自身为中心区分左右方位,逐步学习以客体为中心区分左右 2. 会向左、向右方向运动 3. 在日常生活中,能注意自己(或物体)在空间的位置和运动方向

续　表

内容		幼儿数学能力各年龄阶段目标		
		小班(3～4岁)	中班(4～5岁)	大班(5～6岁)
空间与时间	时间	认识并理解早晨、晚上、白天、黑夜的含义,基本学会正确运用这些时间词汇	认识理解今天、明天、昨天的含义,知道它们之间的关系,学习正确运用时间词汇	1. 学习认识时钟,学会整点、半点,学习看日历,知道一星期中每天的名称和顺序 2. 学习一些表示时间的词汇,在日常生活中能感受和注意时间的长短和更替 3. 学会看日历,知道年、月、星期、日的名称及顺序

小班数学教学游戏"哪里最安全"目标

根据幼儿数学能力年龄阶段目标,小班幼儿对于图形认知能达到的能力是:认识圆形、正方形、三角形、长方形,并能说出名称。因此,图形游戏"哪里最安全"认知目标可设定为:在游戏中认识三角形、圆形、正方形和长方形。

在该游戏中,幼儿仅仅认识三角形、圆形、正方形和长方形还不足以顺利完成游戏,需要按照教师的指令找到正确的图形,即"安全的家"。因此,能力目标设定为:能根据指令找到安全的家。再加上情感目标,此活动目标可设计如下。

【游戏目标】

认知目标:在游戏中认识三角形、圆形、正方形和长方形。

能力目标:能根据指令找到安全的家。

情感目标:愿意积极参与数学游戏。

步骤2.撰写游戏方案

数学游戏种类很多,形式灵活多样,在设计数学游戏时,有三点需要提前考虑。一是要选定数学游戏的内容范围。游戏是为了促进幼儿对数概念的理解,还是要培养幼儿量的比较能力,不同的游戏内容,需要的经验准备及知识经验不一样。二是要考虑幼儿的年龄特征。年龄不同,同一游戏内容所需要达到的要求与目标不同,游戏形式不同,幼儿的接受能力也不一样。三是要考虑数学游戏的功能。教学游戏主要是为教学服务,区域游戏强调材料的提供,日常游戏灵活便利。在此基础上,教师开始撰写游戏方案,对整个游戏过程进行计划,内容包括游戏目标、游戏准备和游戏玩法。

小班数学教学游戏"哪里最安全"方案

【游戏目标】

1. 在游戏中认识三角形、圆形、正方形和长方形。

2. 能根据指令找到安全的家。

3. 愿意积极参与游戏。

【游戏准备】

在地上用即时贴贴出三角形、圆形、正方形和长方形。

【游戏玩法】

1. 引发游戏兴趣,交代游戏规则

① 今天,我们一起来玩"狼来了"游戏。大灰狼在森林里转悠,想要寻找它的目标,小朋友要乖乖地躲在家里,把门关得紧紧的,这样大灰狼就不能把我们拖走了。

② 认识三角形、正方形和圆形:介绍图形,每一种图形是一个家。

③ 当大灰狼出来的时候,我们要听老师的要求躲到最安全的家里……

2. 游戏:什么形状的家最安全

① 教师发出指令,带领幼儿进行游戏。请一名幼儿扮演大灰狼,当大灰狼走进森林的时候,教师发出指令,幼儿按指令进入最安全的家躲好:三角形的家最安全、正方形的家最安全、圆形的家最安全、长方形的家最安全。

② 启发幼儿尝试发指令,带领同伴进行游戏。

③ 游戏可反复进行。

步骤 3. 创设游戏环境

不同类型的数学游戏对环境的要求不一样,数学教学游戏一般以集体活动的形式进行,需要教师准备好相应的教学区域及所需的教学材料,游戏时间根据幼儿的年龄不同而有所不同,一般小班10～15分钟,中班20～25分钟,大班30～35分钟。日常数学游戏基本不需要准备游戏材料,对游戏场地及时间没有特别的要求,可在幼儿一日生活的间隙随时开展。

数学区域游戏对场地、材料及时间的要求比前面两种类型的游戏要高。首先,数学区域游戏一般可以设置在益智区、科学区或专门的数学区,且为保证幼儿的游戏效果,尽量将这些区域设置在教室中较安静的地方。其次,数学区域游戏主要通过教师提供游戏材料,幼儿操作游戏材料以达到游戏的目的,因此数学区域游戏对材料的要求很高,对教师投放材料的能力要求也很高。具体来说,教师在投放相应的材料时,要根据幼儿的年龄特点、游戏的内容有目的地投放,同时要保证投放材料的多样性、操作性、层次性等。

中班区域游戏"学我摆模式"

【游戏目标】

辨识、分析并理解延伸模式规则。

【游戏准备】

生活中的各类实物(叶子、铅笔、小石头、瓶盖、饮料罐)、各种积木、雪花片、各类串珠、自制教具等。

【游戏玩法1】

1. 教师事先用准备好的各类材料在区角的空旷处创造几种模式。

2. 幼儿进入区角后,可自由选择任一模式进行延伸。

3. 幼儿在延伸教师创造的模式后,自创模式并自行延伸,或幼儿间相互延伸。

【游戏玩法2】

教师根据区域中的材料,准备一些模式任务卡,让幼儿根据模式任务卡寻找相应的材料复制模式。

在区域游戏"学我摆模式"中,投放材料的目的性体现在教师要根据幼儿年龄特点投放难易程度不同的材料。比如,游戏玩法 1 中可根据幼儿的年龄及对游戏的熟练程度,示范的模式可以从简单到复杂:从重复模式到发展模式,从实物模式到符号模式,重复单元从简单到复杂(AB-ABC-ABCD)等。游戏玩法 2 中模式任务卡的提供也可以根据幼儿的年龄及对游戏的熟练程度,由简单到复杂。对小班幼儿,主要是让他们识别简单重复的模式规律并初步复制简单的模式,模式任务卡的材料与所提供的真实材料一致,以便小班幼儿能够模仿复制。对中班幼儿,主要是在识别模式的基础上复制较复杂的模式,或者填充拓展模式,并初步尝试根据已有模式创设新的模式。因此提供的模式任务卡形式要多样,甚至可以提供符号模式任务卡,要求幼儿用实物材料复制。对大班幼儿,主要是能够进行模式的转换,鼓励幼儿用不同的方式来表现同一模式,因此提供的模式任务卡更多与实物材料不一致。

在提供材料时,还要注重材料的多样性,多样的材料能够让幼儿保持对游戏的兴趣。在"学我摆模式"中,可为幼儿提供生活用品类(不同颜色的扣子)、自然物品类(花朵)、废旧材料类(饮料瓶盖)、玩教具类(积木、雪花片),或者教师自制教具类。在区域游戏中,幼儿主要是通过与教师提供的材料充分互动获得发展,因此在数学区域游戏中,教师提供的材料要具有操作性,让幼儿通过操作材料获得对数学的认知。在"学我摆模式"中,教师提供的材料,如积木、雪花片、扣子、珠子等,都是能够被幼儿"摆弄"的,让幼儿在"摆弄"材料的过程中获得对模式的理解。材料的层次性是指在同一个区域游戏中,为满足幼儿不同层次的思维水平,教师在一个活动中要提供抽象程度不同的材料,如"实物-图片-符号"三个层次的材料。在"学我摆模式"中,既可以提供各种实物材料供幼儿创造模式,也可以提供各种图片,如动物图片、数字卡片,供幼儿创造模式。区域游戏主要是幼儿自主使用材料进行游戏,而区域中幼儿的流动性较大,教师很难随时随地对幼儿进行观察指导,且数学的"是非"标准是明确、客观的,游戏结果是有对错之分的。因此在提供游戏材料时,可把操作结果的正确与否融入材料中,即提供的游戏材料本身要具有可检性。在"学我摆模式"中,游戏玩法 1 中教师给予了操作示范,幼儿可根据教师的示范检查自己的游戏是否正确;游戏玩法 2 中幼儿可利用任务卡自主检查游戏是否正确。

(二) 现场组织

> 现场组织的主要步骤:4. 介绍游戏,激发兴趣;5. 科学观察,记录评价;6. 适时介入,有效指导。

步骤 4. 介绍游戏,激发兴趣

激发幼儿对游戏的兴趣,日常数学游戏因为简单直观,通常利用语言直接激发即可。数学区域游戏主要是幼儿通过自主操作材料进行,幼儿的自主性是区域游戏的关键所在,因此在数学区域游戏中,更多是幼儿主动进行游戏。但在幼儿初次进行游戏时,视具体情况可能需要教师介绍游戏的规则、材料、玩法,或者示范使用游戏材料。而数学教学游戏是教师主导开展的,教师在游戏开始之初,可通过各种方式激发幼儿对游戏的兴趣,一般可通过以下三种方式。

第一,故事激发。教师通过创设一定的与教学游戏有关的故事情景来激发幼儿的游戏兴趣。例如"最安全的家"活动中,大灰狼在森林里转悠寻找食物,小动物们要乖乖躲在家里,把门关得紧紧的,这样大灰狼才不能把它们拖走。当大灰狼出来的时候,小动物们要根据教师的要求躲到相应形状的家里,才是最安全的。

第二,直接激发。教师开门见山地告诉幼儿今天要来玩一个游戏,游戏的名称是什么。例如"抢椅子"活动中,教师直接告诉幼儿今天要玩"抢椅子"游戏,游戏的规则是听铃声边念儿歌边绕椅子走,念完儿歌抢一把椅子坐下,没有抢到椅子的幼儿出局。

第三,材料激发。教师通过介绍游戏材料引起幼儿对游戏的兴趣。例如"骰子游戏",教师通过向幼儿介绍骰子引起幼儿的游戏兴趣:"你们知道这是什么吗? 上面的点子代表什么意思呢? 我们可以用它来玩好玩的游戏。"

步骤 5. 科学观察,记录评价

教师对数学游戏的观察主要可根据游戏发展的进程进行。在游戏前,教师要观察幼儿是否具备相应的知识积淀和思维能力用以完成相应的游戏任务,同时要通过观察敏锐地发现幼儿的兴趣及学习需求,及时组织相应的游戏活动。例如,幼儿听教师讲故事《打瞌睡的房子》,教师讲了几页后,幼儿就能够随教师一起把讲过的故事内容重复,教师很惊奇地问:"你们是怎么知道的?"幼儿回答:"都是一样的。"教师发现幼儿能够识别故事中重复的韵律即语言模式,于是在日常生活带领幼儿开展一系列找规律游戏,提升幼儿识别模式规律的能力。在游戏中,教师要观察幼儿能否理解游戏规则;幼儿能否正确操作游戏材料及材料的提供是否适宜;幼儿能否用相应的数学语言描述自己的游戏行为;幼儿游戏时的状态,是投入的、积极的,还是游离的、消极的。另外,游戏中还要特别注意针对个别幼儿的观察,及时为其提供相应的帮助。在游戏后,教师还要通过日常生活中的观察了解幼儿是否真正理解相关的数学知识,能否灵活运用,以及寻找提升幼儿数学能力进一步游戏的契机。在观察的过程中,教师也可以利用表格(见表5-9)、相机、录音笔、幼儿日志等工具进行记录。

表5-9　数学游戏评价表

幼儿园_____　班级_____　姓名_____　年龄_____　观察者_____

项目	表现	非常符合3分	一般2分	不太符合1分	得分
游戏兴趣	主动积极地参与游戏				
	专注持续地进行游戏				
材料操作	能根据游戏的要求操作材料				
	能准确使用材料				
	能创造性地操作材料				
游戏完成情况	能按照规则进行游戏				
	能用数学语言描述相关游戏内容				
	游戏结果正确				
合作水平	能与同伴讨论相关数学内容				
	互相配合完成游戏				

步骤6.适时介入,有效指导

数学的抽象性决定幼儿很难从直接的"教"中获得对数学知识的理解,必须通过幼儿自主的思考内化或者不断的操作积累经验才能理解相应的数学知识,直接的"教"更多的是让幼儿知道或者记忆数学知识,而非理解。一般来说,教师介入指导的策略主要有以下两种。

第一,语言引导,促进幼儿思考。在数学游戏中,当幼儿思维受阻或者遇到困难时,教师可以通过语言促进幼儿自主思考,引导幼儿解决问题。语言引导可分为两类:一类是"启发性提问"引导,一类是"数学语言"引导。通过"启发性提问"可以为幼儿提供思考的角度和方向,好的提问可以推动幼儿的思维向前发展。而已有研究表明,教师的"数学语言"和幼儿数学学习之间是呈正相关的[1],一方面,教师使用的数学语言越多,儿童在数学活动中的表现就越好;另一方面,教师数学语言的质量也会影响幼儿数学概念的掌握[2]。教师在介入幼儿数学游戏时,要有意识地利用"数学语言",以更好地帮助幼儿发展数学能力,掌握数学概念。

---

① 莎莉·穆莫.数学不仅是数数——基于标准的幼儿数学教学活动[M].南京:南京师范大学出版社,2013:5.
② 黄瑾,田方.学前儿童数学学习与发展核心经验[M].南京:南京师范大学出版社,2015:25.

小班数学游戏"小兔子吃胡萝卜"观察指导

在小班"小兔子吃萝卜"的区域游戏中,教师观察发现,萌萌每次给小兔子吃胡萝卜时,都是随手拿起萝卜就往小兔子嘴巴里塞,每只小兔子塞一根,塞完就离开。当萌萌再一次塞完胡萝卜准备离开时,教师开始介入。

教师:萌萌,小兔子都吃饱了吗?

萌萌:吃饱了,都吃饱了。

教师:可是老师听兔子1(最大的兔子)说它没吃饱,兔子2(最小的兔子)说它吃得太撑了,这是为什么呢?

萌萌看着两只兔子,很疑惑。教师拿起萌萌给两只兔子喂的胡萝卜(大兔子吃的小萝卜,小兔子吃的大萝卜)请萌萌观察。

萌萌:这个胡萝卜太小了,兔子1很大,吃不饱。

教师:那我们要怎样给这些兔子喂胡萝卜呢?

萌萌:大兔子吃大胡萝卜,小兔子吃小胡萝卜。

教师:为什么呢?

萌萌:它们都是大的,它们都是小的。

第二,材料暗示,引导幼儿自主探索。在数学游戏中,幼儿通常通过操作游戏材料完成游戏目标。当幼儿的游戏遇到困难,很多时候教师可以通过调整游戏材料指导幼儿。可以通过示范游戏材料的玩法,根据实际情况增减游戏材料,更换游戏材料,改变游戏材料的呈现方式等来介入指导。

(三) 讨论总结

步骤7.讨论总结

在每次游戏的最后,教师需要根据具体情况组织幼儿进行讨论总结。讨论总结的主要作用:一是帮助幼儿总结经验;二是帮助幼儿提升经验;三是评价幼儿的游戏表现。首先,幼儿在讨论总结环节可以提出在游戏过程中自己遇到的问题、困难和疑惑,这些零散的经验在教师的帮助下能够得以整合,从而总结了幼儿的经验;其次,幼儿提出的问题、困难和疑惑变成了大家共同探讨的话题,最终得出合理的解决方案,有助于提升幼儿原有经验;最后,教师关注幼儿好的游戏行为并提出表扬,有助于幼儿获得积极的情绪体验,进一步增强游戏兴趣。

情景再现

案例:大班数学教学游戏"数的分合:找朋友"①

【游戏缘起】

经过小班、中班的学习,大班幼儿一方面已经掌握并理解了数的意义、计数等知识;另一方面,在思维能力上开始由具体形象思维向初步的抽象逻辑思维发展,这些都为学习数运算做好了铺垫。幼儿数运算能力的发展分为两个阶段,一是数的分合能力的发展,二是简单加减运算能力的发展,而数的分合能力的发展是简单加减运算能力发展的基础。因此,在大班首先需要帮助幼儿发展数的分合能力,基于此我们设计了如下方案。

———————————

① 案例由江西省九江市小金星怡嘉苑幼儿园涂士丹老师提供。

【游戏设计】

1. 导入:"猜猜猜"游戏

(1) 幼儿闭上眼睛,教师取 5 个蘑菇钉,随机分开放入两手中,请幼儿猜猜每个手上的蘑菇钉有几个。

(2) 改变蘑菇钉的分布情况,重复游戏。

设计缘由:①利用游戏导入,激发幼儿的兴趣,使其更快地进入游戏。②数的分合实质上是一种概念水平的数运算,幼儿对数的分合的理解建立在量的分合的基础上,在积累了一定的量的分合经验后,幼儿逐步理解抽象的数的分合。因此在设计数的分合活动中,提供机会让幼儿积累量的分合经验,有助于促进幼儿对抽象数的分合的理解。教师将一定数量(10 以内)的蘑菇钉分别放入两手,请幼儿猜两只手分别有几个蘑菇钉,即为幼儿提供量的分合经验,为后面抽象数的分合游戏做铺垫。

2. "找朋友"游戏

(1) 介绍游戏规则:教师出示一张数字卡片,幼儿听到音乐指令,拿出自己的卡片赶快找一个朋友,两人卡片上的数量合起来要和教师卡片上的数量一样多。音乐结束后,找到朋友的幼儿站在教师的旁边。

(2) 每个幼儿从教师准备好的三类卡片中,自主选择一张卡片拿在手上。

(3) 根据音乐指令,开始游戏。

(4) 教师用数字卡片和幼儿一起核对是否找对了好朋友。

(5) 变换数字,重复游戏。

设计缘由:①首先,"找朋友"本来就是一个幼儿熟悉的游戏,利用熟悉的游戏情景将抽象的数的分合趣味化、具体化,能够使幼儿更有效地掌握相关的知识。其次,游戏中无论是材料的选择还是朋友的寻找,都是幼儿主动参与的,幼儿只有掌握了数的分合才能根据自己手中的卡片找到相对应的朋友。最后,游戏中有些卡片是找不到朋友的或者有的幼儿会找错朋友,通过游戏中同伴的互相分享与学习,能够帮助幼儿提升对数的分合的理解。②幼儿的思维能力及数学能力的发展具有很大的个体差异性,通过提供三种层次的卡片(实物图案卡片-圆点卡片-数字卡片),也即具体形象材料-表象材料-抽象材料,并让幼儿自主选择,可以使处于不同思维层次的幼儿都有能操作的材料,同时可以观察到幼儿不同的水平。③用数字卡片校对数的分合是有标准答案的,以实现游戏的最终目标,即幼儿掌握抽象数字分合中校对过程也是幼儿再次学习的过程。

3. 提升游戏难度,重复游戏

(1) 每个幼儿拿一张卡纸,自己在卡纸上画上相应的点数(不超过 10)。

(2) 教师出示一张数字卡片,请幼儿根据自己卡片上的点数,找到一个好朋友,合成教师所出示的数。

(3) 教师用数字卡片和幼儿一起核对是否找对了好朋友。

设计缘由:①从自主选择游戏材料到自主设计游戏材料,教师逐步将游戏的主动权交由幼儿,以帮助幼儿在游戏中运用所学知识。②从"半自主"到"全自主"也体现了游戏难度的递进,且最后游戏卡片都是幼儿自己画的圆点,也意味着所有幼儿需要达到表象水平的数的分合才能完成游戏。

【游戏反思】

"猜猜猜"游戏中,一方面材料完全由教师掌控,幼儿只能坐在下面猜,虽然幼儿也参与了游戏,但是这种参与缺少与游戏材料的互动,缺乏自主性。另一方面,"猜猜猜"游戏与后面的"找朋友"游戏缺少衔接,这对一节教学活动来说转化太快,每个游戏很难深入下去。

在游戏中,教师时刻注重数学语言的运用,以帮助幼儿理解抽象的数学概念。如,在与幼儿玩"猜猜猜"游戏时,不停地重复"5 可以分成几和几""5 的好朋友是几和几";在幼儿拿到卡片时,请每名幼儿说说自己拿的是什么卡片,如"我拿到的是 4 个圆点的卡片";在出示蘑菇钉时请幼儿一起数"1 个,2 个,3 个,4 个,5 个,一共有 5 个蘑菇钉(边数边用手指)"。

游戏中教师的引导与幼儿的自主性比例失调,主要体现在:教师过于注重游戏结果的校正,花了很多时间强调游戏结果,侵占了幼儿自主游戏的时间;教师不停地在旁边用语言告诉并提示幼儿"5 可以分成几和几""8可以分成4和4,8可以分成3和5,8可以分成2和6"等,干扰幼儿自主思考与游戏。表面上是幼儿自主游戏,但实质上教师一直在用"正确的游戏结果"控制幼儿,并没有真正放手让幼儿融入游戏。

在游戏的总结环节,教师直接用数字卡片核对游戏结果是否正确,只关注幼儿是否找到正确的好朋友这个结果,但是对于幼儿在找好朋友的过程中是如何思考的、用了什么方法找到好朋友、有没有遇到困难均没有涉及。另外,教师只关注"找到好朋友"的幼儿,忽略了"没有找到好朋友"的幼儿。其实对于"没有找到好朋友"的幼儿,可以请他们说说没找到的原因,想想如何才能找到好朋友,同样有利于幼儿对数的分合的理解。

游戏的难度递进不明显,或者说游戏难度在教师不停地告知游戏结果中被降低。整个游戏过程中,幼儿都能够很轻松地完成游戏。

在整个游戏中,教师特别注重幼儿说出数的分合的结果,但是"会说"正确结果是否就意味着幼儿真正理解了?很多时候我们把幼儿"会说"等同于"理解",这是错误的。幼儿会说"5可以分成2和3"可能仅仅是单纯的模仿、记住了成人的语言和行为,而非理解为什么"5可以分成2和3",幼儿必须在"量"的层面上反复操作、比较和反思,才能达到真正的理解。

【游戏调整】

游戏目标

在游戏中感知并理解10以内数的分合;体验与同伴合作的快乐。

游戏准备

1~10的实物图案卡片、1~10的圆点卡片、1~10的数字卡片、纸笔若干。

游戏过程

1."找朋友"游戏

(1)介绍游戏规则:教师出示一张卡片,幼儿听到音乐指令,拿出自己的卡片,赶快找一个朋友,两人卡片上的数量合起来要和教师卡片上的数量一样多。等音乐结束,找到朋友的幼儿站在教师的右边,没找到朋友的站在左边。

(2)每个幼儿从教师准备好的三类卡片中,自主选择一张卡片拿在手上。

(3)听音乐,开始游戏。

(4)总结讨论:成功找到朋友的用了什么方法?没有找到朋友是什么原因?好朋友都有哪些组合?

(5)变换合成的数量,重复游戏。

2.改变游戏规则,提升游戏难度

(1)每个幼儿拿一张卡纸,自己在卡纸上画上相应的点数或数字(不超过10)。

(2)教师口头报出1个数字,请幼儿根据自己卡片上的点数或数字,找合适的朋友,合成教师所说的数字(不一定是2个,可以是3个、4个……)。

(3)找到朋友的站在教师右边,没找到的站在左边。

(4)总结讨论。

活动视频

大班数学游戏"数的分合:找朋友"

实训项目单

数学游戏设计

项目实训

实训项目　数学游戏设计

工作要求:小组合作,选择某个具体年龄段设计数学游戏。撰写详细的数学游戏设计方案,包括游戏目标、游戏材料、游戏玩法与规则。小组准备数学游戏材料,请一名成员介绍本组设计的数学游戏内容,其他成员体验游戏并进行评价。

实训视频

数学游戏设计参考样例

学习拓展

思政拓展

民间传统游戏在幼儿数学教学中的价值①

一是有利于激发幼儿学数学的兴趣。幼儿正处于逻辑思维萌发及初步发展的时期,还不能完全理解抽象的数学概念。对于幼儿来说,要掌握抽象的数学知识,必须首先激发其数学学习的兴趣。民间传统游戏大都喜闻乐见、历久弥新,充满趣味性。在轻松、愉快的传统游戏活动中,教师可以有机地渗透数学教育,使抽象的数学知识和幼儿的游戏情境结合起来,使幼儿更容易接受数学知识。因此,民间传统游戏与数学教学活动的有机融合,既可以让幼儿体验民间传统游戏的浓浓趣味,弘扬民族传统文化,又可以激发幼儿学习数学的兴趣,从而产生良好的教学效果。

二是有利于幼儿积极主动地学习数学。许多民间传统游戏具有浓郁的群体性特征,大都需要多个幼儿集体配合才能完成,这就为幼儿提供了主动参与活动的机会。如捉迷藏,教师为了让幼儿认识空间方位,请他们去寻找藏起来的同伴,并说出在什么地方找到的。为了完成任务,幼儿们会非常积极主动地去寻找,并且从自身的游戏行为中感知潜在的数学知识并延伸到自己有关数学的思考,体验成功的乐趣。这既有力支持了幼儿的数学学习,又培养了幼儿的主动性和解决问题的能力。

三是有利于幼儿良好学习习惯和学习品质的培养。幼儿的数学学习主要是通过幼儿的操作活动进行的,数学的操作往往有明确的规则、要求,这就需要幼儿养成按规则进行活动,克服困难,探索解决问题的办法,能与别人合作进行游戏等良好的学习品质。民间传统游戏有助于幼儿形成良好的学习习惯和学习品质。如编花篮、跑马城、打手背、跳竹竿等游戏,都重群体合作,有约定俗成的游戏规则。幼儿在游戏中,通过遵守游戏规则调节自己的行为,学会相互合作、互相帮助等正确的待人接物方式。

赛证拓展

一、单选题

考题解析

1. 在引导幼儿感知和理解事物"量"的特征时,恰当的做法是(　　)。

　　A. 引导幼儿感知常见事物的大小、高矮、粗细等

　　B. 引导幼儿识别常见事物的形状

　　C. 和幼儿一起手口一致点数物体,说出总数

　　D. 为幼儿提供"按数取物"的机会

2. 桌面上一边摆了3块积木,另一边摆了4块积木。教师问:"一共几块积木?"从幼儿的下列表现来看,数学能力发展水平最高的是(　　)。

　　A. 把3块积木和4块积木放在一起,然后一个一个点数

　　B. 看了一眼3块积木,说出"3",暂停一下,接着数"4、5、6、7"

　　C. 左手伸出3根手指,右手伸出4根手指,然后掰手指数出总数

　　D. 幼儿先看了3块积木,后看了4块积木,暂停一下,说7块

二、材料分析题

教师为小班幼儿制作了一列"小火车",在每节车厢上分别贴了不同品种与数量的"水果"标签,要求幼儿能按标签投放"水果"。

---

① 刘丽.民间传统游戏在幼儿数学教育中的实践研究[J].文化创新比较研究,2018,2(15):87—88.

雪儿看看标签,然后往不同的车厢装进了与标签品种一样的"水果",每节车厢都装满了"水果"。

莉莉看着标签并用手点数标签上的"水果",嘴里还念着数字,然后拿出相应品种和数量的"水果"放进车厢。

民民看看标签,取出相应品种和数量的"水果"放进车厢,然后看着车厢里的"水果",自言自语道:"嗯,都放对了。"

问题:

1. 根据上述幼儿各自的表现,分析其数学能力发展的水平。

2. 该材料对教育的启示是什么?

三、试讲题

扑克游戏

1. 内容:利用扑克牌玩数字小游戏。

2. 基本要求:

（1）利用扑克牌设计 2 种数字小游戏,简要说明游戏名称、规则及玩法。

（2）模拟演示:①模拟教幼儿自己所设计的 2 种扑克游戏;②要求语调柔和、语速自然、玩法规则清楚,易于幼儿理解与接受。

（3）请在 10 分钟之内完成上述要求。

子情境四　棋类游戏

学习目标

1. 素养目标:树立以儿童为本位的棋类游戏指导理念,了解棋类游戏的历史文化。

2. 知识目标:掌握棋类游戏的内涵、特点、类型与游戏机制。

3. 能力目标:能以儿童为本位设计、改编和制作游戏棋;能够科学地选择适龄的游戏棋;能够组织、指导棋类游戏。

游戏认知

（一）棋类游戏的内涵

棋类游戏,是根据规则在棋盘上放置或移动棋子的游戏。游戏棋是棋类游戏的必备道具,包含棋规、棋盘、棋子三要素。幼儿理解并遵守棋规,阅读、理解甚至操作棋盘,通过抓取、投掷、放置、移动棋子及辅助物,以合作或博弈的形式达成游戏的获胜条件。因此棋类游戏不仅可以满足幼儿游戏的需要,还可以发展幼儿的动作能力,对数的感知与理解能力,倾听、阅读与表达能力,以及人际交往与社会适应能力。

（二）棋类游戏的类型

棋类游戏分类维度多样,可以依据取胜方式分类,也可以依据游戏情境与策略类型分类,还可以依据游戏目的及参与人数分类等。本教材为方便教师对棋类游戏的选择与开展,依据游戏时幼儿的互动关系,将棋类游戏分为三种类型:竞争性棋类游戏、合作性棋类游戏、半合作性棋类游戏。

图 5-25　防雾霾保健康棋

1. 竞争性棋类游戏

在该棋类游戏中,幼儿互为对手;从游戏结果看,是一人击败其他对手,独享胜利。幼儿园中常见的飞行棋、军棋、象棋、跳棋、斗兽棋,以及教师自制的主题游戏棋,如"文明礼貌棋""交通规则棋""防雾霾保健康棋"等,均属于此类(见图 5-25①)。

竞争性棋类游戏通常被认为有助于形成幼儿的抗挫折能力②③④,但对小、中班的幼儿可能并不适用。自我评价和自我体验的发展规律使得幼儿在小、中班时期想要赢,不要输,常见的表现有在游戏中作弊,不愿意同能力相对强的玩家一起游戏。

2. 合作性棋类游戏

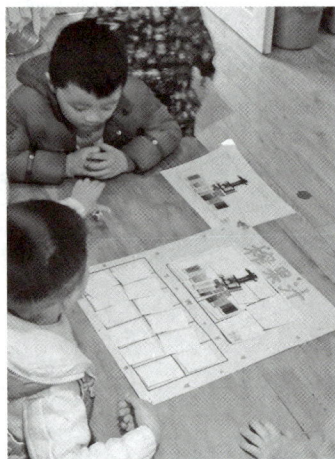

在该棋类游戏中,幼儿同属一个团队,面对共同的对手,输则同输,赢则共赢。所以合作性棋类游戏有两个特点:幼儿的互动关系为合作关系;对手往往是游戏中虚拟的角色。例如在游戏棋《榨果汁》中,任何一个幼儿成功配对水果图片,参加游戏的每一个幼儿都可以分享到一杯与水果对应的"果汁",能否快速成功配对依赖于彼此信息的共享与提示。在游戏中幼儿彼此合作,不存在竞争关系,幼儿共同的对手是一只虚拟的猫。这只"猫"会弄脏水果,一旦它在水果全部成功配对前跳进水果区,幼儿便输了(见图 5-26⑤)。

合作性游戏棋不会给参与游戏的幼儿带来因竞争而产生的情绪压力,相对更适合小、中班幼儿。根据幼儿合作程度的不同,合作性游戏棋可分为两类:简单合作类与深度协作类⑥。

图 5-26　游戏棋《榨果汁》

(1) 简单合作类游戏棋

简单合作类游戏棋最大的特点是幼儿彼此没有明确的分工。比如,在玩游戏棋《榨果汁》的过程中,幼儿没有分工,只要任何一人完成最后的卡片配对,所有人都获得胜利。从幼儿的社会性发展水平来看,简单合作类游戏棋相对更适合小、中班幼儿。

(2) 深度协作类游戏棋

深度协作类游戏棋的特点是参与的幼儿彼此拥有不同的角色和职责,游戏的胜利需要每个人的协作才能实现。例如柠檬猫 2015 年出品的游戏棋《西游记》,3 名玩家分别扮演孙悟空、猪八戒、沙僧,要赶在共同的虚拟对手黄毛怪抵达山洞前,一起救出被困其中的唐僧。3 名玩家角色彼此的功能各不相同,比如遇到障碍物葫芦时,只有沙僧的技能卡才能清除障碍,因此玩家若想胜利,必须互相帮助。深度协作类游戏棋可以在大班尝试开展。对于玩家角色权重不同的游戏棋,教师可以考虑混龄进行。

3. 半合作性棋类游戏

半合作性棋类游戏的特点是幼儿之间既有合作,又存在竞争。比如游戏棋《卡卡颂》,它需要幼儿先抽卡去拼出封闭的道路,再在道路上摆放代表自己颜色的棋子,如果自己颜色的棋子处在未封闭的道路上则不可以落子。但由于自己抽到的拼图上可能出现他人的棋子,或者有自己颜色的拼图在其他玩家手上,为了利益最大化,幼儿必须先合作。所以这款游戏棋既存在幼儿合作完成棋盘拼图的要素,又有落子最多者

---

① 图片来源于九江职业大学学前教育学院,由 2016 级学前 3 班叶子晴、蒲亚君设计。
② 杨美华. 渗透"棋趣、棋理、棋品"的幼儿园主题课程之构建[J]. 好家长,2016(4):126.
③ 高小丽,秦葆丽,高志旭. 棋类游戏对于幼儿心理及社会功能的影响[J]. 晋中学院学报,2015(3):114—116.
④ 梅和菊. 中班区域活动的组织策略研究——以"游戏棋"区域为例[J]. 考试周刊,2016(70):192.
⑤ 图片来源于江西省九江市中心幼儿园,由严晓希老师设计。
⑥ 郭力平,石凤梅,谢萌,白洁琼. 幼儿合作性游戏棋:配备、设计制作与应用[M]. 上海:复旦大学出版社,2016:45.

获胜的目标(见图 5-27、图 5-28①)。

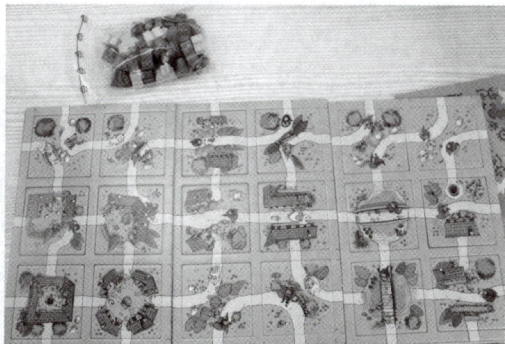
图 5-27　游戏棋《卡卡颂》(1)

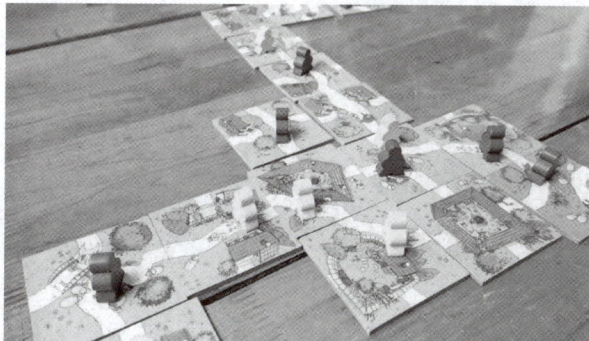
图 5-28　游戏棋《卡卡颂》(2)

有的半合作性游戏棋需要实现"组内合作,组间竞争",即团体对抗团体。比如《四国军棋》,这类游戏棋对能力的要求较高,在幼儿园开展有一定难度。

(三)　棋类游戏的主题

游戏主题是一款游戏棋的故事背景或情境。一个好的故事背景有助于吸引幼儿参与游戏,并代入其中。一般来说,好的游戏主题具备以下特点:符合幼儿年龄发展特征;贴近幼儿已有经验;可满足幼儿审美或认知的需要。

常见的幼儿游戏棋的主题类型可以分为三类②:自然主题、社会主题、奇幻主题③。

1. 自然主题

指游戏围绕自然界中的事物来进行,如动物、植物、天气等。对于幼儿而言,大自然总是充满吸引力。市面上可以买到的幼儿游戏棋有很多就是自然主题的,如《贝拉小花》《刺猬竞赛》《SOS拯救小羊》《棕色的熊/熊猫你在看什么》均属此类。

选择一种可爱的动物做主角可以说是吸引幼儿的便捷方式④。例如,游戏棋《小母鸡下蛋》就选用小母鸡作为主角,游戏故事中还穿插小母鸡与鼹鼠、小鸟、乌龟等其他动物的互动场景(见图 5-29⑤)。

图 5-29　小母鸡下蛋

2. 社会主题

指游戏围绕社会生活中的事物来进行,如日常生活、城市、交通、农村、历史等。这类游戏棋通常会向幼儿传递社会生活中的某些常识,拓展幼儿的生活经验⑥。例如,宁谊幼儿教育研究发展中心研发的游戏棋《奥运小能手》是帮助幼儿了解奥运会主要运动项目及主要规则,《小三毛游神州》(见图 5-30)是为了让幼儿了解祖国的风景名胜与地域特色,《穿越时空》是让幼儿初步了解通信工具的发展过程,及它们在人类生活中发挥的作用。

3. 奇幻主题

指游戏主要围绕未真实存在于世界上的事物来进行,如卡通、传奇、魔法、科幻等。不同性别的幼儿有不同游戏主题的偏好,其中男孩通常喜欢有战争、寻宝、探险等元素的游戏,而女孩更喜欢有王子、公主、神

---

① 图片来源于江西省九江市中心幼儿园。

②④⑥ 郭力平,石凤梅,谢萌,白洁琼.幼儿合作性游戏棋:配备、设计制作与应用[M].上海:复旦大学出版社,2016:124.

③ 编者注:原出处来自郭力平,石凤梅,谢萌,白洁琼著《幼儿合作性游戏棋:配备、设计制作与应用》一书,专指的合作性游戏棋主题分类,但放眼市面上的竞争性幼儿游戏棋,也可依此分类。

⑤ 图片来源于九江职业大学学前教育学院,由 2016 级学前 3 班郭慧芹、严芳芳设计。

仙、魔法等元素的游戏①。如游戏棋《快采水果换糖浆》（见图5-31②），因其奇幻的故事背景、梦幻又柔和的棋盘场景与色调，比较容易获得女孩的青睐。

图5-30　游戏棋《小三毛游神州》

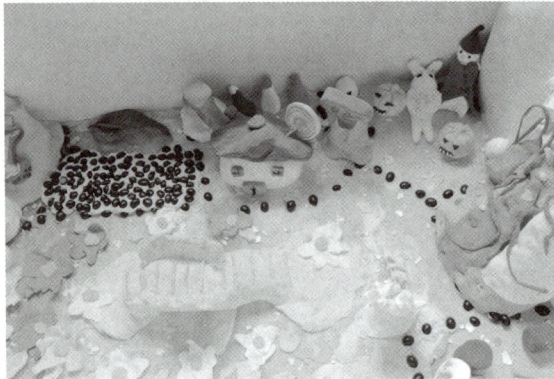
图5-31　游戏棋《快采水果换糖浆》

（四）棋类游戏的行棋机制

简单来讲，行棋机制就是游戏规定用什么方式来行棋。下面介绍常见的行棋机制③。

1. 对弈

对弈，原意专指下围棋，这里借以指称所有两人及两人以上彼此布局、对局、轮流行棋、以战略战术取胜的游戏方式。中国传统的民间棋类游戏几乎都是这种行棋机制，如围棋、中国象棋、五子棋、西瓜棋、区字棋、牛角棋、樗蒲、水族瓦棋等，幼儿园当前配置最多的游戏棋也是这种机制。

传统的对弈游戏棋，棋规相对抽象，也相对复杂，幼儿不易理解，甚至可能需要经过长时间的训练才能按照棋规行棋。教师自制的对弈游戏棋，虽然棋盘、棋具相对形象，棋规更容易理解，但行棋策略对幼儿来说，不是仅凭游戏经验的积累便可掌握的。"从下棋路线的策划到研究对方行棋的意图……常常涉及认知策略的使用，需要幼儿身心发展到一定的程度"④，因此对于幼儿而言，其他类的行棋机制更加适合。

2. 投骰子/转转盘并移动棋子

这是游戏棋最常见的行棋机制。需要注意的是，多数游戏棋只配有一枚六面骰子，但其实骰子可以不止一枚，而且可以不限于六个面，各个面还可不仅限于数字。例如根据同名绘本设计的游戏棋《母鸡萝丝去散步》，配置两枚骰子，一枚印有母鸡步数和狐狸脚印，决定是母鸡前进还是狐狸前进，另一枚则决定进入哪个场景。又如游戏棋《好饿的毛毛虫》，配置一个转盘，转盘上只有5个区间，分为4个"太阳"，1个"月亮"，玩家转到太阳时前进，转到"月亮"时暂停一回合（见图5-32）。

3. 图案识别

这一机制多从颜色或形状等图案要素入手，要求玩家通过对这些要素或要素组合进行识别来行棋。例如游戏棋《果园》，六面骰子上有四面印有不同颜色，当玩家投到颜色面时，则可收集与该颜色一致的水果（见图5-33）。又如游戏棋《虫虫毛毯》，玩家需要将颜色和形状同时配对，才能找到正确的虫虫。

4. 记忆配对

该机制需要玩家先记忆棋盘或辅助物上的特定信息，然后将与信息一致或相关的棋子或辅助物进行配对来完成行棋。游戏棋《石头汤》是该类机制的典型代表，玩家要轮流翻卡片，记忆食材位置，配对食材；但

---

① 郭力平,石凤梅,谢萌,白洁琼.幼儿合作性游戏棋：配备、设计制作与应用[M].上海：复旦大学出版社,2016：125.
② 图片来源于九江职业大学学前教育学院，由2016级学前3班吴雨燕、肖月萍、王素梅设计。
③ 郭力平,石凤梅,谢萌,白洁琼.幼儿合作性游戏棋：配备、设计制作与应用[M].上海：复旦大学出版,2016：126—131.
④ 余将涛.幼儿园棋类玩具配备与使用的研究[D].华东师范大学,2010.

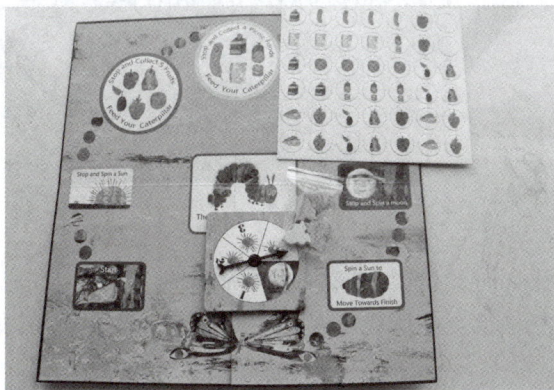

图 5-32　游戏棋《好饿的毛毛虫》

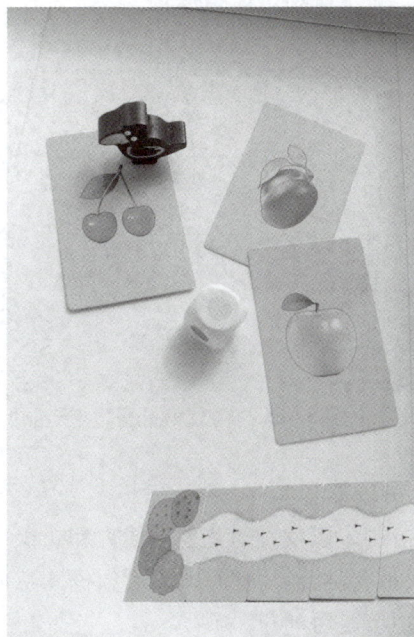

图 5-33　游戏棋《果园》

在所有食材配对完成前，翻到四张"火源"卡片，则游戏失败。又如游戏棋《榨果汁》[1]，玩家必须记住前一种水果及所在位置，才能在后续回合翻到同一种水果时准确配对，完成"榨汁"（见图 5-34）。

5. 板块拼放

该机制的特征是需要玩家通过完成目标拼图来获取胜利。比如德国游戏棋《花舍物语》，其中有适合 5 岁、6 岁幼儿的变体规则，基本玩法是在两个花坛上种植不同的花朵，当花坛上没有可见的空格时便可计分决胜负。在幼儿游戏棋中，板块拼放又以路线搭建的形式为典型。

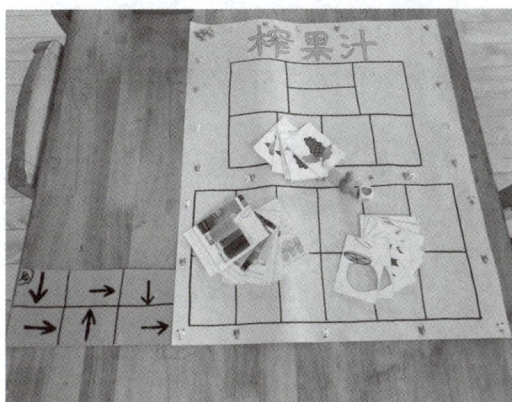

图 5-34　游戏棋《榨果汁》

路线搭建是通过建设目标路线来行棋。例如游戏棋《卡卡颂》（见图 5-35[2]），玩家依次铺设道路卡，当道路形成封闭、安全的空间（比如首尾相接的圆形）时，对应颜色的玩家可以往道路上摆放属于自己的"小孩"棋子。路线搭建机制也可以先拟定出发地与目的地的位置，再铺设道路将它们连通。例如，主题为"一起去湿地公园游玩"的自制游戏棋，制作前期幼儿通过讨论认为去湿地公园，应该从幼儿园出发，过立交桥，再到湿地公园；制作时就可以先在棋盘上定好幼儿园、立交桥、湿地公园三处的位置；幼儿游戏时则可以用道路卡依次铺设道路，直到将必经之地用道路连接。

6. 手牌管理

这种机制的特征是玩家将手牌视作游戏中的宝贵资源进行合理使用。例如游戏棋《西游记》，每个玩家都只拥有三张技能牌，必须选择最合适的时机使用，以帮助队友渡过难关。游戏棋《逃家小兔》中（见图 5-36[3]），兔妈妈可以为了兔宝宝逃离猎人而选择是否使用道具卡。

活动视频
《榨果汁》行棋

活动视频
《卡卡颂》行棋

---

① 图片来源于江西省九江市中心幼儿园，由严晓希老师设计。
② 图片来源于江西省九江市中心幼儿园。
③ 图片来源于九江职业大学学前教育学院，由 2016 级学前 3 班吕秋露、何益萍、何珍、刘会萍、刘欣设计。

图 5-35 游戏棋《儿童版卡卡颂》

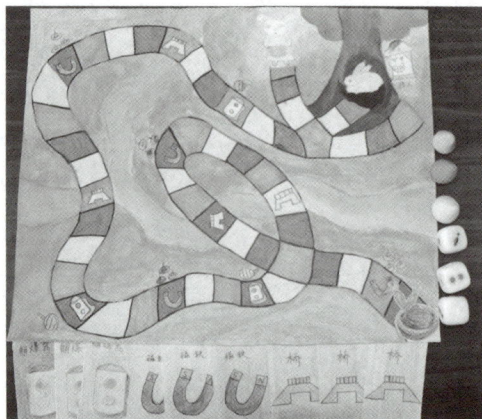

图 5-36 游戏棋《逃家小兔》

7. 讲故事

该机制多以发展幼儿表述能力和想象力为目的。比如游戏棋《与克利福德一同去冒险》,游戏的每一回合,玩家都要翻开一张图片,然后根据图片内容结合克利福德当前所在棋盘位置来表述一段情节,其他玩家则判断情节是否通过。

8. 表演

表演机制指的是玩家在游戏中需要用肢体语言完成某项任务。玩家可以按照卡片要求独自做出指定动作,也可以与同伴一起完成指定动作,《十二生肖斗魔王》就采用了这种机制。

9. 行动点限额系统

该机制的特点是玩家每个回合都有固定的有限的行动点,玩家需要合理分配行动点数,兑换相应的行动来达成目标。由黑稻游戏公司出品的《骰子时代:保护恐龙》(Dice Age:Eggstinction)就采用了这种机制。

10. 其他机制

模式搭建:机制特点是需要将棋子摆成特定的形式,或者将某种元素摆成特定的模式。这种机制最常见的就是井字棋、五子棋。

区域控制:机制特点是在棋盘上有许多区域,玩家要依据规则指定的方式,尽量占有更多的区域。

交易:机制特点是在游戏中可以使用物品交换其他物品,比如玩家之间交换某项资源,以适应自己的需求。

地面游戏:机制特点是将桌面上的棋盘呈现在地面,幼儿以自身或大型道具为棋子,通过对自身或道具的操作,在地面棋盘上行棋。实际上,地面游戏既是游戏棋的一种机制,又是游戏棋的一种特殊形式。

当然,一款游戏棋通常不会只采用一种机制,而是会有几种机制的组合。比如游戏棋《快采水果换糖浆》,既有掷骰子前进的机制,又有图案识别的机制,还有交易的游戏机制(见图 5-37)。

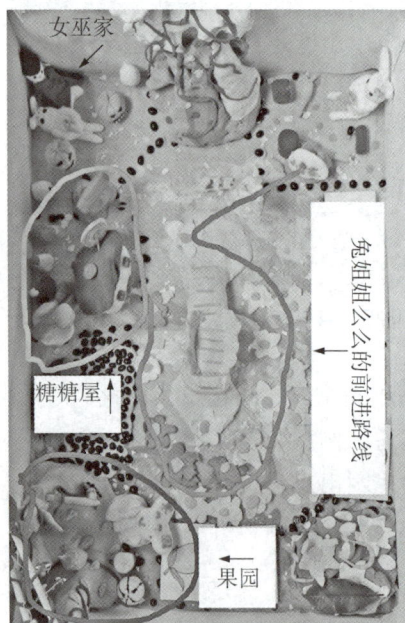

图 5-37 游戏棋《快采水果换果浆》

工作过程

(一) 计划制订

> 计划制订的主要步骤:1. 选择游戏棋;2. 确定游戏目标。

步骤1.选择游戏棋

作为智力游戏的一种,游戏棋常投放于益智区,在自主活动时供幼儿游戏。游戏棋材料可以是购置的,也可以是教师自制的。教师应根据幼儿年龄特点,参考以下四个维度考虑游戏棋的选择:合作/竞争,运气/策略,形象/抽象,棋观简单/复杂。

(1)合作/竞争

基本规律:小、中班以合作性游戏棋为主,大班则合作性游戏棋与竞争性游戏棋兼顾。

(2)运气/策略

基本规律:年龄越小的幼儿,游戏玩法越以运气为主;随年龄增大,逐渐增加策略的成分。

游戏棋的玩法可以有两种极端情况。一种是纯靠运气,比如常见的蛇形棋类游戏棋,只需要掷骰子或转转盘,遇到事件格则触发事件(前进、后退或停步),一路走到终点。另一种极端则是纯策略,比如军棋、象棋、跳棋、斗兽棋等,整个游戏过程都依靠策略运用来进行。

多数游戏棋的玩法既有运气成分,又有策略成分,只是不同的游戏棋所含运气或策略比重不同。比如飞行棋,玩法上就是运气比重大,策略比重小;而柠檬猫2014年出品的游戏棋《小猪跑跑跑》,虽然也是掷骰子前进,但骰子点数可以拆分成不同小猪前进的步数,因此其玩法上策略的比重相对更大。教师需要对不同的游戏棋玩法的运气和策略比重进行判断,以适应不同发展阶段的幼儿。

(3)形象/抽象

基本规律:幼儿年龄越小,越需要考虑形象性高的游戏棋;幼儿年龄越大,越可以考虑抽象性更高的游戏棋。这是由幼儿的注意、想象、思维的发展规律共同决定的。

形象/抽象维度主要反映在游戏情境形象/抽象程度及棋盘、棋子的形象/抽象程度两方面。故事性、叙事性越强,棋盘、棋子越贴近故事场景、角色,则游戏棋形象性越高。反之,游戏棋抽象性越高。例如,游戏棋《快采水果换糖浆》就是叙事性强,且棋盘、棋子两方面形象性都高;游戏棋《榨果汁》叙事性较弱,但棋盘、棋子形象性较高;军棋、象棋、跳棋则是缺乏叙事性且抽象性高。

(4)棋规简单/复杂

基本规律:对年龄越小的幼儿,棋规越需简单明了;对年龄越大的幼儿,棋规可以适当复杂些。

需要强调的是,教师可以根据幼儿的实际表现调整棋规以适应其发展水平,也可以使用经幼儿自己协商、共同约定的棋规。比如,教师为了让游戏更适应本班幼儿发展水平,凸显游戏的合作性,经与幼儿商定后将儿童版《卡卡颂》的棋规,由原版的拼出封闭道路即可摆上小人,修改为尽量将道路修建得远而长,等所有版图用完后才可以在连贯的道路上摆上小人①。这样,幼儿在拼图时会更容易关注如何与每一位玩家合作。

当然,教师还可以结合其他方面考虑游戏棋的选择与投放,比如安全性、色彩色调、活动主题、幼儿性别、动作发展水平、数的发展水平等。如果没有现成的游戏棋可投放,教师也可根据以上内容自制游戏棋。

步骤2.确定游戏目标

棋类游戏的目标确定应综合考虑幼儿棋类游戏相关心理的发展特征和具体游戏棋的特点。

(1)幼儿棋类游戏相关心理的发展特征

由于在棋类游戏过程中,幼儿至少需要调动自己的动作、注意、记忆、言语、科学与数学、社会性等方面的认知、情感与能力进行参与,那么在确定游戏目标时,对幼儿以上方面的身心发展规律的把握,是非常必要的。不同年龄阶段的幼儿在动作、注意、记忆、言语、科学与数学、社会性等方面的表现有较大差异,所以这里借鉴《指南》,并引用《幼儿合作性游戏棋:配备、设计制作与应用》一书中整理的幼儿以上方面的发展特点,对幼儿玩游戏棋时可能有关的表现进行了整理,供学习者在设计游戏目标时参考。

(2)具体游戏棋的特点

棋类游戏作为一种特殊的规则游戏,既有它符合规则游戏的特点,又有自身独有的特点,比如明显有别于其他规则游戏的游戏形式和游戏节奏。

拓展阅读

学前心理学视角下游戏棋棋盘内容设计优化研究

拓展阅读

幼儿棋类游戏相关心理发展特征

---

① 案例由江西省九江市中心幼儿园房美君老师提供。

游戏棋的主题不同,则目标功能可能不同。比如社会主题的游戏棋常常是为了拓展幼儿的认知,而奇幻主题的游戏棋可以满足幼儿想象的需要。

游戏棋的不同机制,对幼儿不同身心方面的功能也不同。比如,图案识别和骰子数可拆分的机制侧重发展幼儿的数学能力,记忆配对机制有助于提升幼儿的记忆,讲故事机制锻炼幼儿的语言讲述能力,板块拼放机制促进发展幼儿小肌肉动作与空间感知,地面游戏重在发展幼儿的大肌肉动作,手牌管理则更注重发展幼儿的社会性。

因此,设定游戏目标时,教师需要同时考虑游戏棋自身的功能和特点,以及幼儿心理发展的阶段性、连续性和倾向性,在此基础上拟定合理的游戏目标(参见表5-10)。

表5-10 各年龄段棋类游戏活动目标

幼儿年龄	棋类游戏活动目标	
小班 3～4岁	认知目标:感知背景故事与游戏棋的对应关系	
	能力目标:能在教师指导下发现棋路特点并尝试行棋	
	情感目标:愿意自主探索棋子及棋盘内容	
中班 4～5岁	认知目标:知道棋规与棋盘内容	
	能力目标:能在教师提醒下按照棋规轮流行棋	
	情感目标:喜欢与同伴一起下棋;愿意主动表达自己在游戏中的感受和观点	
大班 5～6岁	认知目标:理解棋规、棋盘、棋子各要素与胜利条件之间的内在关系	
	能力目标:能自主协商并尝试运用棋规所含策略行棋	
	情感目标:愿意在游戏中帮助他人;愿意配合指令进行团队协作	

游戏棋《蜜蜂小王国》[①]

游戏棋《蜜蜂小王国》是宁谊幼儿教育研究发展中心出品的一款竞争性游戏棋。棋盘棋格整个呈蜂窝状,每个棋格标有数字,路径上分布若干反映蜜蜂生活习性的情景图片。基本玩法是玩家轮流掷骰子并移动棋子,先达终点者获胜;适合玩家人数为2～4人;适合年龄为4～6岁。该游戏棋目的是帮助幼儿了解蜜蜂的生长发育过程和生活习性(见图5-38)。

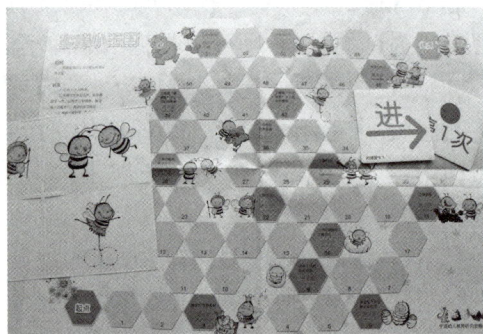

图5-38 游戏棋《蜜蜂小王国》

如果是对于中班幼儿,可以将活动目标设计为:了解蜜蜂的生长发育过程和生活习性;体验与同伴一起下棋的乐趣;能根据骰子和棋盘的数字标识正确行棋。

如果是对于大班幼儿,可以将活动目标设计为:感知图卡内容与行棋进退的关系;行至棋盘图卡处,能用完整的言语描述图卡所示蜜蜂习性;体验用教学图卡自制棋规、棋盘的乐趣。

(二) 现场组织

现场组织的主要步骤:3. 激发游戏兴趣;4. 解释棋规;5. 科学观察;6. 适时介入。

---

① 邱学青.乐在棋中——儿童棋类游戏总动员(高级)[M].南京:南京师范大学出版社,2011:6—10.

步骤 3.激发游戏兴趣

教师可以通过自身参与或介绍游戏背景故事来激发幼儿对游戏棋的兴趣。如果是玩围棋、象棋等中国传统的民间棋类游戏,可以通过具体形象地呈现起源故事、名人轶事、民谣儿歌等方式激起兴趣;如果是根据绘本改编的游戏棋,教师可以先帮助幼儿熟悉绘本内容,再介绍相应的游戏棋来引发兴趣。

步骤 4.解释棋规

棋规明确了参与者需要共同遵循的行棋规则,主要包括布子方式、行棋方式、辅助物的运用方式,并对输赢设立了标准,是游戏棋活动得以顺利开展的基本前提。因此,教师应当在幼儿进行活动前解释棋规,解释内容应包含上文提及的四个方面:布子方式、行棋方式、辅助物的运用方式和输赢标准。此外,教师还可以表述在游戏过程中自己所期待的互动行为。

针对棋规相对较难的情况,单纯的言语表达可能难以帮助幼儿完全理解,因此教师可以按照"教师演示—师幼共玩—幼儿自主游戏"三个环节帮助幼儿逐步充分地理解棋规。

步骤 5.科学观察

教师对幼儿玩游戏棋的观察不是关注棋局发展,而是幼儿在游戏中的行为与情绪情感表达,一般来讲可以从五个方面进行:游戏兴趣、阅读能力、数的发展、规则遵守、人际交往。表 5-11 可供教师参考。

表 5-11　棋类游戏观察表

幼儿园_____　班级_____　姓名_____　年龄_____　观察者_____

项目	表现	一直符合 3 分	多数时候符合 2 分	偶尔符合 1 分	得分
游戏兴趣	主动积极地参与游戏				
	专注持续地进行游戏				
阅读能力	棋子从起点开始行棋				
	能理解并正确使用辅助卡及其他标识物				
数的发展	骰子、棋盘、棋子上的颜色或形状可以彼此匹配				
	棋子前进步数与骰子或转盘数匹配				
	可以在游戏中按数取物/进行简单数的拆分				
规则遵守	可以按顺序、轮流、等待行棋				
	可以按照棋规行棋				
	可以提醒棋规或纠正有违棋规的行为				
	有发现和运用策略的意识				
人际交往	主动递骰子或帮忙行棋				
	主动分享游戏策略				
	通过自主协商处理游戏中的困难				
	主动安慰其他玩家的情绪				

步骤 6.适时介入

玩游戏棋作为幼儿的一项自主游戏活动,教师不应对幼儿的行棋过程过多控制和介入,损害幼儿的游戏体验。比如,幼儿没有按照已有棋规行棋,但是彼此之间约定其他棋规并依照执行,教师应允许幼儿在游戏中自定规则。还有行棋策略的优劣问题,教师不应在幼儿游戏时干涉,因为此时教师关注更多的是幼儿的棋技而非游戏行为,忽视了游戏棋作为游戏的内在功能。即使是解释完棋规后,面对一款不熟悉的游戏棋,幼儿也可能出现看似无序的摸索阶段,这种情形也应当是被允许的。但在以下情形中,教师应当在观察的基础上介入。

（1）幼儿失去兴趣或准备放弃

造成该情形的原因有很多,比如,该游戏棋的主题本身对幼儿的吸引力不大;棋规解释不清楚给幼儿行棋带来了困难;棋规太难或者幼儿自身相关能力确有不足,难以继续游戏;棋规相对幼儿能力过于简单,缺乏挑战性;等等。教师需要通过观察幼儿的情绪状态,确定具体原因再选择方式介入。

（2）没有等其他玩家完成本回合的行棋,就自己开始行棋

在这种情形中,如果其他玩家没有发现,或者有人指出但幼儿没有停止行棋,那么教师有必要对该幼儿的行为予以制止。这么做的原因是,没有等待自己回合便行棋的幼儿,往往因额外的行棋回合在游戏中获利,如果不及时制止,则会让其他幼儿认为此举可行而加入其中,最终不利于幼儿轮流、等待、遵守棋规等规则意识的培养[1]。

（3）幼儿自主协商陷入困境,转而向教师求助

这种情况下,教师不宜直接给出答案,而需要先了解并判断协商陷入困境的原因。针对不同的原因,再对症下药。比如,陷入困境可能是由幼儿对棋规理解互有偏差导致的,那么教师可以重新解释棋规;也可能是因幼儿人际交往技能技巧不足产生的,那么教师可以借此契机教给幼儿人际交往技能;还可能缘于幼儿"自我中心"的思维方式造成协商困境,那教师可能需要先处理好幼儿的情绪。

另外,在幼儿协商的过程中,可能会发生同伴冲突。此时教师不宜急于制止冲突,而需要有意识地发掘同伴冲突所蕴藏的巨大的教育价值,并关注冲突过程中幼儿切身体验和情感需要,进而对幼儿进行引导和支持。教师应当更多地注重冲突过程中的幼儿,而不应只关注冲突结果[2]。

（4）幼儿有意干扰破坏,以致棋局无法继续

这种情况很有可能是由于幼儿情绪情感的需要满足受挫所导致的攻击性行为。因此教师不宜喝止或责罚幼儿,而应考虑帮助幼儿更恰当地表达情绪。即暂停游戏后,先引导幼儿对自己的情绪体验用更适宜的方式进行充分表达,然后问询实际情况进行处理,之后再询问所有玩家意愿,决定是否继续游戏。否则,教师的介入不但没有使幼儿的情绪得到缓解,反而会使得幼儿对游戏产生更消极的体验[3]。

（5）幼儿出现集体作弊行为

该现象见于合作性游戏棋中,这是合作性游戏棋与幼儿发展两者的特点使然。如果教师观察到集体作弊行为,应及时制止。需要注意的是,教师可以通过一些措施来减少集体作弊行为的出现,具体可以包括:①合作性游戏棋与竞争性游戏棋一起投放;②在游戏过程中强调规则的意义与价值,传递只有在遵守规则的基础上获得的胜利才真正有价值的理念;③引导幼儿从挑战自己和战胜困难的过程中看到自己的闪光点;④鼓励有勇气指出同伴作弊行为的幼儿,为其他人树立榜样;⑤邀请非玩家的其他幼儿作为监督员或者扮演对手的角色,承担纠正玩家作弊的职责[4]。

（三）讨论总结

步骤7. 讨论总结

本环节的重点是讨论,并非评判与奖惩。也不应该只从幼儿游戏的行为和认知方面进行评判和奖惩。从游戏的本质来看,幼儿并不寻求游戏以外的奖惩。因此,教师首先应当注重鼓励幼儿把自己在游戏中的所见所想与情绪体验跟同伴进行交流分享,由此帮助幼儿整理和提升游戏中零散的经验,修正错误经验并找出存在的问题,从而促进幼儿综合能力的发展。然后,教师依据自己在活动中的观察,对好的行为表现进行肯定和赞扬。

---

① 郭力平,石凤梅,谢萌,白洁琼.幼儿合作性游戏棋:配备、设计制作与应用[M].上海:复旦大学出版社,2016:136.
② 刘霞.区域活动中幼儿同伴冲突解决的指导策略研究[D].昆明:云南师范大学,2017:47.
③ 刘霞.区域活动中幼儿同伴冲突解决的指导策略研究[D].昆明:云南师范大学,2017:47—48.
④ 郭力平,石凤梅,谢萌,白洁琼.幼儿合作性游戏棋:配备、设计制作与应用[M].上海:复旦大学出版社,2016:136—137.

情景再现

～～～～～～～～～ **案例：中班棋类游戏"榨果汁"**① ～～～～～～～～～

【游戏缘起】

"榨果汁"产生的缘由，是教师上了一节音乐课"榨汁机"和一节科学课"转动的秘密"，这些活动让幼儿对榨汁机产生了浓厚兴趣，教师由此联想到制作以"榨果汁"为主题的游戏棋。恰逢教师接触到一款幼儿喜爱的游戏棋《石头汤》，于是决定选用《石头汤》的游戏机制——记忆配对，并用卡纸和贴纸制作了游戏棋。

【游戏准备】

某次自主活动时，幼儿们在一起玩假想的果汁。教师借机说："孩子们，我们一起玩游戏吧?"幼儿问玩什么，教师回答"可以榨出果汁的棋"，一下子吸引了幼儿对游戏活动的兴趣。

教师摆出棋盘和棋子，首先展示榨汁机的拼图和榨汁机拼图在棋盘摆放的位置，并告诉幼儿："有榨汁机才可以榨果汁，必须先一起把榨汁机拼好。"待幼儿表示认同后，再出示水果卡片：轮流翻开一张水果卡片，告诉其他人翻到了什么，直到两个人翻到同样的水果，就可以把"水果"放到"榨汁机"上；喊出魔法咒语"××，××，转，转，转"，就能榨出果汁了。然后，教师摆上小猫棋子，告诉幼儿：小猫想吃掉我们的水果，我们要在小猫跳上桌子前，把水果都榨成果汁。最后，教师拿出骰子进行介绍：如果掷骰子掷到脚印，小猫就前进一步，如果掷到爱心，我们就可以开心地翻水果。我们来跟小猫比赛，看最后谁能赢。

【游戏过程】

苏珊、熙然、梦云、子宸四个幼儿是第一批玩家。游戏第一步是合作组装榨汁机。苏珊最先开始行棋。她从榨汁机拼图牌堆中抽出一张卡片，对照着棋盘上方的榨汁机参考图，判断手上拿着的是榨汁机的顶部贴图，然后将拼图放入棋盘对应的位置。接着，熙然、梦云、子宸依次行棋。当梦云刚把抽到的拼图摆放好，熙然就在一旁不断提醒"错了，错了"，而子宸已迫不及待地从拼图牌堆中抽卡并摆放。梦云将自己和子宸已经摆好的拼图撤下，放回牌堆，另外抽卡重新摆放。其他三名玩家没有反对。

两轮过后，拼图完成，玩家们高兴地告诉教师："我们摆好了榨汁机。"教师上前检查，然后用手指着一处拼图，问："这个对了吗?"放置该图的是距离最近的子宸，她立即将拼图位置改正。其他玩家也意识到问题所在，说："不对，反了。"

"现在可以找水果了，苏珊先开始扔骰子。"得到教师的提醒，苏珊掷骰子，掷到脚印，小猫前进。因小猫前进的方向不对，教师进行了纠正。

轮到梦云行棋时，她从水果区翻牌后，看过后立即把牌翻回。教师提醒："必须给朋友看，告诉她们翻到了什么。"梦云将牌展示，其他玩家凑上去看。

子宸行棋，没看见骰子在哪儿，就拿食指和中指在桌面上戳了三下，熙然把骰子递给子宸。子宸投骰，骰子滚到地上，教师捡起，告知其"轻一点"。

再一次轮到苏珊行棋了。她翻出一张牌："啊，西瓜!"她兴奋不已，把之前熙然翻到又放回的牌重新翻开，也是"西瓜"。苏珊把两张西瓜牌放到榨汁机上，同其他玩家一起，拿手画着圈，喊出咒语"西瓜，西瓜，转，转，转"。然后假装拿着西瓜汁，一起干杯。

熙然行棋，翻出水果葡萄，子宸迅速拿起梦云翻到过的葡萄递上。大家又"榨"出"葡萄汁"，一饮而尽。

小猫越来越靠近水果了。熙然将骰子的"爱心"面朝上轻轻放在桌上，表示可以翻水果了，其他玩家没有制止。

---

① 案例由江西省九江市中心幼儿园严晓希老师提供。

游戏时长约7分钟,最终幼儿获胜。

【游戏反思】

游戏活动后教师通过询问得知,幼儿认为该游戏好玩、好理解。但经过几轮游戏的观察,教师发现幼儿有几次将小猫棋子前进方向弄错,不是有意弄错,可能是棋盘标志不明显或有歧义所致,后续将优化棋盘标志。

幼儿为了赢,会有提前看牌或轻放骰子等作弊行为,这种行为应该制止,但教师当时没有重视这一细节,可以考虑以后在游戏中添加一名小裁判。

另外,教师主要针对违背游戏规则的行为进行介入,缺少对幼儿自身感受和社会能力的关注。

项目实训

实训项目单

棋类游戏设计

实训项目　棋类游戏设计

1. 游戏棋设计与制作

学生小组讨论,设计并制作游戏棋。此环节还需要选出组长,并注明组长、主要创意、主要美术、主要棋具。

2. 游戏棋活动组织

该环节主要是学生组织其他组试玩本组游戏棋,包括设计背景介绍、棋规解释、机制演示等。

3. 体验与讨论

该环节主要是其他组学生试玩体验,并作评价。然后进行组间讨论,对各组设计的游戏棋各维度品质、活动组织的表现等各方面提出建议。

4. 迭代与优化

各小组根据其他组学生给出的建议,修改完善本组作品,再一次进行展示,并附上设计思路与修改历程,作为作业上交。教师给出最终成绩(见表5-12、表5-13)。

表5-12　游戏棋设计分析评价表

班级		设计小组			评价小组		
游戏棋名称		种类	(合作/竞争)	主题		适合年龄	
评价项目		完全不符合(1分)—完全符合(5分)					
		他组评价组别1	他组评价组别2	他组评价组别3	他组评价组别4	他组评价组别5	平均分
趣味	童趣性						
棋规	运气/策略						
	形象/抽象						
	简单/复杂						
棋盘	情境代入						
	易于理解						
	色彩色调						
棋子及辅助物	形象/抽象						
	操作适龄						
能力发展	策略使用						
	言语表达						

续 表

评 价 项 目		完全不符合(1 分)—完全符合(5 分)					
		他组评价组别 1	他组评价组别 2	他组评价组别 3	他组评价组别 4	他组评价组别 5	平均分
活动组织表现	数的发展						
	背景介绍						
	棋规解释						
	机制演示						
总体评价及总分							

表5-13 游戏棋设计与指导成绩汇总表

组别	组长(学号)	组员(学号)	游戏棋名称	最终得分
第一组				
第二组				
第三组				
第四组				
第五组				
第六组				
第七组				
第八组				

实训视频

绘本改编《萝卜逃跑啦》样例

实训视频

经典故事改编《三个和尚》样例

实训视频

《快采水果换糖浆》作品评价样例

💡 学习拓展

📖 思政拓展

民间棋类游戏融入幼儿活动①

民间棋类游戏的不确定性、竞技性等特点,让一个小小的棋盘充满无限乐趣,既能怡情养性,又能促进幼儿思维的发展,是幼儿园不可多得的民族文化教育资源。有研究对民间棋类游戏融入区域活动进行了实践探索。

第一,合理筛选棋类游戏。根据幼儿的身心和学习特点,在筛选棋类游戏时充分考虑游戏的趣味性及幼儿的能力等因素,如象棋的规则复杂,对弈一局时间较长,凭幼儿的能力很难掌握,就没有纳入选择范围。老虎棋、西瓜棋、吃粉棋、青蛙棋等棋类游戏名字新颖,融趣味性、知识性为一体,规则相对简单,适合幼儿的智力水平,每局大概5~8分钟就可以结束,可以保留。

第二,适当改编棋类游戏。在试玩筛选出的棋类游戏后,它们的优劣很快就体现出来。例如,"憋牛"这个游戏的名字非常幼儿喜欢,但对弈一局的时间很长,且行棋路线单调。可以在棋路的设计、棋盘的形状、棋子的选择等方面进行一些改变,比如:增加棋盘格数和棋子,增加"困杀"这一规则及"城

---

① 陈声琴. 民间棋类游戏融入幼儿活动的研究[J]. 江西教育,2023(15):94—95. DOI:10. 3969/j. issn. 1006 - 270X. 2023. 15. 046.

旗"这一道具；引导幼儿收集日常生活中的瓶盖、石子等作为棋子。最终，可以将"憋牛"游戏改成幼儿喜爱的"攻城棋"。

赛证拓展

考题解析

1. 题目：玩棋①
2. 内容：
    （1）回答问题。
    （2）模拟演示。

　　游戏情境：

　　中班棋类区，一起玩的陈诚、田田和方方打了起来，还撕破了棋盘纸。原来，他们三个一起玩飞行棋，陈诚一人走两色棋子，一开始大家同意了，但在玩的过程中，方方认为陈诚多玩不公平："每次陈诚都要多扔一次骰子，为什么他可以多玩一次？"陈诚则说："方方每次都多走好几格，说了老是不改。"

3. 基本要求：
    （1）回答问题：案例中的幼儿玩棋为什么会出现争执？
    （2）模拟演示：如果你是教师，遇到案例情景中的问题，你会怎么做？请模拟演示你的做法。
    （3）请在10分钟内完成上述任务。

---

① 幼儿园教师资格证考试真题。

学习情境六　音乐游戏

知识导图

教案

学习目标

1. **素养目标**：熟悉适合幼儿欣赏和表现的传统文化类、红色文化类、地方文化类音乐作品。
2. **知识目标**：掌握音乐游戏的概念、价值与类型，熟悉幼儿音乐能力的发展规律。
3. **能力目标**：熟悉音乐游戏工作过程，在小组合作中具有自主学习能力和反思能力。

游戏认知

(一) 音乐游戏的内涵

　　游戏是幼儿的基本活动，游戏的分类方法各不相同，幼儿园教学以游戏作为基本的教育手段，既关注幼儿自发、自主性游戏，也关注为幼儿编制有规则的游戏。音乐游戏是一种有规则的游戏，是在幼儿自发游戏基础上，为实现一定的音乐教育目标而编制的游戏。因此，幼儿园音乐游戏实质上是以发展幼儿音乐能力为主要目的的一种教学活动。从音乐游戏的定义可以看出，音乐游戏以游戏为手段，以音乐为灵魂，强调让学习者通过轻松愉快的方式去体验音乐节奏和情境，感受音乐艺术的内涵，最终提高自己的音乐感受能力、表现能力和创造能力。

微课

音乐游戏的
内涵

(二) 音乐游戏的价值

　　音乐游戏灵活多变而富于想象，自由度高，情绪性强，符合幼儿的生理和心理发展水平。幼儿乐于玩音乐游戏，并易于在音乐游戏中接受教育[1]。幼儿在自由愉快的游戏中，在提升音乐能力的同时，可提高交往能力、合作能力和自控能力，能够获得更多的积极情绪体验。这种体验的积累，对发展幼儿的音乐爱好和进行音乐活动的兴趣，有着至关重要、不可取代的价值。而且，音乐游戏还是音乐集体教学活动的"兴奋剂"和"调节剂"，在引发和保持幼儿参与活动的积极性和调节劳逸方面，都可以起到很好的作用。

1. 培养幼儿在音乐游戏中的表现能力

　　《纲要》艺术领域目标要求幼儿喜欢参加艺术活动，并能大胆地表现自己的情感和体验；能用自己喜欢的方式进行艺术表现活动。音乐游戏为幼儿提供了自由表现的机会，在游戏中鼓励幼儿主动大胆想象、歌唱和表演，尊重每个幼儿的想法和创造，帮助他们提高表现的技能和能力，并将这一能力迁移到其他活动中，提高自身表现能力。例如，音乐游戏"小老鼠与大花猫"，教师请幼儿佩戴头饰扮演小老鼠和大花猫，教师并没有提前设计模式化的表演动作，而是鼓励幼儿用不同的动作大胆表现小老鼠和大花猫的不同形

---

① 黄人颂.学前教育学[M].北京：人民教育出版社，1989：251—255.

态。有的幼儿轻手轻脚走步表现猫走路的姿态,有的幼儿发出"吱吱吱"的声音表现老鼠叫,游戏中幼儿大胆表现出他们对小老鼠和猫的认知经验。在活动中,幼儿心情愉悦,同时培养了躲闪能力。

2. 培养幼儿在音乐游戏中的创新能力

音乐游戏本身是一种创造性的游戏形式,只要我们为幼儿提供充足的游戏时间,选择适合幼儿的音乐材料与活动,幼儿便会情不自禁地投入音乐游戏的角色中,在音乐的熏陶下随心所欲、自由自在、无拘无束地进行音乐欣赏,理解音乐,创编歌曲和动作。例如在音乐游戏"逛公园"中,教师收集了许多人物形象动作投放到音乐区中,为幼儿的创编提供素材,并引导幼儿用自己喜好的风格去扮演爸爸、妈妈、小弟和小猫这些角色。在音乐情绪及环境气氛的渲染下,幼儿被歌曲中一家人逛公园的快乐表情以及小猫没能去成的失落所深深感染。在教师的积极鼓励下,幼儿纷纷参与到游戏角色的扮演中,他们对舞蹈动作的学习不再局限于模仿,而是能随着音乐的变化而创编。幼儿自由地创编出各种人物、动物的动作表情,发挥出了真正属于自己喜好的独特风格。

3. 培养幼儿在音乐游戏中的审美能力

在音乐游戏中,幼儿通过活泼愉快的音乐感受音乐的情趣。也就是说,在音乐游戏中,应选择美感强的音乐,充分挖掘作品中美的因素和美的力量,从而感染和吸引幼儿。例如,播放乐曲《赛马》,让幼儿从视频中看到马背上生活的人们的风姿,模仿马奔跑的潇洒动作、人骑马时的威武动作、马走路的优美动作等,培养幼儿对音乐的理解,同时引导幼儿根据音乐的快慢、强弱变化,掌握乐曲所表达的情感。再如,在音乐游戏"走路"中,教师模仿各种人物走路的姿态吸引幼儿并让幼儿展开想象;当音乐发生变化时,幼儿的动作也发生变化,从而体验游戏带来的乐趣。

4. 培养幼儿在音乐游戏中的社会交往能力

音乐游戏是培养幼儿社会交往能力的良好途径之一,通过歌唱、律动、奏乐等音乐表演形式,培养幼儿的音乐感受力、动作与音乐的协调性。例如,在进行音乐游戏"洋娃娃与小熊跳舞"时,幼儿跟着音乐做出洋娃娃和小熊的动作,和同伴互相点头、微笑、招手,做出亲热交谈的样子。在跳音的部分,幼儿两人一对,用手、肩膀、腿、屁股等部位轻轻碰伙伴几下,做出不同的配合方式。在这种无声的交流、合作过程中,幼儿体验到了用表情、动作、姿态与人交流的方法和乐趣,学会了如何与人交流、与人合作以及与人协调,参加活动的积极性、主动性也得到了提高。

(三) 音乐游戏的类型

音乐游戏是一种在音乐伴随下进行并按照某种特定的音乐要求活动的游戏。因此,它与有音乐伴奏的语言游戏、体育游戏或智力游戏是不同的。在这些游戏中,音乐只能起陪衬或烘托气氛的作用,而在音乐游戏中,幼儿则必须根据音乐的性质、情感、节奏、结构等要求进行游戏,其规则是建立在特定的音乐教育目标基础之上的[①]。

1. 按游戏的内容和主题分类

按游戏的内容和主题来分,音乐游戏可以分为有主题的音乐游戏和无主题的音乐游戏两类。

(1) 有主题的音乐游戏

这类音乐游戏一般有一定的内容或情节的构思,有一定的角色。幼儿在音乐游戏中根据角色模仿一定的形象,完成一定的动作。

音乐游戏"洗袜子"[②]

【游戏目标】

尝试随着音乐节奏创编洗袜子的动作,在创编动作中体验自己的事情自己做、自己在长大的骄傲感。

---

① 许卓娅. 学前儿童音乐教育[M]. 北京:人民教育出版社,1996:189.

② 曹冰洁,李婷. 幼儿园音乐教学手册[M]. 上海:华东师范大学出版社,2011:177—178.

【游戏准备】

1. 洗袜子的生活经验。
2. 洗袜子的过程图片(擦肥皂—搓袜子—漂洗—拧干—晾袜子)。
3. 欢快的乐曲。

【游戏过程】

(一)经验回忆

教师:我们长大了,自己的事自己做,你们洗过袜子吗?是怎么洗的?

教师引导幼儿说说洗袜子的过程,根据幼儿说的内容出示相应的过程图片。

(二)洗袜子

1. 自由表现

教师:自己会洗袜子真能干,真为我们长大了感到高兴。听着音乐洗袜子,先干什么后干什么?

教师鼓励幼儿听着音乐尝试表现动作。

2. 重点创编

教师:有的朋友洗袜子的动作是不一样的,让我们看看他们是怎么洗的。

教师请能有节奏洗的幼儿示范,其他幼儿模仿,例如:× ×|× ×|××××|××××|。

3. 集体表现

教师:我们把自己的袜子洗了,现在把妈妈的袜子也拿来洗洗,她肯定会夸我们是能干的孩子。

教师鼓励幼儿自己编创动作表现音乐。

(2)无主题的音乐游戏

这类音乐游戏一般没有一定的情节构思,只是随音乐做动作,相当于律动或律动组合,但这种动作带有一定的游戏性,即含有游戏的规则。例如音乐游戏"抢位子",幼儿只是随着乐曲声自由地做各种动作,但是当音乐一停,必须抢坐一个位子,这便是游戏的规则。

2. 按游戏的发起者和功能分类

音乐游戏按照发起者划分,可以分为幼儿自娱性音乐游戏和教学性音乐游戏两种形式。教学性音乐游戏按功能划分,又可以分为听辨游戏、歌唱游戏、韵律游戏和节奏游戏。

(1)自娱性音乐游戏

自娱性音乐游戏是指幼儿自发产生的,没有目的、没有外显规则的、没有功利性的、自由的随乐游戏。例如,自发地随乐跟唱,哼唱,随乐摆动身体动作,敲击器乐或物品等。这类自娱性音乐游戏带有自发性、随意性、愉悦性等特征,包含一切由幼儿主动发起的与音乐有关的游戏。如,教师设置的"小舞台"中,幼儿跟随音乐自由摆动或表演歌曲等,自编自演、自娱自乐。自娱性音乐游戏因充分体现了幼儿的自主性,游戏内容、进程、玩法由幼儿掌握,因此其本质属于游戏活动(见图6-1)。

(2)教学性音乐游戏

教学性音乐游戏是指教师有目的、有计划组织的专门化

图6-1　小班幼儿自娱性音乐游戏

的音乐活动,游戏的目标、玩法、规则和内容基本由教师掌握。因此,其实质是以游戏为组织形式开展的音乐教学活动。我们按其内容划分为以下三种。

① 听辨反应游戏

听辨反应游戏是以丰富幼儿对声音的听觉印象,提高幼儿听觉的敏感性和对音乐高低、强弱、快慢、音色及乐句等听辨结果进行快速反应能力为目的的音乐游戏。这种游戏的特点是只要求按照规定的方式对音乐或声音的某种要素做出反应,一般不注重情节和角色扮演。

② 歌唱游戏

歌唱游戏是以游戏的形式来进行歌曲的学习与练习,具体表现为边玩边唱,边唱边玩。幼儿在游戏过程中享受歌唱的乐趣,培养歌曲的感受能力和运用嗓音进行艺术表现的能力。

③ 韵律游戏

韵律游戏是指幼儿在音乐或歌曲的伴奏下,随着节奏做相应的动作或舞蹈动作。韵律游戏中的动作一般可分为基本动作、模仿动作和舞蹈动作。基本动作是指幼儿的一些本能性动作,如走、跑、跳、点头、摇头、拍手、弯腰、屈膝等动作。模仿动作是指幼儿在某些固定事物或一些动物的运动状态时的身体动作,如鸟飞、兔跳、乌龟爬、刮风、下雨等动作。舞蹈动作是指一些艺术表演动作,如基本舞步等。此类游戏常用于幼儿的集体舞队形变换练习以及韵律动作巩固。

工作过程

(一) 计划制订

> 计划制订的主要步骤:1. 选择音乐游戏;2. 确定游戏目标;3. 设计游戏过程;4. 撰写游戏方案;5. 创设游戏环境。

步骤 1. 选择音乐游戏

(1) 音乐

听辨游戏的音乐,需根据游戏设计的听辨要求来选择,要求听辨的部分,应是清晰、明确、能为特定年龄幼儿感知的。歌唱、韵律游戏其乐曲的选择与歌唱活动、韵律活动的音乐选择要求基本相同,如多使用歌曲和便于幼儿哼唱的乐曲,要求节奏鲜明、结构工整、便于幼儿用动作表现等。

(2) 情节角色

音乐游戏中的情节和角色,是引导幼儿感受和表现音乐的媒介,因此,音乐游戏中情节、角色的选择应满足以下条件:

首先,情节和角色应易于用音乐来表现,音乐表现的方式应能被幼儿所接受和理解;

其次,情节和角色应是幼儿所熟悉和喜爱的,并容易让幼儿从中获得生理和心理满足;

最后,情节和角色应是具有丰富教学潜力的,即幼儿应能从中自然获得音乐以及非音乐的知识、技能。

(3) 游戏规则

音乐游戏中的规则,绝大部分与音乐教育目标相联系,但其中也有与其他教育目标相联系的规则。在选择与其他教育目标相联系的规则时,应考虑幼儿有关能力的实际发展水平。在许多情况下,这两方面的能力是相互交织成整体、彼此互不可分的。如同样含有自制能力培养要求的音乐游戏,在中班游戏"熊出没"中,当熊出来找食物时,熊需按音乐的节奏走动,而小动物们只需在听到熊的音乐后立即停住不动。在大班游戏"堆雪人"中,当雪人堆好,幼儿跳舞时,雪人需一直控制不动;当春天来到时,雪人需按照音乐的乐句,一部分一部分地慢慢融化,并在音乐结束的最后一刻才完全倒下。

步骤 2. 确定游戏目标

2001 年《幼儿园教育指导纲要》中的艺术教育总目标如下:①能初步感受并喜爱环境、生活和音乐中的美;②喜欢参加音乐活动,并能大胆地表现自己的情感和体验;③能用自己喜欢的方式进行艺术表现活动。这一总目标是从感受与表现两个维度来表述的。《指南》也同样采用了"感受与欣赏""表现与创造"

两个目标维度。因此,可从这两个维度确定音乐游戏目标。表6-1从感受、表现两个维度表述了三类游戏的目标。

表6-1 不同类型音乐游戏目标

游戏类别	感受目标	表现目标
听辨游戏	能够听辨乐曲的音调旋律、音色、节奏、结构、风格等因素,发展对音乐的感受能力	能够根据乐曲的节奏或游戏的规则指令做出快速恰当的动作反应
歌唱游戏	在游戏中熟悉歌曲,积累一定的音乐语汇,提高歌曲的感受理解能力,享受歌唱游戏的乐趣	运用恰当的嗓音、速度和演唱方式、肢体动作等来表现歌曲的旋律、节奏、曲段、风格
韵律游戏	积极参与集体性韵律游戏,学会自我控制,与同伴协调一致合作表演	根据乐曲的曲段旋律风格变化,进行创意性的表现与表达

中班音乐游戏"饼干与酸奶枪"目标

1. 和乐、完整地表演音乐,能对饼干软掉情节进行即兴动作创编。
2. 遵守饼干缓缓倒地与饼干倒地后只有两侧幼儿才能跑的规则。
3. 学习自我克制,有序参与集体活动。

步骤3.设计游戏过程

一般情况下,音乐游戏包括欣赏与原地身体动作、队形中动作表现、游戏玩法与规则表现,游戏循环表现四个环节,一般用1~2个课时完成。

(1)欣赏与原地身体动作环节

音乐游戏中,欣赏环节的主要任务是引导幼儿完成对音乐作品的感受与原地的身体动作表现。欣赏方式主要有三种:第一,为歌词创编动作;第二,为器乐曲内容情境表演;第三,集体舞动作表演。

用于音乐游戏活动的音乐作品多数为歌曲,虽然很少是幼儿歌曲,往往是少年或成人歌曲,但是游戏玩法来自歌词内容,幼儿可以边跟唱边玩,这种游戏方式始终是幼儿最喜欢的。在欣赏环节,教师让幼儿倾听作品,理解歌词内容以后,请幼儿一起讨论创编合适的动作。例如音乐游戏"头发肩膀膝盖脚",根据歌词内容指示,幼儿用手指向身体相应部位,在幼儿熟悉以后不断加快歌曲演唱速度来增加游戏的趣味性。另外,教师和幼儿共同商量在唱到某个身体部位(如肩膀)时,用拍手来替代,没及时反应的就是输。

第二种欣赏方式往往是针对器乐曲,教师根据器乐曲不同段落的音乐旋律、节奏表现,对作品情节和形象进行挖掘,赋予作品一定的情节性和形象性,再与幼儿讨论创编相应的动作元素。幼儿在学习这种有内容情境的身体动作表演的过程中感受器乐曲的音乐特征。例如,教师将乐曲《在山魔的宫殿里》对应绘本故事《母鸡萝丝去散步》,在对这一音乐作品欣赏前,教师带着幼儿回忆绘本故事内容,然后倾听作品,幼儿很快将作品和故事形象与情节匹配,并在此基础上创编动作。

第三种欣赏方式可以是歌曲,往往是难度较大的歌曲,也可以是器乐曲,往往是偏舞曲的器乐曲。教师为这样的歌曲或器乐曲设计了一套模型动作,这些动作没有太具体的内容与情境性,且动作简单,适合幼儿舞蹈。幼儿通过这套动作的学习来感受音乐作品的音乐特征,尤其是音乐的拍子与句段结构特征。

(2)队形中身体动作表现环节

原地动作是指脚上没有动作,而队形中的动作是有脚上的动作,只是没有队形变换而已。由于在第一个欣赏环节已经完成了原地动作或上肢动作,所以,第二个环节队形中的动作是指下肢动作。幼儿既要将上下肢动作协调,又要将下肢动作与音乐合拍,这是存在一定挑战的,也是幼儿容易出现问题的环节。因此,教师可利用日常生活环节的空余时间,对幼儿的下肢动作做常态化的练习,而不是依靠教学活动的短暂时间来解决。如果音乐活动的动作中有跑步、跑跳步、踵趾步等下肢动作,就先要在日常生活环节每次花5

分钟、10分钟不等的时间让幼儿学习、练习这种步子。当幼儿做这些下肢动作有了一定的协调性以后,请幼儿关注音乐,努力做到和上音乐做这些下肢动作。

（3）游戏玩法与规则表现环节

这一环节是显现音乐游戏特性的环节。教师的第一项任务就是通过示范、讲解、讨论与模仿表演等策略,使幼儿掌握表演方式并乐在其中。第二项任务是让每一个幼儿熟练掌握游戏规则,能不受规则影响,流畅地完成表演。游戏规则往往只占两句左右的音乐时值,遵守规则表现为以下两方面:第一,按照规则规定的方向进行奔跑或抢占;第二,按照规则规定的音乐中的句子,开始与结束奔跑或抢占动作。教师要通过教学策略使幼儿在完整游戏的过程中,对其中几句乐句有特别反应,并做出回应性的行为。当幼儿做出的回应行为符合规则时,那么游戏就会产生刺激、紧张但不会被中断、破坏的效果,这种效果标志着音乐游戏得到了有序展开。例如音乐游戏"何家公鸡何家猜",教师为重复的歌词段落"何家公鸡何家猜,何家小鸡何家带,何家公鸡何家猜,何家母鸡咯咯咯"设置了猜拳的游戏情节。每一句猜一次拳,每句间奏时,输的一方做母鸡的动作,赢的一方做公鸡的动作,幼儿觉得非常有趣。

（4）游戏循环表现环节

这是检验幼儿是否掌握音乐游戏玩法与规则的一个环节,也是让幼儿尽情享受游戏过程的环节。只有幼儿掌握规则、遵守规则,并严格和上音乐句段结构,游戏才能循环表演。否则,幼儿一定会纠结在规则处,表现为动作表演停止,从而使流动的音乐失效。所以,检验第三环节是否完成,就看第四环节能否展开。

步骤4.撰写游戏方案

音乐游戏活动方案由四个部分构成:音乐材料、活动目标、活动准备与活动过程。第一,音乐材料部分。音乐材料部分需要呈现乐谱、对音乐作品的动作设计、游戏玩法与规则。第二,活动目标部分。音乐游戏的活动目标一般为两课时目标,第一课时指向对身体动作的和乐表演,即音乐感受目标;第二课时指向音乐游戏玩法与规则目标。第三,活动准备部分。准备部分包括经验准备与物质准备。第四,活动过程部分。过程部分一般是按照音乐欣赏、队形动作（下肢动作）、游戏玩法与规则、游戏循环四个环节推进。

大班音乐游戏"库企企"①

【音乐段落结构分析】

根据需要,我们把此曲分为ABC三段。

【用于欣赏的故事设计】

听说,在一座山的山洞里藏着宝藏,只要对着这个山洞的洞口喊一句咒语"库库库企企",山洞就会自动打开,喊咒语的人就可以拿走宝藏。哇,许多人骑着马来,他们下了马,爬山,找到个洞口,开始

---

① 王秀萍.幼儿园音乐领域教育精要——关键经验与活动指导[M].北京:教育科学出版社2016:344—348.

喊咒语"库库库企企"。洞口没开,原来,他们找错地方了,于是继续去找。他们又骑马,又爬山,又喊咒语,直到现在,这些人还在不停地做着这些事。

【欣赏中的动作预设】

A 段：做骑马动作。
B 段：双手交替做爬山动作。
C 段：按"×　×　××　×"节奏型,做单手握拳举手臂挥手的动作。

【用于经验准备的两个传统游戏】

游戏 1：抢椅子
玩法：放一圈椅子,数量比游戏人数少一个。游戏者听着鼓声绕着椅子走,当听到鼓声停止时,大家开始抢椅子坐,没抢到椅子的人表演节目。
游戏 2：领头人
玩法：领头人做一个动作或表情,其他人跟着做。

【动作设计】

A 段：在领头人的带领下,全体幼儿逆时针绕着椅子做骑马动作,脚步为跑马步。
B 段：幼儿抢椅子。
C 段：没抢到椅子的幼儿做领头人,按节奏型做动作,其他幼儿模仿领头人的动作。

【游戏循环方式】

领头人站在第一个位子,其他幼儿跟着,面朝圈内。领头人带领幼儿做双手握拳在胸前环绕动作,重新开始新一轮游戏。

【游戏规则】

第一段音乐结束后才能开始抢椅子。没抢到椅子的幼儿迅速站好,做领头人。
第二段音乐起,领头人开始表演。

第一课时(欣赏与队形中动作表演)

【活动目标】

1. 用身体动作完整表演作品,能清晰表达乐句、段落。
2. 能用"库库库企企"动作模型玩"领头人"游戏。

【活动准备】

1. 课前幼儿已经会玩传统游戏"抢椅子"与"领头人"。
2.《库企企》音乐的音像资料与播放设备。

【活动过程】

1. 故事与动作匹配
(1)教师讲故事,讲完故事提问：故事中的人一共干了几件事?(三件事。)追问：哪三件事?(骑马、爬山、喊咒语。)

(2) 教师和着音乐做身体动作,所有动作均坐在椅子上完成。做完动作提问:骑马的音乐有重复吗?(有,重复一次。)爬山的音乐有重复吗?(有,重复一次。)喊咒语的音乐有没有重复?(有,重复一次。)

2. 幼儿和着音乐做身体动作,所有动作坐在椅子上完成

幼儿做完后,教师与幼儿讨论:如果把这个音乐分段,可以分为几段?(三段。)为什么这样分?(根据动作分。)幼儿连续做几遍动作。

3. 用"库库库企企"动作模型玩"领头人"游戏,进行咒语"库库库企企"动作模型的联想

教师:在"找宝藏"的故事中,喊咒语"库库库企企"时我们做举手臂的动作,现在,我们把这个咒语的动作变一变。你们想一想,可以做些什么动作?

教师从幼儿的动作中找出符合规范的动作,并启发幼儿由此展开联想。例如,一个幼儿的动作是兔子跳,可启发幼儿联想其他小动物的动作。教师总结幼儿已经联想到的所有动作的种类:动物类、拍打身体类、运动类、舞蹈动作类等。

教师:好,现在每个小朋友想好一个自己要做的动作,我们来玩"领头人"游戏。从老师开始,然后到某某小朋友,再一个一个接下去。教师做完自己的动作后,立即到下一个幼儿后面去提醒与指导。

步骤 5. 创设游戏环境

微 课

创设音乐
游戏环境

教师在准备音乐教学游戏时,必须准备合理的场地和材料辅助教学,这在游戏方案中有所体现(参见步骤 4)。本段所述的"创设游戏环境"更多地针对自娱性音乐游戏,它需要丰富的音乐环境的支持。在幼儿园,音乐环境一般包括小舞台和音乐区。小舞台的设置一般包括一块 4 平方米左右的空地,教师可用纱巾、帷幔或蕾丝进行布置,另外可以提供软垫、话筒,幼儿装扮用的服装或饰品,表演用的扇子、丝巾等小道具。还可以根据动画片配置相应的表演服装、表演物品。音乐活动区的建立和其他开放式的活动区有所不同,音乐活动区通常被可以移动的隔板或架子与其他活动区分开,活动区的大小视幼儿的多少及音乐活动的灵活性而定,隔板撤开后,音乐活动区的活动材料可以与其他活动区的材料共享。音乐活动区要用相关的图片装饰一下,如各种乐器、儿歌、乐谱等,还要准备一个存放唱片、磁带、耳机等的小型架子,及贴有不同标签的盒子、衣架、挂钩等,便于幼儿安全地收拾材料(见图 6-2 至图 6-6)。另外,音乐活动区应该远离图书区等需要安静的活动区。为了降低噪声保持声音纯正适中,教师可以在活动区的墙上悬挂一些柔软的枕头或厚厚的布挂毯。

图 6-2　音乐区

图6-3　演出节目单

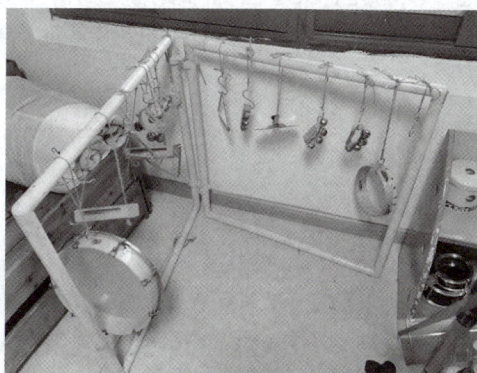

图6-4　成品乐器①

图6-5　自制乐器(1)

图6-6　自制乐器(2)

(二) 现场组织

现场组织的主要步骤：6. 开展游戏教学；7. 科学观察指导。

步骤6. 展开游戏教学

音乐游戏种类多样,在组织与指导幼儿音乐游戏时,一定要根据幼儿的年龄特点和实际水平采取不同的步骤和方法,如：

(1) 介绍游戏的名称及主要内容；

(2) 幼儿熟悉游戏音乐(旋律、歌词、节奏等)；

(3) 介绍游戏规则和注意事项；

(4) 带领幼儿共同游戏；

(5) 幼儿随乐自主游戏；

(6) 评价和总结游戏。

以上步骤并非一个也不能少,可根据幼儿对游戏的熟悉程度省略其中某个或某些步骤。例如,游戏中的歌曲较简单,可在玩的过程中逐步学会；游戏中的动作是幼儿已经掌握的,就不必重复学习,可以带领幼儿直接玩。

---

① 图片来源于苏州工业园区新城花园幼儿园。

上述步骤的先后次序也可以根据实际情况变动,如果是纯粹听乐曲的游戏,可先请幼儿欣赏,让幼儿想象这一音乐可以做什么动作,然后介绍游戏的名称、内容。教师的示范可以放在后面,也可以不示范。

大班音乐游戏"传帽"方案[①]

【活动目标】

1. 感受《康康舞曲》的欢快与活泼,乐意用身体语言表现音乐的节奏变化。
2. 尝试围成圈玩"传帽子"音乐游戏,根据音乐的节奏掌握传帽的方法。
3. 会互相合作及配合游戏,体验集体游戏的快乐。

【活动准备】

礼帽若干、音乐《康康舞曲》选段、标记贴、地垫。

【活动过程】

1. 教师介绍游戏名称及主要内容

教师:今天,老师带来一段好听的音乐,名字叫《康康舞曲》,我们要跟随这段音乐来做有趣的"传帽"游戏。

2. 幼儿熟悉音乐旋律和节奏

(1) 理解节奏谱。

教师:看,这就是这段音乐的节奏谱,这节奏谱可是有秘密的哟,谁能发现这个秘密?

(2) 看节奏谱自由练习。

(3) 集体练习。

指导建议:教师指谱并哼前奏,幼儿练习一次;教师不指谱并哼唱乐曲,幼儿再一次练习;播放音乐,幼儿看谱练习。

3. 教师介绍游戏规则

教师:我们已经熟悉了《康康舞曲》的旋律和节奏,下面我要请你们跟随音乐的节奏来传帽子。请注意,用贴标记的右手传帽子,左手叉腰,帽子要从右边小朋友的头上拿,戴到自己头上。不断地拿帽子、戴帽子,帽子就会向顺时针方向走,跟着音乐节奏一下一下往后传。

4. 教师带领幼儿玩游戏

(1) 幼儿还不熟悉动作,难以将动作与音乐做匹配,教师借助喊口令:"拿、放,拿、放,拿、放,跑……"引导幼儿按节奏练习传帽子。

(2) 教师哼唱乐曲,幼儿传帽子。

5. 幼儿自主游戏

6. 教师评价幼儿游戏情况,提升幼儿游戏经验

教师可组织幼儿讨论:"没成功的原因是什么?""什么地方没做好?""应该注意什么?""如果给4个小朋友一顶帽子,那可以怎么玩传帽子的游戏呢?"

步骤7.科学观察指导

教师对教学性音乐游戏的指导应注意运用以下三种方式。

1. 运用语言

语言是教育指导的一种非常重要的媒体。即使是在幼儿音乐教育活动的过程中,语言的运用仍旧是不

---

① 浙江学前网.大班音乐游戏:传帽游戏[EB\OL]. http://www.06abc.com/topic/20110518/75131.html,2018-3-29.

可忽视的。在幼儿音乐教育活动中,常用的语言指导方法主要有讲解、提问、反馈、指示和提示、激发和鼓励等(见表 6 - 2)。

表 6 - 2 音乐教学游戏中的语言指导

语言指导类型	指导目的
讲解	向幼儿提供各种与音乐活动有关的信息以及加工这些信息的程序和方法
提问	激发和引导幼儿的观察、思维、想象和创造活动;了解幼儿对音乐的理解、感知情况;了解幼儿对活动组织、内容选择的意见和愿望
反馈	让幼儿能够及时了解自己对音乐所做的反应,并根据反应与要求之间的差异自己做出调整
指示和提示	引导和集中幼儿认识反应活动的注意方向;运用提示的方法,兼有引导幼儿注意方向和帮助幼儿克服记忆困难的作用
激发和鼓励	激发幼儿参与活动的兴趣,引起幼儿的情感共鸣;帮助幼儿对自身活动进行积极评价并对自己的活动能力产生信心

教师运用语言进行指导时,需注意以下四点:第一,必须要用语言进行指导时,所用的语言要尽量精炼、明确。第二,使用语言时应注意艺术性、儿童化;要注意用语音、语调、音色、节奏等变化来渲染艺术气氛;要注意使用幼儿喜爱的、容易接受的语言表达方式。第三,提问时应使用有具体指向性的语言,注意提问的语速,提问后要给幼儿提供思考的时间。不宜将几个问题一次性地连续提出。第四,使用语言时应辅以身体动作和面部表情,以便让幼儿更快、更好地理解语言的含义。

2. 运用范例

范例具有形象性、具体性、直接性和真实性,在以音乐为主要教育内容的活动中,范例的运用具有更加重要的意义。常用的范例指导方法有示范和演示。

示范主要指教师用现场演唱、演奏做动作表演等方法向幼儿提供活动的范例。教师在运用示范的方法时应注意以下六点:第一,教师的示范表演应准确、熟练且富于艺术感染力。第二,教师的示范表演应真挚、自然。第三,教师的示范应让全体幼儿都能够清楚地感知到。第四,必要时,教师的示范应辅以语言的说明和提示。第五,在可能的情况下,教师应尽量注意发挥幼儿表演的示范作用。第六,必要时,为了让幼儿能够更清楚地感知示范内容的主要部分,教师应放慢速度,并可暂时淡化伴奏或停止伴奏。

演示主要指教师用操作各种直观教具的方法向幼儿提供活动的范例。常见的直观教具有图片、磁板教具、桌面教具、幻灯、投影、录像等。教师在运用演示的方法时应注意以下五点:第一,运用演示方法的目的要明确,切忌为演示而演示。第二,运用教具应适度适量,切忌喧宾夺主。第三,教具的形象和教师的演示应与音乐的形象和音乐的进行相一致。第四,教具的选用和操作应能给幼儿以美感。第五,教具应便于收集、制作和操作。

大班音乐游戏"熊和石头人"(图片指导)

教师根据乐句的节奏和内容特点设计配乐情节:

小鸟喳喳叫(见图 6 - 7),小兔跳跳跳(见图 6 - 8),

今天树林里面真热闹(见图 6 - 9)。

我们小朋友,也往树林走(见图 6 - 10)。

采上几朵鲜花(见图 6 - 11),再把舞来跳(见图 6 - 12)。

要是大熊走过来(见图 6 - 13),大家别乱跑(幼儿做石头人不动)(见图 6 - 14)。

为帮助幼儿较好地区分乐句、熟悉情节做动作和开展游戏,教师以图示的形式来提醒幼儿。

图 6-7　小鸟喳喳叫

图 6-8　小兔跳跳跳

图 6-9　今天树林里面真热闹

图 6-10　我们小朋友，也往树林走

图 6-11　采上几朵鲜花

图 6-12　再把舞来跳

图 6-13　要是大熊走过来

图 6-14　大家别乱跑①

① 图 6-7 至图 6-14 来源于九江职业大学学前教育学院，由 2016 级大专 6 班张毅、熊寅秋设计。

3. 运用角色变化

由于幼儿教育与音乐教育的特殊性,在幼儿音乐游戏活动中,需要教师经常运用自身角色变化的方法对幼儿的活动进行指导。与此有关的指导方法主要有"参与"和"退出"两种。

参与主要指教师以幼儿的角色或以音乐表演中的某种特定角色的身份参加音乐活动,并以这种角色的特殊影响作用对幼儿的活动进行指导。教师在运用参与的方法时应注意:在以幼儿的身份出现时,教师应努力让幼儿感到教师与他们的身份是相同的,关系是平等的,教师的观点、意见和做法仅供他们参考。在音乐表演中的某种特定角色身份出现时,教师应努力让幼儿感到教师的表演与音乐以及与该特定角色是相符的,是具有艺术感染力的,是他们所愿意接受的。

退出有两种不同的含义:一是指教师从参与活动的过程中退出,恢复教师身份,继续对活动进行指导;二是指教师从教师的位置上退出,站在类似于旁观者的位置上对活动进行指导。教师在运用退出的方法时应注意:在以教师身份出现时,教师应表现出充分的自信和组织指导活动的魄力,要努力使幼儿感到教师观点、意见和做法的权威性。在以旁观者的身份出现时,教师应努力让幼儿感到教师是一个可以信赖、可以依靠的朋友和支持者,一个兴致勃勃的热心观众。此外,教师在从教师位置退出时,应注意选择恰当的速度和距离。对于能力弱、小年龄段幼儿或对于较困难的活动内容,教师退出的速度不宜太快,而且离开幼儿的距离也不宜太远。

(三) 讨论总结

步骤 8. 评价音乐游戏

评价的目的是促进幼儿发展,针对活动中幼儿的表现,动态地为幼儿发展提供相应的教学支架。如果游戏中幼儿有了新发现、新观点,教师可以通过评价反馈幼儿的经验,巩固成果,促使幼儿的经验得到更好的发展;如果幼儿在游戏中有了困难,教师应做出准确判断,困难是学习方法方面的还是认知、技能方面的;如果幼儿游戏一般,没有特别情况,教师可以通过提问、集体讨论、个别示范等方式提升幼儿的经验水平。

情景再现

案例: 中班音乐游戏"找朋友"①

【活动目标】

1. 在音乐游戏中体验与不同的伙伴合作舞蹈的乐趣。
2. 能够随音乐节奏及歌曲内容变换相应的动作。

【活动准备】

经验准备:熟悉歌曲与基本动作。
材料准备:场地、大圆圈、歌曲《找朋友》。

【活动重点】

在活动中体验与不同的伙伴合作舞蹈的乐趣。

【活动难点】

能够随音乐节奏按规律准确找到自己的下一个舞伴。

---

① 案例由苏州太阳星辰幼儿园胡琦老师提供并执教。

【活动过程】

① 回忆歌曲《找朋友》,边唱边做动作。

② 教师讲解并示范游戏规则,强调找到朋友站立的乐句,示范与找到的朋友面对面做动作。

③ 教师强调该音乐游戏中的注意点,播放音乐带领幼儿随乐动作。

④ 教师带领幼儿玩音乐游戏"找朋友",过程中提醒幼儿遵守游戏的规则要求。

⑤ 教师退出游戏,幼儿自主玩游戏。

【教学反思】

《找朋友》是一首脍炙人口的歌曲,旋律轻快、节奏点清晰,歌词内容易于表演和游戏,因此教师将其设计成圆圈圈双人舞游戏。本次活动是第二课时,在第一课时中,幼儿学习了《找朋友》歌曲,在教师的带领下讨论、设计了基本动作。歌曲《找朋友》作为活动的题材,并以游戏的形式展示,得到了很多幼儿的喜爱。教师在活动中主要运用了听听说说、身体节奏、体态表现等方法来引导幼儿感受、体验幼儿园的快乐生活,鼓励幼儿与同伴之间交往,并随着音乐找到朋友。教师也通过自己的语言、动作和神态,营造相应的氛围,不断推进幼儿的感受和体验。

总的来说,这次活动目标明确、教学的方法得当,但还是存在如下不足:①在幼儿学唱歌曲的环节中,教师说的"白"话太多,应更多聚焦身体节奏,这样对于幼儿来说可能更容易些。②幼儿运用体态表现自己对音乐的感受还不够,导致在找朋友的时候动作有点僵硬,在接下来的活动中应引导幼儿注意动作与音乐之间的联系,并且鼓励幼儿大胆与同伴交往,让幼儿能够体验到上幼儿园的快乐。③游戏方式上可以尝试多名幼儿找朋友,找到朋友以后互换,原先坐着的幼儿外出找朋友,以增加游戏的趣味性。

通过这次教学活动,教师深刻意识到游戏在幼儿活动中所占比重之大。虽然幼儿在个别动作的完成上还存在着一定的难度,但通过游戏的方式他们的积极性和主动性一定能发挥出来。

项目实训

实训项目　音乐游戏设计与组织

工作要求:小组合作,自选年龄段,撰写详细的音乐教学游戏方案,包括游戏目标、游戏准备(场地与材料)、游戏过程,准备游戏材料,开展模拟教学。可自选歌唱游戏、律动游戏和奏乐游戏中的一类进行设计与组织。

学习拓展

思政拓展

张雪门先生的"音乐和游戏同构课程观"[1]

张雪门强调音乐与游戏的一致性,"当其连续的活动中,精神贯注,和对象相融化,浑然达到忘我之境,在这一点上,游戏又和音乐完全相同",幼稚园游戏的目的在于"树立社会合作的兴趣,发展自我表现并能享受有节奏的活动之艺术意味",幼稚园音乐的目的在于"借共同唱歌或共同奏乐的经验,以发展儿童社会的情感",两者在教育目标上具有共通性。基于音乐和游戏同构课程观,音乐和游戏是相互促进、相辅相成的一个整体。音乐能够促进游戏活动的组织,而游戏能够帮助幼儿更形象具体地感受和

① 周思远.张雪门音乐和游戏同构课程观及其当代价值[D].绍兴:绍兴文理学院,2023:17.

理解音乐,从而进一步提升音乐对幼儿的情绪情感体验。其共通性体现在:

1. 音乐性:幼儿在游戏中学会听辨不同旋律、节奏、节拍、速度等音乐要素,幼儿根据音乐的变化作出相应的反应,进而发展幼儿音乐能力。

2. 规则性:音乐游戏是必须在一定的规则指导下进行,能够更好地发展幼儿的社会性与协作能力。

3. 游戏性:音乐游戏活动的核心是使幼儿心灵得到解放,产生愉悦感和成功感,促使幼儿形成健全的人格。

其教学要求主要有:(1)内容和形式符合幼儿身心发展水平;(2)音乐结构规整,便于整齐变化动作;(3)游戏动作简单、多重复,变化频率较缓;(4)情绪活泼,娱乐性强,交流性强;(5)内容选材强调趣味性,体现规则性,突出歌舞性。

赛证拓展

1. 题目:歌曲《粉刷匠》

2. 内容:

　　(1)弹唱歌曲。

　　(2)模拟组织幼儿进行音乐游戏。

3. 基本要求:

　　(1)弹唱歌曲:完整流畅地弹奏,节奏准确;有感情地弹唱,吐字清晰,准确把握音高。

　　(2)律动游戏展示:根据歌曲的节奏,创编相应的肢体动作;边哼唱边打拍子,把握节拍的强弱;表情自然,肢体动作与音乐节奏相符、贴切;有一定的创意。

4. 请在10分钟内完成上述任务。

考题解析

附录

《幼儿园游戏活动实践指导》知识一览表

学习情境	子情境	陈述性知识 "游戏认知"模块	程序性知识 "工作过程"模块	
绪论		1. 游戏的特征 2. 游戏的价值 3. 游戏的分类 4. 游戏的影响因素		
一、角色游戏		1. 角色游戏的内涵 2. 角色游戏的结构 3. 角色游戏的特点 4. 角色游戏的价值 5. 游戏观察和记录的常见方法(通用知识,见"工作过程"模块)	(一)计划制订	步骤1.确定游戏主题 步骤2.撰写游戏方案 步骤3.创设游戏环境
			(二)现场组织	步骤4.介绍游戏,激发兴趣 步骤5.科学观察,记录评价 步骤6.适时介入,有效指导
			(三)讨论总结	步骤7.讨论总结
二、结构游戏		1. 结构游戏的内涵 2. 结构游戏的历史 3. 结构游戏的特点 4. 结构游戏的类型 5. 结构游戏的价值	(一)计划制订	步骤1.确定游戏目标 步骤2.创设游戏环境 步骤3.丰富生活经验
			(二)现场组织	步骤4.激发游戏兴趣 步骤5.启发游戏策略 步骤6.进行观察指导
			(三)讨论总结	步骤7.欣赏建构作品 步骤8.评价总结反思
三、表演游戏	子情境一 幼儿表演游戏	1. 幼儿表演游戏的内涵 2. 幼儿表演游戏的特点 3. 幼儿表演游戏的价值	(一)计划制订	步骤1.选择表演内容 步骤2.确定游戏目标 步骤3.撰写游戏方案 步骤4.创设游戏环境
			(二)现场组织	步骤5.巧妙导入,激发兴趣 步骤6.自主分配,轮换角色 步骤7.科学观察,记录评价 步骤8.适时介入,有效指导
			(三)讨论总结	步骤9.评价幼儿表现
	子情境二 木偶表演游戏	1. 木偶表演游戏的内涵 2. 木偶表演游戏的历史 3. 木偶表演游戏的类型	(一)计划制订	步骤1.选择木偶类型 步骤2.确定表演剧本 步骤3.确定游戏目标 步骤4.撰写游戏方案 步骤5.创设游戏环境
			(二)现场组织	步骤6.介绍游戏,激发兴趣 步骤7.科学观察,记录评价 步骤8.适时介入,有效指导
			(三)讨论总结	步骤9.讨论总结
	子情境三 影子表演游戏	1. 影子表演游戏的内涵 2. 影子表演游戏的历史 3. 影子表演游戏的类型	(一)计划制订	步骤1.选择表演内容 步骤2.确定游戏目标 步骤3.撰写游戏方案 步骤4.创设游戏环境

学习情境	子情境	陈述性知识 "游戏认知"模块	程序性知识 "工作过程"模块	
三、表演游戏			（二）现场组织	步骤5. 介绍游戏，激发兴趣 步骤6. 科学观察，记录评价 步骤7. 适时介入，有效指导
			（三）讨论总结	步骤8. 讨论总结
四、体育游戏		1. 体育游戏的特点 2. 体育游戏的价值 3. 体育游戏的类型	（一）计划制订	步骤1. 构思游戏内容 步骤2. 撰写游戏方案 步骤3. 创设游戏环境
			（二）现场组织	步骤4. 介绍游戏，激发兴趣 步骤5. 科学观察，记录评价 步骤6. 适时介入，有效指导
			（三）讨论总结	步骤7. 讨论总结
五、智力游戏	子情境一 感官游戏	1. 感官游戏的内涵 2. 感官游戏的历史 3. 感官游戏的类型	（一）计划制订	步骤1. 选择感官类型 步骤2. 确定游戏材料 步骤3. 确定游戏目标 步骤4. 撰写游戏方案 步骤5. 创设游戏环境
			（二）现场组织	步骤6. 介绍游戏，激发兴趣 步骤7. 科学观察，记录评价 步骤8. 适时介入，有效指导
			（三）讨论总结	步骤9. 讨论总结
	子情境二 语言游戏	1. 语言游戏的内涵 2. 语言游戏的特点 3. 语言游戏的类型	（一）计划制订	步骤1. 选择游戏内容 步骤2. 确定游戏目标 步骤3. 撰写游戏方案 步骤4. 创设游戏情境
			（二）现场组织	步骤5. 讲解规则，示范玩法 步骤6. 细心观察，适时指导 步骤7. 面向全体，注重个别差异
			（三）讨论总结	步骤8. 讨论总结
	子情境三 数学游戏	1. 数学游戏的内涵 2. 数学游戏的类型	（一）计划制订	步骤1. 确定游戏目标 步骤2. 撰写游戏方案 步骤3. 创设游戏环境
			（二）现场组织	步骤4. 介绍游戏，激发兴趣 步骤5. 科学观察，记录评价 步骤6. 适时介入，有效指导
			（三）讨论总结	步骤7. 讨论总结
	子情境四 棋类游戏	1. 棋类游戏的内涵 2. 棋类游戏的类型 3. 棋类游戏的主题 4. 棋类游戏的行棋机制	（一）计划制订	步骤1. 选择游戏棋 步骤2. 确定游戏目标
			（二）现场组织	步骤3. 激发游戏兴趣 步骤4. 解释棋规 步骤5. 科学观察 步骤6. 适时介入
			（三）讨论总结	步骤7. 讨论总结

学习情境	子情境	陈述性知识"游戏认知"模块	程序性知识"工作过程"模块	
六、音乐游戏		1. 音乐游戏的内涵 2. 音乐游戏的价值 3. 音乐游戏的类型	（一）计划制订	步骤1.选择音乐游戏 步骤2.确定游戏目标 步骤3.设计游戏过程 步骤4.撰写游戏方案 步骤5.创设游戏环境
			（二）现场组织	步骤6.开展游戏教学 步骤7.科学观察指导
			（三）讨论总结	步骤8.评价音乐游戏

图书在版编目(CIP)数据

幼儿园游戏活动实践指导/张子建,廖贵英主编. -- 2 版.
上海:复旦大学出版社,2025.6.
ISBN 978-7-309-17829-6
Ⅰ. G613.7
中国国家版本馆 CIP 数据核字第 20257676GB 号

幼儿园游戏活动实践指导(第二版)

张子建　廖贵英　主编
责任编辑/赵连光

复旦大学出版社有限公司出版发行
上海市国权路 579 号　邮编:200433
网址:fupnet@ fudanpress. com　http://www.fudanpress. com
门市零售:86-21-65102580　　团体订购:86-21-65104505
出版部电话:86-21-65642845
上海华业装潢印刷厂有限公司

开本 890 毫米×1240 毫米　1/16　印张 12.25　字数 388 千字
2025 年 6 月第 2 版第 1 次印刷

ISBN 978-7-309-17829-6/G・2657
定价:48.00 元

如有印装质量问题,请向复旦大学出版社有限公司出版部调换。
版权所有　侵权必究